BIG 아이디어 발상 31

류진한 저

학지사비즈

머리말

아이디어 발상에 왕도는 없다.

아이디어 발상에 길이 없다는 말은 아니다.

아이디어 발상에는 수없이 많은 길이 있고, 그 많은 길 가운데 가장 필요하고 적합한 길을 찾는 것이 창의적인 발상의 지름길이고 탄탄대로다.

『BIG 아이디어 발상 31(BIG IDEA THINKING 31)』은 '업(業)이 살아야 학(學)이 산다!'는 저자의 학문적 철학을 바탕으로 5년여의 기간 동안 집필되었다. 광고와 PR은 물론 문학, 영화, 미술, 건축, 공연 등 다양한 분야에서 창의적인 콘텐츠를 기획하고 제작하는 일에 실무적으로 기여하고자 하는 바람을 담았다.

책에는 세계적으로 다양한 분야에서 활발하게 활용되고 있는 발상법들 가운데 '31가지 아이디어 발상법'을 엄선하여 사례와 함께 소개하였다. 창의적인 크리에이티브를 창출하는 데 도움을 주는 방법은 물론, 전략과 분석과 평가에 창의성을 더해 주는 무기들도 있다. 그 가운데 저자가 광고와 교육의 현장에서 개발하고 활용해 온 나름의 발상법들도 첨가하였다. 각 장의 앞에는 해당 발상법에 대한 간략한 개요와 구체적인 방법을 정리하여 수록하였고, 마무리에 '발상 실습'을 추가하여 독자가 업무와 일상에서 발상의 방법들을 좀 더 쉽게 경험할 수 있는 기회를 제공하고자 했다. 다양한 업무 현장에서 실무를 돕는 워크북(workbook)으로 활용되기를 바란다.

아무리 훌륭한 전략이나 콘텐츠도 결국은 어떤 아이디어를 가지고 있는가가 승패를 가르는 시대에 우리는 살고 있다.

디지털이 중요하다고 생각하는가?
당신의 디지털에 '빅 아이디어'를 접목하라!

콘텐츠가 중요하다고 판단되는가?
당신의 콘텐츠에 '빅 아이디어'를 장착하라!

"결국은 빅 아이디어(Big Idea)다!"

저자 류진한

차례

● 머리말 _ 3

아이디어 발상 31

01. 가상상황 설정법 _ 7
02. 관찰하기 _ 27
03. 마인드맵 _ 43
04. 만다라트와 MY법 _ 51
05. 브레인라이팅 _ 61
06. 브레인스토밍과 바디스토밍 _ 81
07. 비주얼 창의성 _ 97
08. 사다리 법과 Why Fan Model _ 117
09. 새로운 틀 _ 129
10. 생각의 법칙 10+1 _ 155
11. 속성 열거법 _ 187
12. 스캠퍼 _ 197
13. 스투파(△□○) _ 215
14. 시와 문학의 발상 _ 225
15. 식스 햇츠 _ 255

16. 약점 열거법 _ 263

17. 양자택일 또는 삼자선택 _ 269

18. 역할놀이 _ 279

19. 13가지 생각도구 _ 285

20. 워드 다이아몬드 _ 307

21. 201가지 발상법 _ 315

22. 잭 포스터 발상법 _ 331

23. 지그재그 _ 347

24. 로꾸거 발상 _ 371

25. 타운 워칭 _ 391

26. 페어 미팅 _ 401

27. 편지쓰기 _ 411

28. 포지셔닝 _ 419

29. 피시본 다이어그램 _ 431

30. CPS _ 441

31. PMI _ 453

● **참고문헌** _ 460

BIG IDEA THINKING 31

01.
가상상황 설정법

"우리의 인생에 만약(if)이 없다면
얼마나 지루하고 재미없을까?"

준비물

- 가상상황 작성 시트(A3)
- 필기구
- 매직펜
- 스케치 카드

참여인원

- 2명 이상

소요시간

- 약 60분

기대효과

- 상상력을 활용한 게임 형태의 즐거운 아이디어 발상 작업 가능

1. 개요

'가상상황 설정법'은 MIT의 '크리에이티브 엔지니어링 강좌'에서 활용되는 등 다양한 교육현장에서 발상의 틀을 깨기 위한 트레이닝 방법으로 활용되고 정착되었다. 핵심은 '변화의 시초'나 '새로운 생활양식의 일부'를 파악하여 그것을 '미래의 발전된 상황'으로 가상하여 발상 작업을 실시하는 것이다. 가상 상황 설정법은 크게 '가상의 문제 상황을 설정'하는 일과 '상황이나 문제 해결의 모색'이라는 두 가지 축으로 운영된다. 여기서 중요한 것은 그 가상의 설정이 아무리 엉뚱하고 비현실적이라 할지라도 솔루션은 현실적이고 논리적 근거를 둔 것이어야 한다는 것이다. 이는 문제의 설정은 다양한 가능성에서 출발할 수 있지만, 그 문제를 해결하는 솔루션은 실질적인 해결 방안을 제시해 주어야 하기 때문이다.

2. 발상 방법 및 단계

이번 발상 방법의 소개에서는 먼저 전통적인 '가상상황 설정법'을 소개하고, 다음으로 광고 크리에이티브 현업에서 폭넓게 활용할 수 있는 다소 실무적인 형태인 '만약(if) 발상법'과 '4S 아이디어 발상법'을 중심으로 소개하고자 한다.

1) 가상상황 설정법

'가상상황 설정법'은 가상의 상황을 주제로 설정하고 이와 관련하여 발생할 수 있는 요소나 상황들을 글이나 그림으로 상상하여 도출하는 작업이다.

(1) 1단계: 가상상황의 설정(10분)

개인 또는 그룹이 함께 모여 다양한 각도에서 가상적 상황을 상상하여 설정한다. 가상의 사고를 하는 데 특별한 제한이나 한계는 없다. 가능한 범위에서 두뇌활동을 활발히 하여 문제가 발생할 소지가 있거나, 소비자나 시장 환경의 변화, 규제의 발생, 새로운 경쟁상활의 출현 등의 가상을 해 보는 단계다. 예를 들면, '대한민국의 신생아 출산율이 더욱 떨어진다면?' '인류가 다른 태양계에서 살 수 있는 환경이 갖춰진다면?' 등과 같은 상상도 가능하다.

(2) 2단계: 과제 요소의 열거(10분)

특정한 가상상황이 설정되면 그 과제와 관련하는 다양한 요소들을 열거한다. 예를 들면, 앞에서 가상상황으로 제시한 '멀지 않은 미래에 인류가 다른 태양계에 살 수 있는 환경이 갖춰질 것이다.'라는 과제와 관련하여 의(衣), 식(食), 주(住), 교통, 산소, 생태계, 지구와의 관계 등의 요소를 열거하는 것이다.

(3) 3단계: 가상현실의 상상(15분)

1단계와 2단계를 바탕으로 가상상황에서 발생할 수 있는 다양하고 구체적인 경우를 상상하여 그림으로 그리거나 글로 적어 보는 단계다. 예를 들어, '앞으로는 대한민국의 신생아 출산율이 더욱 떨어질 것이다.'라는 가상상황을 설정했다면, '전국의 초등학교가 매우 소형화되거나 원거리 통학이 일상화될 것이다.' '출산율에 따른 각종 세금혜택이 증가할 것이다.' '지금은 자녀교육문제가 심각하지만, 앞으로는 노인복지문제가 심각한 사회문제가 될 것이다.' 등의 가상현실을 상상할 수 있겠고, '소비자는 이제 온라인 보다는 오프라인 활동을 더욱 그리워할 것이다.'라는 가상상황을 주제로 설정했다면, '마트에서는 바코드(bar code)를 활용한 자율계산대가 대면계산대보다 할인을 받을 것이다.' '패스트푸드점에서의 주문 역시 키오스크(kiosk)를 활용한 자율주문이 대면주문보다 할인을 받을 것이다.' '대면 모임의 규모는 소형화되지만, 모임의 가치는 더 높아지고 다양해질 것이다.' 등의 현실을 상상하는 것이다.

이 단계는 발상의 발산 단계이므로 브레인스토밍과 마찬가지로 상상한 내용의 질보다는 양을 확보하는 것을 우선적으로 한다. 따라서 설정된 '가상상황의 수'가 많을수록 상상할 수 있는 가상현상 요소의 수가 기하급수적으로 많아진다.

(4) 4단계: 아이디어의 평가 및 선택(15분)

3단계에서 발산된 다양한 아이디어 스케치들을 살펴보고 평가하는 단계이다. 너무 비현실적인 아이디어는 버리고, 어느 정도 활용 가능한 아이디어들을 선택한다. 4단계에서는 이후 5단계에서 최종적으로 솔루션을 판단하고 결정하는 절차가 남아 있으므로 너무 완벽한 아이디어만을 선별한다는 생각보다는 발전 가능성이 있는 아이디어들은 가능하면 바구니에 넣어 두는 형태를 취하는 것이 좋다.

(5) 5단계: 최종 솔루션의 판단(30분)

4단계에서 선정된 다양한 아이디어를 바탕으로 현실 가능하고 실현 가능한 솔루션 아이디어를 선택하고 정리하고 발전시키는 단계이다. 이 단계 역시 하나의 아이디어가 독자적으로 의미를 가질 수도 있겠지만, 두 개 또는 세 개의 아이디어를 적절하게 조합하고 발전시켜 새롭고 강력한 솔루션 아이디어가 탄생하도록 한다.

2) 만약 발상법과 4S 아이디어 발상법

'만약(if) 발상법'은 광고 창작 현장에서 많이 활용되고 있는 발상의 방법으로 브랜드나 제품과 관련한 다양한 상황들을 가정하여 상상해 보는 작업이다. 이러한 작업은 기본적으로 크리에이티브 발상에 많이 활용되지만 전략을 수립하는 과정에서도 구매상황이나 소비상황을 창의적으로 접근하여 경쟁력 있는 전략적 콘셉트를 도출하는 데 활용하는 것도 매우 바람직한 방법이라고 생각된다.

- 제품상황
- 구매상황
- 소비상황
- 혜택상황

현업에서 광고 크리에이티브를 담당하다 보면 매우 다양한 제품군의 브랜드를 만나게 된다. 모 생명보험사 경쟁 프레젠테이션을 준비하면서 나온 아이디어의 키워드가 생각난다. 바로 'Life is if'라는 슬로건이다. 우리가 인생을 살다 보면 예상치 않은 일들을 많이 만나게 된다. 물론 그 가운데는 길을 가다가 돈을 줍는다든가, 우연히 심심풀이로 구매한 복권이 당첨된다든가, 뜻하지 않았던 사람에게 뜻하지 않은 도움을 받게 되는 경우처럼 즐거운 일이 닥치기도 있지만, 길을 가다가 자동차 사고를 당하기도 하고, 건강하다고 자신하던 몸이 갑작스럽게 이상을 보이는 것과 같이 우리 인생에 없었으면 하는 일들도 생기기 마련이다. 결국 우리는 인생을 살아가면서 그 가운데 있는 만약에 항상 대비하여야 한다는 것이다. '만약'은 우리 인생에 기대와 즐거움을 주기도 하고, 우려와 두려움의 대상이기도 하다. 어쨌든 보험의 제품 속성을 볼 때 '만약'은 어울리는 키워드다.

이러한 '만약'이라는 가정은 우리가 창조적인 아이디어를 발상하는 방법에서도 매우 쉽고, 폭넓고, 다양하게 활용된다. 그리고 그 효과 역시 이미 다양한 실무적 결과물을 통해 입증되고 있다. 신강균은 그의 저서 『4S 아이디어 발상법』(2010)에서 자신이 광고 실무 경험과 대학 교육의 현장에서 얻은 경험 그리고 세계적인 광고 크리에이티브로부터 그 아이디어의 근원을 역추적한 결과를 크게 네 가지로 분류하였다. 가정하기(Suppose), 단순하게 연상하기(Simplicity), 자극을 먼 데까지 늘리기(Stretch), 유사성 찾기(Similarity)가 그것이다. 잭 포스터(Jack Poster)는 아이디어를 내는 동안 크리에이터가 마음을 조절하는 여덟 가지 방법으로 인생을 즐기기, 아이디어 뭉치가 되기, 마음속으로 목표 정하기, 어린이가 되기, 정보를 많이 확보하기, 배짱을 가지기, 생각을 다시 한번 정리하기, 결합 방법을 연구하기 등을 제시하고 있다. 또한 스테판 베이커(Stephen Baker, 1979)는 대상을 새롭게 보는 201가지 방법을 제안하였다. 이 가운데 '만약'에 대한 활용을 가장 적극적으로 제안하고 있는 신강균 교수의 '4S 아이디어 발상법'을 간략하게 소개하고자 한다.

(1) 가정

아이디어를 발상하는 방법 가운데 가장 쉽고 효율적인 방법을 찾으라면 단연 '만약에'라는 가정(Suppose)을 해 보는 것이다. 아주 기초적인 가정에서부터 매우 엉뚱한 가정에 이르기까지 다양한 상상과 질문을 던지는 과정에 두뇌는 말랑해지고 아이디어는 숙성되어 팝콘처럼 튀어나오게 된다. 이 과정에서는 정확하거나 논리적인 해답을 추리기보다는 많은 양의 아이디어를 도출해 내는 데 의의를 둔다.

다음의 상황을 가정하여 나타날 수 있는 현상을 최소 10개 이상 상상하여 적어 보자.

Q : 만약에, 지구에 중력이 없어진다면?

①

②

③

④

⑤

⑥

⑦

⑧

⑨

⑩

Q: 만약에, 다시 초등학교에 입학한다면?

①

②

③

④

⑤

⑥

⑦

⑧

⑨

⑩

Q : 만약에, 나에게 다른 사람의 눈을 보면 생각을 읽어내는 초능력이 생긴다면?

①

②

③

④

⑤

⑥

⑦

⑧

⑨

⑩

Q : 만약에, 이런 제품이 세상에 나온다면?

①

②

③

④

⑤

⑥

⑦

⑧

⑨

⑩

Q: 만약에, 인간이 다음의 사물들과도 대화를 할 수 있게 된다면?

① 밥과 대화할 수 있다면?

② 술과 대화할 수 있다면?

③ 컴퓨터 마우스와 대화할 수 있다면?

④ 자동차나 자전거와 대화할 수 있다면?

⑤ 양말과 대화할 수 있다면?

⑥ 바람과 대화할 수 있다면?

⑦ 개미와 대화할 수 있다면?

⑧ 시간과 대화할 수 있다면?

⑨ 그림자와 대화할 수 있다면?

⑩ 영화나 드라마에 등장하는 주인공과 대화할 수 있다면?

(2) 간단

간단(Simplicity)은 주어진 주제나 해결하고자 하는 문제의 핵심을 '딱 두 단어'로 도출하고, 그 두 단어와 유사한 연상 단어들을 열거해 나가는 방법이다. 예를 들면, '치킨 버거'라는 제품의 광고 아이디어 발상을 위해 '닭(chicken)'이라는 단어와 '버거(burger)'라는 단어를 키워드로 도출하고, '닭'에서 연상되는 단어인 날개, 다리, 달걀 등의 연상 단어와 '버거'에서 연상되는 단어인 빵, 부드러움, 원형 등이 연상단어를 도출해 가는 것이다. 이렇게 도출된 연상단어들끼리 자유롭게 조합하는 과정에서 새로운 아이디어를 창출한다. 이러한 방법은 매우 간단하면서도 의외로 창의적인 카피나 비주얼을 창출하는 데 많은 도움을 준다.

다음의 몇 가지 목표를 달성하기 위해서 '딱 두 단어'의 키워드를 도출하고, 각 단어에서 떠오르는 '연상 단어'를 나열해 보자. 그리고 그 연상 단어들을 조합하여 새롭고 창의적인 솔루션을 창출해 보자.

Q: 혼주와 하객이 모두 즐거운 결혼식을 위한 아이디어?

키워드	연상 단어
결혼식	
즐거움	
Idea Solution	

키워드	연상 단어
혼주	
하객	
Idea Solution	

Q: 남성용 화장품 광고를 위한 아이디어?

키워드	연상 단어
남자	
아름다움	
Idea Solution	

키워드	연상 단어
남자	
화장	
Idea Solution	

(3) 극단

아이디어에서 '극단(Stretch)'을 활용하는 경우는 과장광고의 한 형태로 자극이나 반응을 극단적으로 늘리거나 과장하여 표현하는 방법이다. 즉, 다양한 제품이나 주제를 적용하여 '얼마나 ~하면?'이라는 상상을 해 보는 것이다. 주의해야 할 것은 그 표현의 아이디어가 허위광고가 되어서는 안 된다. 다만, 비유나 풍자를 창의적으로 활용하여 자극이나 반응을 키우는 것은 감성적으로 재미와 설득력을 주고 메시지의 수용도를 높이는 효과가 있다.

극단적으로 과장하여 아이디어를 발상하는 방법으로는 제품이 주는 실질적인 기능이나 효과의 강도를 극대화하여 강조하는 방법뿐 아니라 경쟁 제품이나 자사의 기존 제품과 비교하여 기능적 우위나 특징을 강조하는 방법 또는 소비자들의 갈망을 강조하여 표현하는 방법 등이 있다.

Q: 칼이 얼마나 잘 들면?

Q: 유리 세정제가 얼마나 잘 닦이면?

Q: 치약이 얼마나 이를 하얗게 닦아 주면?

Q: 스타킹의 탄력이 얼마나 강하면?

Q: 건전지 수명이 얼마나 길면?

Q: 인형이 얼마나 실물과 똑같이 생겼으면?

Q: 얼마나 자랑하고 싶었으면?

(4) 유사

소비자들은 하나의 사물이나 제품을 만나면 그 특성을 하나하나 분석하기보다는 첫인상이나 전체적인 형상으로 지각한다. 즉, 본인의 지식이나 경험을 바탕으로 다른 어떤 사물이나 현상과 유사(Similarity)한 점 또는 근접(Proximity)한 점을 찾아내어 인식한다는 것이다. 광고인 가메사끼는 '서로 다른 것에서 공통된 점을 찾아내거나 유니크(Unique)한 것에 근접해 가는 것이 창의성이다.'라고 언급한 바 있다. 이는 유비(類比), 연상(聯想), 비유(比喩), 전환(轉換) 등의 아이디어 개발 방법과 연관이 있다. 두 사물이나 현상 간의 공통점을 찾는 것은 아이디어 발상의 가장 기본적인 훈련이고, 그 사이의 거리가 멀거나 이질감이 클수록 더욱 효과적이다.

Q: 두 가지 사물 간의 공통점을 찾아보자.

– 강아지와 연필의 공통점을 찾아보자.

– 축구와 인생의 공통점을 찾아보자.

Q: 다음의 사물을 은유로 표현하고, 그 이유를 말해 보자.

– CC(Campus Couple)을 은유로 표현해 보자.

예) CC는 '레고'다. 항상 깍지를 끼고 다니니까.

– 월급이나 연봉을 은유로 표현해 보자.

예) 월급은 '총알'이다. 너무 빨리 나를 스쳐 지나간다.

Q: 다음의 단어를 직유로 표현해 보자.

– 콜라를 직유로 표현해 보자.

– 이별을 직유로 표현해 보자.

Q: 다음의 단어와 단어 사이를 유사한 단어들로 연결시켜 보자.

예) 도시락 〉 안중근 〉 폭탄 〉 지뢰 〉 게임

비키니 〉 〉 〉 〉 북극곰

남사친 〉 〉 〉 〉 리모컨

박카스 〉 〉 〉 〉 오리 배

3. 특징과 기대 효과

가만히 살펴보면 발상법의 많은 부분은 '만약'이라는 가정이 근원이 됨을 알 수 있다. 4S 발상의 가정하기, 잭 포스터의 아이디어 뭉치 되기, 어린이가 되기, 결합방법을 연구하기의 근저에는 모두 '만약'이라는 가정이 숨어 있다. 그리고 스테판 베이커의 201가지 발상방법의 대부분은 가정에서 출발하고 있다. '만약에 뒤집어 본다면?' '만약에 더 크게 표현한다면?' '만약에 더 길게 표현한다면?' '만약에 말을 없앤다면?' '만약에 반복한다면?' '만약에 사진으로 바꾸어 본다면?' '만약에 의인화한다면?' 등 대부분이 '만약'이라는 가정을 아이디어 발상에 활용하고 있다. 결국 우리의 인생에서 언제 어떻게 닥칠지 모를 만약에 대해서 시시때때로 생각하고 상상하는 것 자체가 어쩌면 창의적인 아이디어 발상 능력을 키우는 훈련이 될 수 있다.

이러한 '만약'을 활용한 아이디어 발상의 접근은 어떤 효과를 기대할 수 있는가? 가장 중요한 효과는 발상의 폭을 넓히는 데 기여한다는 것이다. 앞서 이야기했듯이 광고를 포함한 다양한 문화예술 콘텐츠 분야뿐 아니라 우리가 생활하는 모든 일상에서 '만약'이라는 가정은 적용 불가능한 곳이 없을 정도로 쉽고 친숙하다. 그리고 그 친숙함은 제품을 생산하는 사람이나 아이디어를 발상하는 크리에이터뿐 아니라 제품을 사용하고 크리에이티브를 수용하는 소비자에게도 똑같은 역할을 한다. 따라서 '만약'을 활용한 '가상상황 설정법'은 다양한 제품 카테고리에서 적용이 가능하며, 다른 어떤 발상의 방법보다 높은 수용도를 기대할 수 있다.

4. 발상 실습

실습 1 같은 광고 비주얼 아이디어로 다른 제품 광고하기

Q1. 〈광고 1〉은 리바이스 'SLIM JEANS'의 아이디어다. 다음 광고의 비주얼 아이디어를 그대로 활용하여 전혀 다른 제품의 광고를 만든다면 어떤 제품의 광고를 만들 수 있을까? 아이디어와 카피를 적어 보자.

〈광고 1〉

Idea:

____

____

____

Copy:

____

____

____

Q2. 〈광고 2〉는 '폭스바겐'의 아이디어다. 다음 광고의 비주얼 아이디어를 그대로 활용하여 전혀 다른 제품의 광고를 만든다면 어떤 제품의 광고를 만들 수 있을까? 아이디어와 카피를 적어 보자.

〈광고 2〉

Idea:

____

____

____

Copy:

____

____

____

Q3. 〈광고 3〉은 바이엘에서 나오는 '어린이용 진통제'의 아이디어다. 다음 광고의 비주얼 아이디어를 그대로 활용하여 전혀 다른 제품의 광고를 만든다면 어떤 제품의 광고를 만들 수 있을까? 당신의 아이디어와 카피를 적어 보자.

〈광고 3〉

Idea:

____

____

____

Copy:

____

____

____

실습 2 하나의 아이디어로 두 가지 제품 광고하기

만약에 하나의 광고 아이디어로 두 가지 제품의 광고를 할 수 있다면 어떤 재미있는 상황이 벌어질까? '콩나물과 크래커'를 하나의 광고로 묶을 수 있는 아이디어, '자동차와 노트북'을 하나의 광고로 묶을 수 있는 아이디어, '기업과 대학의 광고'를 하나로 묶을 수 있는 아이디어는 없을까? 어쩌면 이 엉뚱한 상상력의 끝에 엄청난 새로운 해결책이 숨어 있을 수 있다.

Q1. '자동차와 노트북'이 하나의 광고에서 창의적 융합을 이룰 수 있는 아이디어 만들기

Q2. '햄버거와 운동화'가 하나의 광고에서 창의적 융합을 이룰 수 있는 아이디어 만들기

Q3. '수영복과 신사복'이 하나의 광고에서 창의적 융합을 이룰 수 있는 아이디어 만들기

Q4. '성형외과와 입시학원'이 하나의 광고에서 창의적 융합을 이룰 수 있는 아이디어 만들기

Q5. '화장품과 청소기'가 하나의 광고에서 창의적 융합을 이룰 수 있는 아이디어 만들기

실습 3 한 브랜드에서 나오는 많은 만약 활용하기

아래 제시되는 브랜드(제품) 안에서 생각할 수 있는 다양한 만약의 경우를 떠올려 보자. 각 제품별로 5개 이상의 만약(if)을 설정하기

만약 1. 아이스크림

1. ______________________________
2. ______________________________
3. ______________________________
4. ______________________________
5. ______________________________

만약 2. 선글라스

1. ______________________________
2. ______________________________
3. ______________________________
4. ______________________________
5. ______________________________

만약 3. 비키니 수영복

1. ______________________________

2. ______________________________

3. ______________________________

4. ______________________________

5. ______________________________

만약 4. 유모차

1. ______________________________

2. ______________________________

3. ______________________________

4. ______________________________

5. ______________________________

BIG
IDEA
THINKING
31

02.
관찰하기

“목적이 있는 관찰은 그 목적이 드러나지 않을 때 목적을 달성한다.”

준비물

- 관찰 대상
- 관찰 내용 체크리스트
- 관찰 내용 기록 장비
- 관찰 결과 기록지

참여인원

- 관찰(연구)자: 개인 또는 그룹
- 관찰대상: 개인 또는 그룹

소요시간

- Case by Case

기대효과

- 사업의 초기나 제품 또는 디자인 개발 등에 유용
- 구체적이고 세부적인 전략의 수립이나 문제해결에 적합
- 폭넓은 대안에 기초한 창의적 솔루션 도출 가능

1. 개요

아이디어 발상의 방법에서 '관찰하기(observation)'는 크게 '몰래 관찰(fly-on-the-wall observation)'과 '동행 관찰(shadowing)' 그리고 '참여 관찰(Participant Observation)'로 나누어 소개되고 있다. '몰래 관찰'은 연구자나 관찰자가 관찰 대상의 행동이나 태도에 직접적으로 개입하지 않고 눈에 띄지 않게 관찰 정보를 수집하는 방법이고, '동행 관찰(shadowing)'은 소비자가 일상 속에서 어떤 태도를 가지고 어떤 행동을 하는지 관찰자가 직접 따라다니면서 관찰하는 방법이다. 관찰자는 관찰을 통해 대상의 일상에서 그들의 태도와 행동, 이용 방법, 구체적인 선택(구매) 방식 등에 대한 핵심적인 통찰을 얻을 수 있다. '참여 관찰(participant observation)'은 말리노프스크(Bronislaw Kasper Malinowski)와 마거릿 미드(M. Mead)가 처음 시도한 인류학 분야의 관찰방법으로 연구자가 연구하려는 집단 또는 조직의 일원으로 장기간 진행하는 관찰법이다. 연구자가 집단의 일상에 직접 참여하여 자료를 수집하기 때문에 관찰 자료의 이해의 폭과 깊이가 다르다고 할 수 있다. 이러한 참여 관찰은 인류학 분야뿐 아니라, 광고나 디자인 등 다양한 예술분야에서도 진행되는데 관찰의 분야와 연구의 목적에 따라 연구에 소요되는 기간의 차이를 보인다.

'몰래 관찰'은 연구자나 관찰자가 관찰 대상의 행동이나 태도에 개입하지 않고 눈에 띄지 않게 관찰 정보를 수집하는 방법이다. 몰래 관찰하기에서 연구자가 사용자의 행동이나 태도에 개입하지 않는 이유는 관찰자와 사용자의 관계에서 발생할 수 있는 편견이나 영향력을 최소화하고, 최대한 객관적인 결과 또는 아이디어를 도출하기 위함이다. 자신의 행동이 누군가에 의해서 관찰되고 있다고 생각되면 평소에 자신이 하던 행동이나 태도와는 다른 행동과 태도를 하게 될 것이다. 요즘 우리가 TV 예능 프로그램에서 종종 만나게 되는 '관찰 카메라'라는 콘텐츠를 그 연예인의 실생활이라고 믿는 시청자는 없을 것이다. 이렇듯 몰래 관찰하기의 핵심은 대상의 모습을 얼마나 실제와 평소의 모습으로 관찰하여 객관화하는가에 있다. 몰래 관찰하기는 관찰 대상의 태도나 행동을 관찰자가 제어할 수 없기 때문에 특정한 관찰의 기준을 미리 정하거나 그 과정을 미리 계획하여 진행하는 것은 불가능할 뿐 아니라 의미가 없다.

존 지셀(John Zeisel)은 관찰자의 관점에 따라 두 가지 방식의 '몰래 관찰' 방법을 제안하고 있다. 하나는 '보이지 않는 아웃사이더(secret outsiders) 관찰'이고, 다른 하나는 '보이는 아웃사이더(recognized outsiders) 관찰'이다. '보이지 않는 아웃사이더 관찰'은 관찰자가 관찰 대상을 먼 거리에서 관찰하는 방법을 말한다. 관찰자가 관찰 대상으로부터 멀리 떨어져 있고, 관찰 대상의 행동에 영향을 미칠 수 있는 녹음이나 녹화 등의 장비도 조심스럽게 설치하여 활용할 수밖에 없기 때문에 상호작용에 의한 미묘한 차이나 깊이 있는 내면의 표현을 잡아내기에는 한계가 있다. 그럼에도 불구하고 관찰 대상의 행동에 관찰자가 영향을 주지 않고, 실제의 모습 그대로를 관찰할 수 있다는 점에서 보면 몰래 관찰하기의 의도와 목적을 가장 잘 담아낼 수 있는 관찰법이라고 할 수 있다.

'보이는 아웃사이더 관찰'은 관찰 대상에게 연구의 성격과 역할에 대한 오리엔테이션을 미리 실시하고, 실험이 시작되면 연구자의 현장 개입 없이 가능한 한 자연스럽게 행동하도록 하여 이를 관찰하고 기록하는 방법이다. 그러나 아무리 자연스러운 행동을 요구한다고 해도 자신이 관찰의 대상이라는 사실을 사전 오리엔테이션을 통해 인지된 상태이기 때문에 관찰 대상의 태도나 행동에 영향을 받지 않을 수 없다는 한계가 있다. 이를 '호손 효과(Hawthorne effect)'라고 한다.

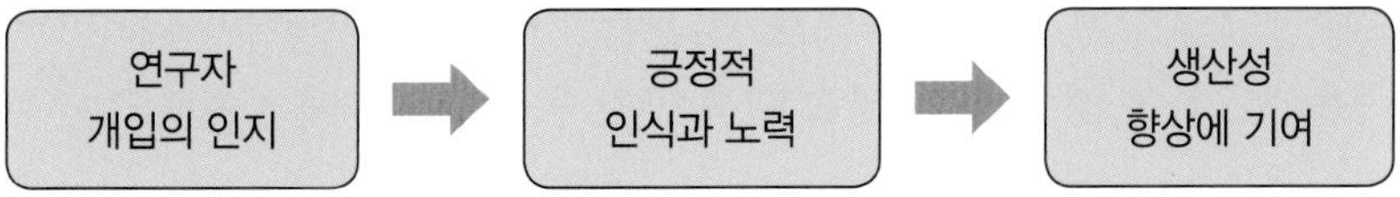

[그림 2-1] **호손 효과(Hawthorne effect)의 영향 단계**

'호손 효과'는 1920~1930년대 미국 시카고의 웨스턴 전기회사 '호손 웍스(Hawthorne Works)'에서 공장 근로자들을 대상으로 이루어진 생산성 실험에서 발견되어 발전된 이론이다. 회사에서는 '공장의 조도에 따른 노동자들의 생산성 변화'를 측정하기 위한 실험을 실시하였다. 그러나 실험이 진행되는 동안 실내의 조도와 무관하게 생산량은 증가하였고, 실험이 종료되었을 때 생산량이 감소하는 결과를 보인 것이다. 즉, 실험이 진행되는 동안 공장의 근로자들은 자신이 관찰 대상이라는 것을 인식하고 있었고, 실험에 대한 관심과 부담이 근무환경이나 조건(조도)과 상관없이 실험 기간 동안의 업무 능률을 향상시키는 결과를 가져온 것이다.

[그림 2-2] 1925년의 호손 웍스 공장

아이디어 발상을 위한 관찰 행위는 아니지만, 우리는 생활 속에서 '보이는 아웃사이더 관찰'과 '보이지 않는 아웃사이더 관찰'의 매우 적절한 사례를 운전하면서 자주 경험하게 된다. 바로 과속이나 신호 단속을 위한 관찰이다. 하나의 경우는 과속 단속 카메라가 전방의 일정거리에 있다는 것을 미리 공지하는 표지판을 설치하거나, 운전자로 하여금 전방에서도 미리 경찰의 단속을 실시하고 있다는 것을 알려 주는 경고등을 밝히고 단속을 실시하는 경우, 또는 과속 단속 구간 등을 표지판에 공지하고 단속을 위한 관찰을 실시하는 경우이다. 이러한 경우는 '보이는 아웃사이더 관찰'에 해당된다고 볼 수 있다. 이와는 다르게, 사전 공지나 경고 없이 운전자가 인지할 수 없는 공간이나 상황에서 단속을 실시하는 경우는 '보이지 않는 아웃사이더 관찰'에 해당한다고 볼 수 있겠다. 사전에 음주운전 단속을 언론 등에서 예고하고 단속을 실시하는 경우는 '보이는 아웃사이더 관찰'이지만, 기습적으로 휴일 아침에 음주 단속을 시작하거나 고속도로 톨게이트 등에서 단속을 실시하는 경우는 '보이지 않는 아웃사이더 관찰'에 해당한다고 볼 수 있다.

이렇듯 아이디어 발상의 기초 자료를 얻어내기 위한 '몰래 관찰'을 실시할 때에는 관찰대상으로 하여금 관찰 사실을 오픈하는 것과 오픈하지 않는 것의 차이를 명확하게 인식하고 목적에 맞는 관찰 방법을 적용하여 실시하여야 한다. 즉, 몰래 관찰하기의 관찰 방법을 선택할 때는 관찰의 목적에 어떤 상황이 더 적합한지, 어떤 질문에 대한 답을 얻고자 하는지를 미리 판단하고 선택해야 한다. 연구자가 관찰 대상과 업무적으로 연결되어 있어 객관적 관찰이 어려울 경우, 작업 환경이 몰래 관찰이 어느 정도 가능한 환경인지 등을 사전에 면밀하게 검토하여 '보이지 않는 아웃사이더' 형태의 관찰법을 활용할 것인지 '보이는 아웃사이더' 관찰법을 활용할 것인지를 결정해야 한다.

2. 진행방법

1) 몰래 관찰의 진행방법

우선, 몰래 관찰(fly-on-the-wall observation)의 '보이지 않는 아웃사이더 관찰'과 '보이는 아웃사이더 관찰'의 진행 방법을 살펴보자.

'보이지 않는 아웃사이더 관찰'은 말 그대로 관찰의 대상(개인 또는 그룹)이 특정한 실험이나 목적을 위한 관찰의 대상이라는 것을 인지하지 못한 상태에서 진행되어야 한다. 따라서 관찰에 대한 계획과 절차는 관찰을 기획하거나 계획한 구성원과 관찰을 진행하는 사람들만 소수로 공유하는 것이 바람직하다.

'보이는 아웃사이더 관찰'은 관찰 대상에게 관찰이나 실험에 대한 개략적인 오리엔테이션을 실시한 후에 실시하는 관찰이라 관찰 대상자가 얼마나 객관적인 태도와 행동을 하는가가 결과의 차이를 준다. 엄밀히 따지면 '보이는 아웃사이더 관찰'이 '몰래 관찰하기'의 범위 안에 포함될 수 있는가라는 논의가 필요하지만 실질적인 관찰은 관찰 대상자가 모르게 진행된다는 점에서 '몰래 관찰하기'의 범주에 포함시키고 있다.

① 1단계 : 관찰 소재(주제) 설정

관찰 소재 또는 주제의 설정은 관찰활동을 진행할 브랜드나 제품 또는 특정 프로젝트를 설정하는 일이다. 즉, 보이지 않는 아웃사이더 관찰을 진행하는 첫 단계에서는 관찰할 프로젝트의 소재를 결정하고 관찰의 주제를 설정하는 일이 선행되어야 한다.

사례 1: 대형 마트에서 참치(캔) 제품을 선택하는 고객 행위 관찰
소재: 참치(캔)
주제: 참치(캔) 제품을 선택하는 고객 행위 관찰

사례 2: 자동차 쇼룸에 내장한 고객의 패션 스타일 관찰
소재: 패션 스타일
주제: 쇼룸에 방문하는 고객의 패션 스타일 관찰

사례 3: 주사 처방을 앞둔 소아(남)의 태도 관찰
소재: 주사 처방
주제: 소아(남)의 주사 전 태도 관찰

② 2단계: 관찰 목적 설정

1단계에서 관찰하고자 하는 소재나 관찰의 주제가 정해지면 2단계에서는 '관찰의 목적'을 명확하게 정의하고 설정할 필요가 있다. 관찰은 그 방법이 '보이지 않는 아웃사이더 관찰'이든 '보이는 아웃사이더 관찰'이든 그 관찰을 통해 파악하거나 얻고자 하는 목

적이 명확해야 한다. 즉, 목적 없는 관찰은 있을 수 없고, 목적이 명확하지 않은 관찰은 효율적인 효과를 기대하기 힘들다. 따라서 2단계에서는 이번 관찰 행위를 통해 개인이나 조직에서 얻고자 하는 '관찰 목적'을 구체적이고 명확하게 설정해야 한다. 이는 광고목표가 단순히 '매출의 증대'가 아니라 'TV를 통해 광고를 보자마자 스마트폰을 들어 치킨 주문하기'나 '자동차 광고를 보고 돌아오는 주말을 이용하여 전시장 방문 예약하기' 등과 같은 경우다.

사례 1–1: 자사의 참치(캔) 제품에 대한 고객의 구매 이유 관찰 및 파악
사례 1–2: 자사의 참치(캔) 제품에 대한 고객의 비구매 이유 관찰 및 파악
사례 1–3: 참치(캔) 제품 구매를 위한 일반적인 구매 행위 과정 관찰 및 파악

사례 2–1: 내장고객의 패션 스타일에 따른 고객 응대 차별화 기획
사례 2–2: 자동차 브랜드와 패션 브랜드 간의 연합(collaboration) 행사 기획

• 3단계: 관찰 대상 설정

1단계에서 관찰을 위한 소재와 주제가 결정되고, 2단계에서 관찰의 세부적인 목적이 정해지면 어느 정도 관찰의 대상이 좁혀지고 정해진다. 3단계에서는 관찰의 대상을 결정하고 확정하는 단계이다. 관찰의 대상은 관찰의 목적처럼 가능한 범위에서 구체적이고 명확한 것이 좋다. 그리고 설정의 방법은 성별, 나이, 수입, 거주지와 같은 인구통계학적인 구분뿐만 아니라, 브랜드나 제품 정보에 대한 인지정도, 브랜드에 대한 호감도나 호의도, 브랜드 태도, 가치관이나 철학 등 심리학적인 기준을 병행하면 보다 효율적이고 깊이 있는 대상을 설정하는 데 도움이 된다.

사례 1: 참치(캔) 구매 브랜드 전환을 고려하고 있는 직장을 가진 30대 기혼 여성
사례 2: 수입차 구매를 계획하고 있는 지구환경에 관심이 많은 40대 전문직 남성

사례 3: 남자는 울면 안 된다는 철학과 인생관을 가지고 병원에 방문한 6세 남아

• 4단계: 관찰 기준 설정

'보이지 않는 아웃사이더 관찰'에서는 관찰 대상의 태도나 행동을 관찰자가 임의로 가이드라인을 제시하거나 컨트롤할 수 없는 환경에서 진행되므로 진행 과정에 대한 계획을 사전에 수립할 필요는 없다. 다만, 관찰을 진행하는 시간이나 장소와 같은 기본적인 준비사항에 대한 부분은 이번 단계에서 사전에 수립할 필요가 있다. 그리고 관찰의 결과를 항목별로 기록할 수 있는 체크리스트를 준비하여 관찰을 실시하는 인원에게 배포하는 것이 좋다.

• 5단계: 관찰 내용에 관한 오리엔테이션

'관찰하기'의 핵심은 관찰의 목적과 내용을 관찰자가 명확하게 인지하고 이해하는 것이다. 따라서 관찰을 실시하는 관찰자에게 관찰의 내용과 방법에 관한 부분은 상세하게 설명할 필요가 있다. 단, 상황에 따라서는 직접적인 관찰의 실무를 담당하는 사람이 관찰의 목적을 사전에 알 필요가 없는 경우가 있을 수 있으므로, 이런 경우 관찰 방법에 대한 오리엔테이션만 실시하면 된다. 또한 '몰래 관찰하기'의 핵심은 관찰자의 존재가 관찰 대상의 행동이나 태도에 영향을 주지 않는 것이기 때문에 겉으로 드러나지 않고 관찰을 실시하는 방법에 관한 사전 오리엔테이션을 실시할 필요가 있다.

• 6단계: 관찰 또는 실험

실제로 관찰이나 실험을 실시하는 단계이다. 최대한 자연스럽고 일상적인 환경에서의 관찰이나 실험을 실시하는 것이 관건이다. 그리고 관찰자는 사전에 준비된 체크리스트를 통해 관찰 대상의 태도나 행동을 꼼꼼하게 체크한다. 관찰 또는 실험의 단계에서 관찰자 개인의 감정이나 의견이 반영되지 않도록 하여야 함은 당연하다.

• 7단계: 결과 분석

앞서 실행한 관찰 내용의 결과를 파악하고 분석하는 단계이다. 관찰한 기록지 내용을 취합하여 그 결과를 파악하고 분석하고 정의한다. 여기서 '파악'과 '분석'과 '정의'에 대한 명확한 이해가 필요하다. '파악(把握)'은 말 그대로 '사실에 대한 파악'을 의미한다. 관찰 대상을 관찰한 결과들을 개인의 감정이나 의사에 따른 가감이나 변형 없이 관찰 내용들을 사실 중심으로 담백하게 나열하고 분류하는 단계라고 볼 수 있다. '분석(分析)'은 파악 단계에서 나열되고 분류된 사실들을 실험이나 관찰의 기준에 따라 개별적인 요소나 성질의 것으로 나누고 재구성하는 단계이다. 즉, 분석의 단계에서는 파악에서의 구분보다 의미와 목적이 내포된 '전략적 구분'의 작업이라고 할 수 있다. 마지막의 '정의(定義)'는 실험이나 관찰을 통해 파악하고 분석된 것들에게 의미를 부여하고 규정하는 작업이다. 분석과정은 관점과 방법에 따라 매우 다른 결과물을 도출하기 때문에 분석의 방향과 방법에도 신중을 기해야 할 것이다.

• 8단계: 솔루션 도출과 실행

관찰은 결국 관찰 대상의 태도와 행동을 관찰함으로써 기업이 달성하고자 하는 마케팅이나 커뮤니케이션의 효율적인 솔루션을 찾는 과정이다. 고속도로 휴가철이나 명절 귀성길에 휴게소에 가면 심심치 않게 만나는 광경이 있다. 남자 화장실보다 여자 화장실에 대기 줄이 항상 길다는 것이다. 그 원인이나 요인은 다양하게 예측할 수 있다. 기본적으로 남성용 공간은 개방형 공간과 룸 공간으로 나누어져 활용되는 반면, 여성용 공간은 모두 룸 형태의 공간으로 되어있다는 점, 남성은 화장실에서 보는 용무가 단순한 반면, 여성은 화장실을 본연의 용무 이외에 화장을 고치거나 옷매무새를 다듬거나 소지품을 정리하는 등의 다양한 일을 하는 공간으로 활용한다는 점이다. 그렇다고 무작정 여성용 화장실의 물리적 공간을 넓히는 것만이 효율적인 솔루션은 아닐 것이다. 중요한 것은 결과를 분석하고 솔루션을 도출하는 과정에서 해결 아이디어를 도출하기 위한 합리적이고 창의적인 척도를 마련하는 작업이 중요하다. 그리고 그 척도에 적용할 요인을 무엇으로 설정하는가가 솔루션 도출에 큰 영향을 준다. 그것이 현실적이고 실행 가능한 솔루션을 도출하는 지름길이다.

〈표 2-1〉 **평가 매트릭스 척도**

	구조변경의 정도 (많을수록 저점)	필요한 비용 (많을수록 저점)	사용의 효용성 (높을수록 고점)	계
입구나 세면대에 선반 설치	3	3	5	11
남녀 화장실 가변 운용	8	9	2	19
별도의 오픈형 화장 공간 마련	2	2	7	11

앞의 표에서처럼 도출된 아이디어를 몇 가지의 의미 있는 요소의 척도로 점수를 주고, 이를 통해 현실적이고 효율적인 솔루션을 도출하는 과정이 필요하다. 즉, 표에서 적용한 구조변경의 정도, 필요한 비용, 사용의 효용성 등의 척도에 의하면 두 번째 아이디어인 '남녀 화장실 가변 운영'이 가장 높은 점수를 얻었지만, 그 점수의 대부분은 '필요한 비용'이 거의 없다는 데 기인한 것이고 '사용의 효용성' 측면에서는 현저하게 낮은 점수를 보이고 있다. 따라서 첫 번째 아이디어인 '입구나 세면대에 선반 설치'나 세 번째 아이디어인 '별도의 오픈형 화장 공간 마련'이라는 아이디어가 비교적 합리적이고 현실성 있는 솔루션이라는 것을 알 수 있다. 매트릭스 척도를 통해서 얻은 점수는 실행안을 선택하는 데 전적인 기준이 되는 것이 아니라 참고요소로 작용한다는 점도 이해할 필요가 있다.

2) 동행 관찰의 진행방법

'동행 관찰(shadowing)'은 관찰자가 관찰 대상과 동일한 공간에서 그들의 일상을 실시간으로 관찰하고 공유함으로써 관찰 대상에 대한 상세하고 깊이 있는 정보를 파악할 수 있다. 동행 관찰은 대상의 태도나 행동, 결정 방식, 구매 방식 등에 관하여 실질적이고 구체적인 모습을 얻기 위한 목적으로 실시되는 탐색적 연구 방식이며, 사용자 집단에 대한 친밀도를 높이고 마케팅 전략 수립의 초기단계나 크리에이티브 논리를 확립하는 데 중요한 역할을 할 수 있다. 관찰 결과의 신뢰도를 높이기 위해서는 '관찰 대상'의 선택에 신중을 기해야 하는 것은 두말할 여지가 없다. 또한 관찰 집단을 복수로 선정하여 관찰을 실시함으로써 신뢰를 높이는 방법을 권장한다. 즉, '몰래 관찰하기'나 '동행 관찰' 모두 관찰 대상이 잘못 선정되면 관찰의 모든 수고가 그릇된 방향의 힌트를 주기 때문이다. 또한, 동행관찰이 사전에 관찰 사실을 알리고 실시하는 실험이나 관찰이라고 하더라도 가능한 관찰을 염두에 두지 않은 자연스러운 일상을 파악하는 것이 가장 좋은 방법이기 때문에 꼭 필요한 경우가 관찰대상자가 관찰 사실을 인지하지 않고 행동하도록 하는 것이 좋다. 물론 필요한 경우 관찰자가 대상자에게 질문이나 대화를 나눌 수 있다. 마지막으로 관찰자는 관찰의 다양한 결과를 향후에도 생생하게 살펴볼 수 있도록 관찰 대상의 태도나 행동 등을 가능한 한 사진, 영상, 오디오, 스케치, 상세한 글(설명) 등으로 남겨 둘 필요가 있다.

- 관찰대상의 선정에 신중을 기한다.
- 관찰대상을 복수로 실시할 수도 있다.
- 가능한 자연스러운 행동을 유도한다.
- 필요 시 질문이나 대화가 가능하다.
- 관찰의 내용은 기록(사진 또는 영상 등)으로 남긴다.

3) 참여 관찰의 진행방법

마지막으로 '참여 관찰(participant observation)'에서 가장 중요한 부분은 연구자가 연구조직과 깊이 있는 유대관계를 맺음으로써 그 조직의 일상을 깊이 있게 공감하고, 이해하고, 그들과 동일 방식으로 경험하고 행동해야 한다는 것이다. 따라서 참여자는 대상의 언어나 행동과 같은 물리적인 관찰뿐 아니라 인식이나 동기와 같은 심리적인 부분까지도 깊이 있게 관찰하여 체계적으로 관찰하고 기록할 필요가 있다. 이를 위해 연구자는 우선적으로 집단의 구성원으로부터 충분한 신뢰를 얻어야 하며, 그 집단의 주요한 사항과 문제를 완벽하게 이해하고, 관찰을 통해 무엇을 알게 되었는지를 체계적이고 표준화된 방식으로 기록하여야 한다.

존 지셀(Zeisel, John)은 관찰자 관점에서 참여 정도에 따라 관찰 방법을 두 가지로 분류하였다.

- 주변적 참여(marginal participant): 해당 사건이나 활동에 자연스러운 관찰자로 참여하여 관찰 환경의 일부가 되는 방법
- 완전한 참여(full participant): 해당 집단이나 문화의 실제 구성원이 되는 방법으로 극단적인 경우 잠입이나 가짜 신분을 도용하기도 함

주변적 참여의 사례로는 대중교통 이용자들의 불편함을 관찰(체험)하기 위해 버스나 지하철을 타고 일정기간 출퇴근을 하는 것, 대형 콘서트에 관객으로 직접 참여하여 콘서트를 즐긴다거나, 효과적인 교수법을 연구하기 위해 일정 강의에 직접 수강생으로 참여하는 등의 경우들이다. 안전한 참여의 경우 윤리적인 문제와 연구 기간에 대한 부담으로 많이 사용되는 방법은 아니다. 음식점에 방문하는 고객들의 행동을 연구하기 위해 실제로 웨이트리스로 근무하거나, 환자와의 효율적인 커뮤니케이션을 연구하기 위해 본인이 직접 의료인이 되어 실험에 참여하기는 매우 어렵거나 불가능하기 때문이다. 그러나 브랜드나 제품에 따라서는 본인이 그 제품의 다자이너나 상품 개발자이면서 동시에 소비자 입장에서 '완전한 참여'가 가능한 경우도 있을 수 있다. 예를 들면, UI/UX 디자이너가 미래 고객이 필요로 하는 자동차 실내 디자인을 개발하기 위해 스

스로 자신의 자동차 이외의 다양한 종류의 자동차를 운전해 보는 일과 같은 경우다. 또한 윤리적인 문제가 발생하지 않는 범위에서의 참여는 관찰의 효율성에 직접적인 도움을 준다.

3. 특징 및 기대효과

'몰래 관찰'은 연구자나 관찰자가 관찰 대상의 행동이나 태도에 개입하지 않고 눈에 띄지 않게 관찰 정보를 수집하는 것이 중요하다. 이는 앞서 개요에서 설명한대로 관찰자와 사용자의 관계에서 발생할 수 있는 편견이나 영향력을 최소화하고, 최대한 객관적인 결과 또는 아이디어를 도출하기 위함이다. 따라서 그 세부적인 방법이 '보이는 아웃사이더 관찰'이나 '보이지 않는 아웃사이더 관찰'에 상관없이 관찰자의 개입이나 관찰자가 개입하고 있다는 인식을 최소화할 필요가 있다.

'동행 관찰'은 대부분 사업의 초기나 제품 또는 디자인을 개발하는 단계에서 많은 힌트를 준다. 그리고 대부분의 경우 관찰대상과 인접하여 그들의 생각, 태도, 행동 등을 구체적으로 살펴볼 수 있다는 장점이 있다. 따라서 그 제품이나 디자인을 대하는 소비자들의 개략적인 패턴을 살펴보거나 사업에 관한 전반적인 전략의 지침을 제공받는 데 큰 역할을 할 수 있다. 단, 앞의 관찰방법에서 언급했듯이 동행관찰이 사전에 관찰 사실을 알리고 실시하는 실험이라 하더라도 가능한 한 관찰 대상자의 자연스러운 일상을 파악할 수 있는 환경을 만드는 것이 효율적이다. 또한, 대부분의 동행 관찰은 당연히 관찰 대상에게 사전 동의를 구한 상태에서 실시되지만 필요에 의해서 공공장소에서 불특정 다수의 일상을 관찰하여 기록에 남기는 경우는 그 정도와 방법에서 법적인 문제가 없는지를 면밀히 검토한 후 실시하기를 바란다.

'참여 관찰'은 앞서 설명한 '몰래 관찰'이나 '동행 관찰'보다 적극적인 관찰방법이다. 따라서 고객이나 소비자를 보다 실질적이고 깊이 있게 이해할 수 있다는 장점이 있다.

특히, '완전한 참여' 관찰의 경우 관찰자가 직접 해당 조직의 구성원이 되는 경우이기 때문에 '관찰'이 아닌 '체험'이나 '일상'을 아이디어 창출에 활용하는 방법이라는 점에서 실용성이 있다. 그리고 '주변적 참여' 보다 '완전한 참여'가 더 효과적일 것이라는 선입관을 갖기보다는 연구의 필요나 환경에 맞는 관찰 방법을 선택하는 것이 합리적이다.

4. 발상 실습

'몰래 관찰(fly-on-the-wall observation)' 실습

팀의 업무를 대상으로 '몰래 관찰(fly–on–the–wall observation)'을 실시한다. 구체적인 관찰 목적을 정하고 관찰 8단계에 따라 정하여 발표한다.

- 1단계: 관찰 소재(주제) 설정
- 2단계: 관찰 목적 설정
- 3단계: 관찰 대상 설정
- 4단계: 관찰 기준 설정
- 5단계: 관찰 내용에 관한 오리엔테이션
- 6단계: 관찰 또는 실험
- 7단계: 결과 분석
- 8단계: 솔루션 도출과 실행

BIG
IDEA
THINKING
31

03. 마인드맵

"마인드맵(Mind Map)은 단순한 아이디어 리스트가 아니라 아이디어의 전반을 한 눈에 볼 수 있는 개념도(Key Map)이다"

준비물

- 마인드맵(Mind Map)을 작성할 페이퍼 또는 판서 도구

참여인원

- 개인

소요시간

- 1시간 내외

기대효과

- 아이디어 도출 과정의 체계적인 정리 가능
- 아이디어 확장 작업에 용이
- 아이디어 시각화 가능

1. 개요

마인드맵(Mind Map)은 영국의 언론인 겸 심리학자 토니 부잔(Tony Buzan)이 『양쪽 뇌 사용하기(Use Both Sides of Your Brain)』라는 책에서 제안한 프로젝트 관리법이다.

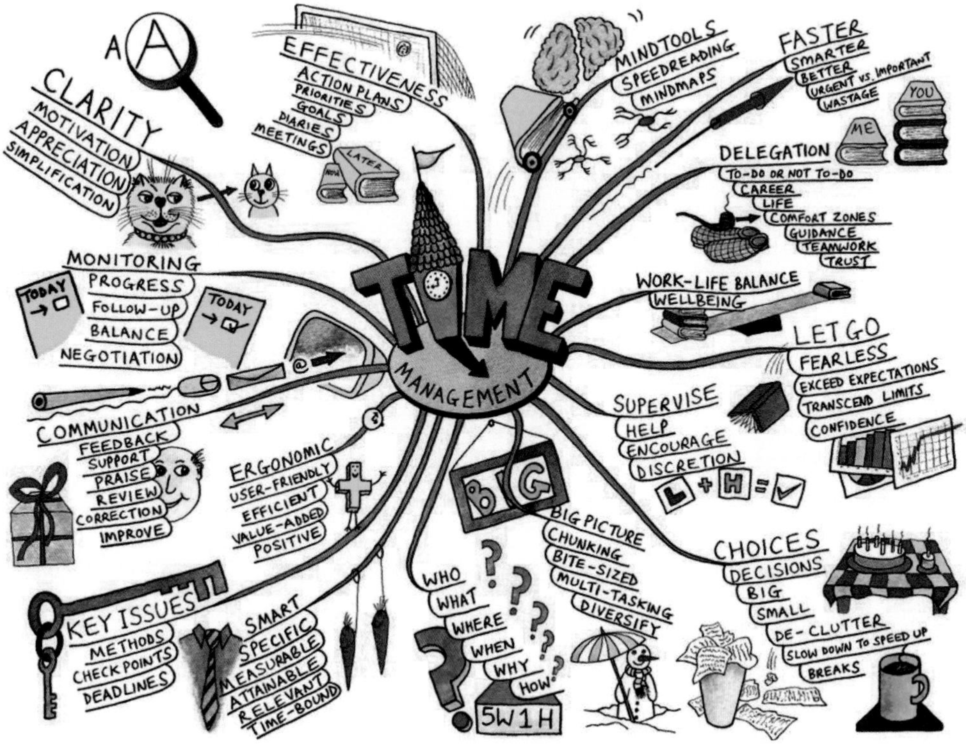

[그림 3-1] **마인드맵**

출처: 나무위키.

마인드맵은 생각의 가운데에 핵심주제를 두고 그 주제로부터 꼬리에 꼬리를 물고 글, 그림, 기호 등 다양한 생각의 요소를 연결하여 아이디어를 확장해 나가는 방법이다. 대뇌좌우반구의 기능적 분화(논리와 분석적 역할을 담당하는 좌뇌와 공간과 직관적 기능을 담당하는 우뇌) 역할에 대한 연구가 활발하게 진행되는 1970년대 시점에 마인드맵을 통해 그림을 그리며 문제를 분석해 가는 것이 우뇌와 좌뇌를 함께 사용하는 효과적인 방법이라는 부탄의 설득은 당대의 관심을 받기에 충분했다.

마인드맵은 생각이나 아이디어를 정리하는 데 매우 쉽고 유용해서 이미 오래전부터 비슷한 방법으로 많이 사용되어 왔다. 다윈도 진화론에 대한 자신의 생각을 도식화하는 방법으로 줄기에서 가지가 뻗어 나가는 도식을 그렸고, 다빈치도 자신의 생각을 정리하기 위해 마인드맵을 활용하였다.

2. 마인드맵 작성 및 진행 방법

마인드맵의 시작은 핵심주제 또는 키워드를 정하는 데서 시작한다. 따라서 핵심주제나 키워드의 선택은 매우 중요하다. 이는 나무의 뿌리와 같아서 핵심주제나 키워드가 잘못 설정되면 그 후로 이어지는 가지와 열매들이 제대로 된 방향으로 진행되기가 힘들기 때문이다.

핵심주제나 키워드가 정해지면 이를 중심으로 방사형으로 다양한 생각과 연상을 줄기처럼 이어나가면 된다. 그 줄기는 단어로 구성되어도 좋고, 그림이나 사진, 문장, 단순한 색이나 도형이어도 상관없다. 낙서처럼 그려도 좋고, 본인이 생각하는 키워드에 색연필이나 사인펜으로 색칠을 하여 강조하는 것도 좋은 방법이다. 이는 모두 자신의 아이디어에 대한 자신의 생각을 표현하거나 강조하는 행위이기 때문이다.

1) 1단계: 중심 주제의 선택

마인드맵의 시작은 중심 주제가 될 만한 중요한 질문 하나를 선택하는 일이다. 선택한 주제를 맵의 한가운데 강조하여 그려 넣는다.

2) 2단계: 주요 줄기의 설정

지도의 중심(주제)으로부터 몇 개의 굵은 줄기를 그리고 여기에 중심 주제를 해결하기 위한 단어(명사, 동사 또는 명사와 동사의 조합)를 적용하여 적어 넣는다. 이를 '1차 연결단어'라고 한다. 줄기 또는 단어의 굵기나 중심으로부터의 거리로 중요도를 판단하게 할 수도 있다.

3) 3단계: 세부 줄기의 도출

1차 연결단어가 적힌 '주요 줄기'에서 뻗어 나는 '세부 줄기'를 그리고 그에 해당하는 세밀한 2차 연결단어의 개념들을 적어 넣는다. 물론, 다양한 단어의 연상이 가능하고 첫 세부 연상 단어에서 파생되는 '2−1차 연결단어'와 '2−2차 연결단어'들의 파생이 가능하다. 이렇게 3단계까지 진행되면 중심 주제를 해결하기 위한 어느 정도의 '개념 간 연결고리'가 완성된다.

4) 4단계: 마인드맵 리뷰

모든 종류의 연결가지가 풍성하게 그려질 때까지 마인드맵 그리기를 반복하고, 새로운 정보나 생각을 지속적으로 추가한다. 최종 완성 단계에 이르기 전에 세부 줄기의 내용들은 주요 줄기의 내용을 잘 해결하는 요소들로 구성되어 있는지, 그리고 주요 줄기의 요소들은 중심 주제를 해결하는 데 부족함은 없는지 등에 대한 점검과 리뷰를 진행한다.

3. 활용도

우리는 마인드맵을 통해 자신이 생각하는 내용을 비선형적이고 시각적으로 표현하게 된다. 이러한 마인드맵은 다양하고 창의적인 아이디어를 확장해 나가는 작업에 유용하다. 또한, 불확실한 요소가 많은 주제나 문제를 다룰 때 해당 영역을 보다 쉽게 이해하기 위해 시각적으로 정리하는 데 유용하다. 개인 창의성의 도구이기도 하고 그룹 창의성의 도구로 활용도 가능하다. 자유연상의 가장 기본적이면서도 쉬운 방법이기 때문에 꼭 광고와 같은 창의적인 작업에서뿐 아니라, 네이밍 작업을 한다든가, 시나 그림을 그리는 작업에서도 충분히 활용이 가능하다. 아무리 아이디어가 많고 창의성이 뛰어난 사람이라고 하더라도 많은 양의 아이디어를 그냥 머릿속에 보관하거나 머릿속에서 스스로 기억하고 연상하여 발전시켜 나가는 일은 힘들 뿐 아니라 비효율적이다. 따라서 마인드맵은 본인의 아이디어를 구체적으로 시각화하여 보다 쉽고 효율적으로 발전시켜 나가는 데 기대 이상의 역할을 할 것이다.

4. 특징 및 기대효과

마인드맵의 가장 큰 장점은 창작자의 머릿속에 존재하는 생각을 시각적인 도구로 옮겨 놓았다는 것이다. 이는 시간이 흘러도 그 아이디어의 확장이 지속성을 가질 수 있으며, 그룹이나 집단 발상 작업을 진행하면서도 다른 사람의 아이디어 가지에서 자신의 아이디어로 발전이 용이하다는 장점이 있다. 또한 아이디어의 진행과 확장의 과정을 한눈으로 볼 수 있기 때문에 10~100장의 전략과정을 1장에 정리하여 볼 수도 있다.

반면, 마인드맵은 단순한 확장에는 역할을 하지만 하나의 주제에 초점을 맞추어 발상의 깊이를 더해 가는 접근에는 부적합하다. 즉, 마인드맵을 통해 나온 수많은 아이디어 가운데 가장 중요하거나 유용한 아이디어를 고르는 일은 별도의 작업으로 진행되어야 한다. 또한 초반에 마인드맵을 만드는 방법에서도 언급했듯이 핵심이 되는 주제나 키워드를 정하는 일이 무엇보다 중요하기 때문에 자칫 키워드 선택이 잘못되면 많은 시간과 과정을 들여 진행한 마인드맵이 무용지물이 될 가능성도 있다.

이러한 마인드맵은 자신의 생각을 컴퓨터에 글로 옮겨 놓거나 노트에 그냥 적어 놓은 일과 무엇이 다를까? 가장 중요한 차이점은 아이디어 간의 상호 관계성이다. 다시 말하지만, 마인드맵은 단순한 아이디어의 리스트가 아니라 아이디어의 전반을 한눈에 볼 수 있는 '아이디어 개념도'라고 할 수 있다.

5. 발상 실습

자신의 버킷리스트를 중심 주제로 설정하고, 이를 실현하기 위한 세부적인 마인드맵 작성하고 발표하기

BIG IDEA THINKING 31

04.
만다라트와 MY법

"아이디어는 정답이 없다.
그러나 체계화하고 시각화하면 더 강력한 발상에 도움이 된다."

준비물

- 만다라트(Mandal Art) 양식의 페이퍼 또는 판서
- MY 시트(테마용) 1장(A3 이상)
- MY 시트(스케치용) 인원 또는 그룹 수만큼(A3이상)
- 포스트잇
- 스카치테이프
- 필기구

참여인원

- 개인 또는 그룹(4~8명 정도)

소요시간

- 60분 내외(평가 10분 포함)

기대효과

- 아이디어의 폭을 체계적으로 확장 가능
- 핵심 목표와 서브 목표 그리고 여덟 가지 세부적인 실천방안의 구도를 한눈에 파악
- 아이디어의 첨삭 및 평가가 용이

1. 개요

'만다라트(Mandal-Art)'는 일본의 디자인 컨설턴트인 이마이즈미 코조가 개발한 발상법으로 '만다라아트(Mandala-Art)'에서 영감을 얻어 고안한 발상법이다. 'Mandala'는 'Manda(본질의 깨달음)' + 'la(달성)'의 합성어다.

사람마다 일하는 방식은 모두 다르다. 하물며 아이디어를 만들어 내는 발상법은 더 말할 필요가 없다. 그래서 '아이디어 발상에 왕도는 없다.'라고 하지만 이 장에서 소개하고 있는 '만다라트 발상'이나 'MY법'만 적용하더라도 개인의 성격이나 성향, 그리고 업무 등의 수준에 따라 매우 다른 내용의 셀(Cell)이 만들어짐을 경험할 수 있다.

[그림 4-1] 칼라차크라 만다라아트

MY법은 만다라트의 발전된 모습으로 마츠무라 야스오(Matsumura Yasuo)가 개발한 사고법이다. MY법은 [그림 4-2]의 'MY법 전체도'에서 보는 것처럼 9×9 매트릭스를 사용한다. 81칸의 가장 중심부에 '핵심 목표(Main Objective)'를 적고, 그 주위로 '여덟 가지 서브 목표(Sub Objective)'를 순서대로 적어 넣는다. 그리고 다음 단계는 '핵심 목표' 주변에 있는 '여덟 가지 서브 목표'를 매트릭스의 방사형 주변 9칸의 각 중심에 좌측 상단부터 우측 하단까지 차례로 8개를 적어 넣으면 'MY법'의 실행을 위한 아이데이션 준비를 마친 것이다. 이제, 1번부터 8번까지의 서브 목표 주변에 있는 8개의 빈칸을 우리의 아이디어로 채우면 된다. 모든 칸을 채우면 총 64개의 아이디어를 얻을 수 있다. MY법 시트(Sheet)가 준비된 상태에서 40초에 한 가지씩의 아이디어를 채워 간다고 가정하면 약 40분 정도의 시간을 할애하여 64개의 아이디어를 얻을 수 있다.

2. 발상 방법

1) 1단계: 핵심 목표 선택

아이데이션을 진행하고자 하는 주제나 '핵심 목표(main objective)'를 정하는 단계이다. 일반적인 광고 캠페인은 물론이고, 문제해결을 위한 주제나 목표는 가능한 한 명확하고 구체적인 것이 좋다. 우리의 일상에서 목표를 찾는다면 '3개월 안에 9kg 감량하기' '올해 영업실적 125% 증가시키기' '연봉 1억 달성하기'처럼 구체적인 목표를 설정하는 것이 좋다. 그러나 '핵심 목표'의 경우 회의실에 모여 몇 분 안에 쉽게 만들어지는 것이 아니기 때문에 아이데이션을 시작하기 전에 충분한 회의를 통해 논의되고 확정된 것이어야 한다.

2) 2단계: 서브 목표 선택

핵심 목표를 달성하기 위해 필요한 여덟 가지 필요사항을 논의하여 선택하는 단계다. 이 단계에서는 과제의 속성이나 하위 카테고리, 연상 단어 등을 통한 자유로운 발상이 가능하나, 다양한 의견 가운데 중요도나 효용성 등을 감안하여 우선순위에 있는 요소 여덟 가지를 선택하여 테마용 시트에 적는다. 그리고 스케치용 시트에 8개의 '서브 목표(sub objective)'를 동일하게 적어 나누어 가진다.

3) 3단계: 아이디어 도출

각 서브 목표를 보고 스케치용 시트에 해당 목표 달성을 위한 아이디어를 적어 넣는 발상의 과정이다. 최대 시간 5분을 넘기지 말고 작성하여 옆 사람에게 넘긴다. 8명이 참여한다면 40분이 걸리고, 4명이 참여하는 경우 총 80분의 시간이 소요되는 셈이다. 만약 혼자 'MY법'을 활용하여 아이디어 발상을 진행하는 경우 한 칸당 5분의 시간을 할애하여 발상작업을 하면 상당한 시간이 필요하므로 각 칸의 연상 시간을 줄이거나 쉽게 아이디어가 떠오르지 않는 주제의 칸은 몇 개 비워 두고 진행해도 무방하다.

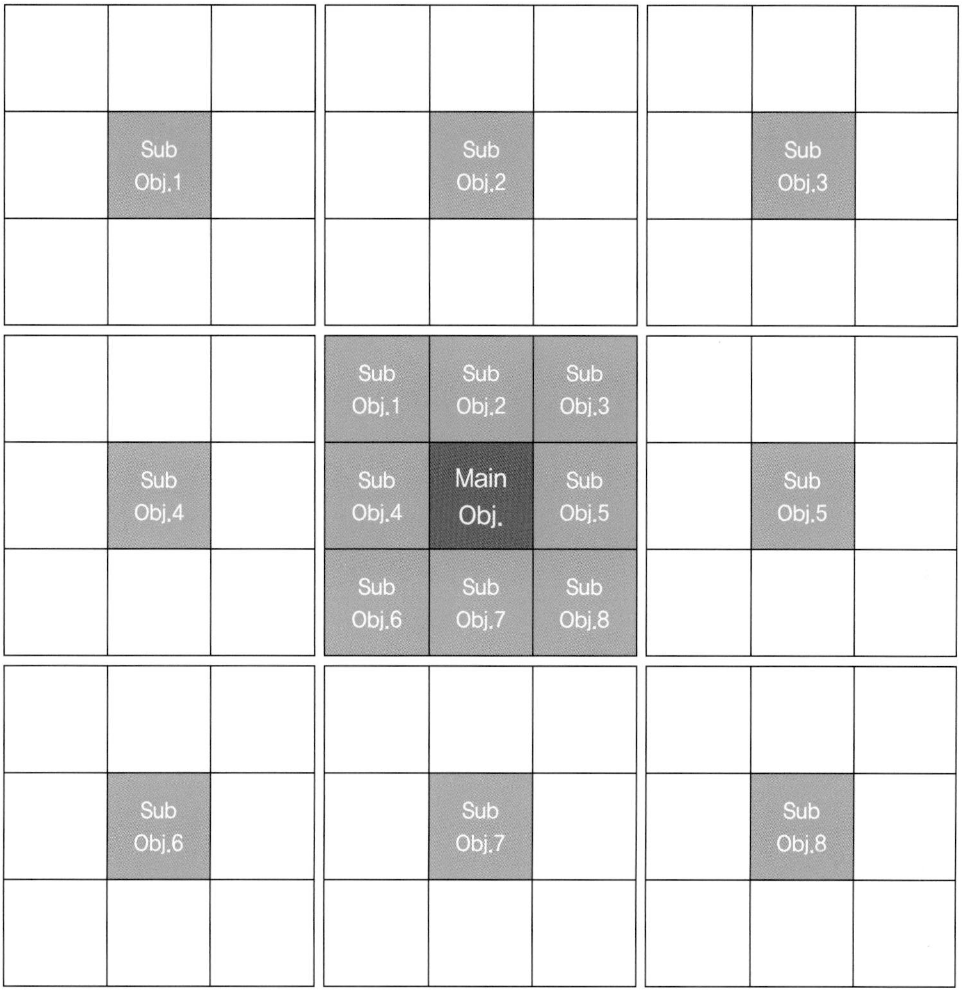

[그림 4-2] **MY법 전체도**

4) 4단계: 아이디어 평가

2단계 '서브 목표의 선택'과 3단계 '아이디어 도출' 단계에서 나온 아이디어들을 살펴보고 투표를 통해 마음에 드는 아이디어에 투표한다. 포스트잇을 해당 칸에 붙이는 방법이 가장 쉽다. 멤버 전원이 평가에 참여하여 평가를 마친 후, 아이디어의 어떤 부분

몸관리	영양제 먹기	FSQ 90kg	인스텝 개선	몸통 강화	축 흔들지 않기	각도를 만든다	위에서부터 공을 던진다	손목 강화
유연성	몸 만들기	RSQ 139kg	릴리즈 포인트 안정	제구	불안정 없애기	힘 모으기	구위	하반신 주도
스테미너	가동역	식사 저녁 7숟갈 아침 3숟갈	하체 강화	몸을 열지 않기	멘탈 컨트롤	볼을 앞에서 릴리즈	회전수 증가	가동력
뚜렷한 목표 · 목적	일희일비 하지 않기	머리는 차갑게 심장은 뜨겁게	몸 만들기	제구	구위	축을 돌리기	하체 강화	체중 증가
핀치에 강하게	멘탈	분위기에 휩쓸리지 않기	멘탈	8구단 드래프트 1순위	스피드 160km/h	몸통 강화	스피드 160km/h	어깨주변 강화
마음의 파도를 안만들기	승리에 대한 집념	지속력	인간성	운	변화구	가동력	라이너 캐치볼	피칭 늘리기
감성	사랑받는 사람	계획성	인사하기	쓰레기 줍기	부실 청소	카운트볼 늘리기	포크볼 완성	슬라이더 구위
배려	인간성	감사	물건을 소중히 쓰자	운	심판을 대하는 태도	늦게 낙차가 있는 커브	변화구	좌타자 결정구
예의	신뢰받는 사람	동료를 배려하는 마음	긍정적 사고	응원받는 사람	책읽기	직구와 같은 폼으로 던지기	스트라이크 볼을 던질 때 제구	거리 상상하기

[그림 4-3] **오타니 쇼헤이의 '만다라트 계획표'**

이 만족스러웠고 어떤 부분이 아쉬웠는지 자유롭게 의견을 나누는 과정을 갖는 것도 좋다. 이는 다음 아이데이션에서 더 발전되고 팀원들이 공유할 만한 아이디어를 도출하는 데 도움을 주기 때문이다.

[그림 4-3]에서 소개하는 매트릭스는 2015년 한일전에 등판한 일본의 국가대표 투수 '오타니 쇼헤이'가 목표 달성을 위해 고등학교 1학년 때 만들었다는 '만다라트' 계획

표의 사례이다. 81개의 칸 가장 중앙에 본인의 최종 목표인 '8개 구단 드래프트 1순위'를 적고, 이 목표를 달성하기 위한 여덟 가지 서브 목표를 그 주위에 적은 것을 볼 수 있다. 사실은 이것만으로도 소름이 돋을 정도로 체계적인 자기관리의 모습을 볼 수 있는데, 다시 그 여덟 가지 서브 목표 주변에 각각의 서브 목표를 달성하기 위한 구체적인 방법들을 적어 놓고 매우 체계적이고 세부적으로 자신의 목표를 달성하기 위해 실천한 것을 볼 수 있다. 세부 항목들을 자세하게 관찰해 보면 '포크볼 완성' '슬라이더 구위' '영양제 먹기' '어깨주변 강화' 등 체력 강화를 위한 실천 아이디어뿐 아니라 '불안정 없애기' '일희일비하지 않기' '동료를 배려하는 마음' '책 읽기' '예의와 배려' '쓰레기 줍기', '물건을 소중하게 다루기'와 같은 정신력이나 인격 및 소양 강화를 위한 다양한 내용이 빼곡하게 정리되어 있는 것을 볼 수 있다.

3. 특징 및 기대효과

만다라트와 MY법의 가장 큰 특징은 체계화와 시각화에 있다. 핵심 목표와 서브 목표의 도출과 세부적인 실천 방안을 도출하는 과정에서 충분한 아이데이션과 논의가 가능하다. 뿐만 아니라, 만다라트의 각 속성들은 발상의 과정이나 실천과정에서 진행상황에 따라 변동 또는 첨삭이 가능하도록 구성되어 있기 때문에 상대적으로 유연한 적용이 가능하다는 장점이 있다. 물론 완성된 만다라트를 시각적으로 한눈에 볼 수 있다는 것 또한 큰 장점이다.

4. 발상 실습

실습 1 5년 후 자신의 업무 분야에서 핵심 목표(Main Objective)를 설정하고 이를 달성하기 위한 만다라트(Mandal Art) 작성하기

실습 2 5년 후 자신의 일상(비업무)에서 핵심 목표(Main Objective)를 설정하고 이를 달성하기 위한 만다라트(Mandal Art) 작성하기

BIG
IDEA
THINKING
31

05. 브레인라이팅

"말하기에 소극적인 사람들이 글쓰기에 적극적일 수 있다면
이보다 훌륭한 발상법은 없을 것이다."

준비물

- 브레인라이팅 시트
- 필기구

참여인원

- 5~9명(홀수)

소요시간

- 30~60분

기대효과

- 아이디어의 시너지(스노우 볼링) 효과

장소: 광고회사 사무실

상황: 각자의 칸막이를 사이에 두고 6명의 팀원들이 일하고 있다.

#1 : 각자 일에 분주한 사무실 분위기

팀장: 자, 자, 여러분 잠깐 주목해 주세요!

#2 : 팀원들이 칸막이 위로 마치 거북이처럼 하나둘씩 머리를 내민다.

팀원들: ???

팀장: 많이들 피곤하시죠?

팀원 A: 하~~~품

팀원 B: (책상 밑 야전침대에서 일어나 기지개를 켠다.)

#3 : 팀장이 팀원들에게 이야기한다.

팀장: 다들 바빠서 한자리에 모일 수가 없네요……. 그래서 오늘은 브레인스토밍 대신 브레인라이팅을 하려고 합니다.

팀원 C: (팀원들에게 아이디어 주제가 적힌 페이퍼를 한 장씩 돌린다.)

#4 : 팀장이 팀원들에게 브레인라이팅 주제를 설명한다.

팀장: 이 제품이 우리 팀에서 새롭게 광고하게 될 피로회복 음료 제품입니다. 우리가 제품 이름부터 만들어 봅시다!

#5 : 브레인라이팅 방법을 간단하게 설명한다.

팀장: 자 한 사람이 최소한 3개 이상씩 적으셔서 5분 후에 옆 사람에게 전달하시면 됩니다.

#6 : 제품에 관심을 보이는 팀원들……

팀원 A: 거 맛이 어떤가요?

팀원 B: 얼마예요?

팀원 C: 어디서 팔아요?

#7 : 팀원들에게 직접 제품을 나누어 준다.

팀장: 네, 제가 하나씩 드릴테니까 직접 마셔 보세요…….

#8 : 팀원들, 제품을 받아 들고 브레인라이팅에 적극성을 보인다.

팀원들: 와~~우!

팀원 A: 진작 그럴 것이지…… ㅋㅋㅋ

#9 : 각자 아이디어 발상에 열심인 팀원들

팀원들: 오~ 맛이 대박인데!

팀원 A: 자, 5분 됐어요. 빨리빨리 써서 돌리세요~.

팀원 B: 브레인라이팅은 앞 사람이 쓴 거 커닝하는 게 예의입니다!

팀원들: 하~ 하~ 하~

#10 : 제6라운드를 모두 마친 아이디어 시트가 팀장에게 취합된다.

팀장: 다들 쓰셨으면 모아서 제출해 주세요. 최종 제품이름으로 선정된 분에게는…….

팀원들: 두두두두두두두~

팀장: 연말 보너스와 제품 10박스!!

팀원들: 앗싸~!

1. 개요

'브레인라이팅(Brainwriting)'은 호리겔(Horigel)이라는 독일의 형태분석 전문가가 1973년경 개발한 635법(6명이 둘러앉아 3개의 아이디어를 5분 내에 종이에 적어 옆으로 돌리는 방법)에서 시작된 아이디어 발상법이다. 이 발상법은 말로 회의를 하는 것이 아니라, 글로 자신의 아이디어를 표현한다고 해서 '침묵의 브레인스토밍'이라고 부르기도 한다. 자신의 아이디어를 종이에 적은 다음 다른 사람과 교환하여 추가로 자신의 아이디어를 작성하는 방법으로 진행한다.

〈표 5-1〉 **브레인라이팅 시트(양식)**

주제			
Idea	A	B	C
1			
2			
3			
4			
5			
6			

6명의 아이디어 발상 참가자가 미리 배부된 아이디어 발상 시트에 자신의 아이디어 3개를 5분 동안 적은 다음 옆 사람에게 돌리면 아이디어 발상의 1라운드가 끝난다. 6명의 참가자가 동일한 방법으로 아이디어 발상의 6라운드를 마치면 모든 발상회의가 종료된다.

브레인스토밍이 미국에서 시작된 데 반해, 브레인라이팅이 독일에서 시작된 이유에 관해 '미국인들의 자신의 주장이나 의견을 대화를 통해 활발하게 표현하는 성향을 가지고 있고, 독일인들은 대개 과묵한 성격이라 자기주장을 표현하기에 대화보다는 글이 효과적이다.'라는 견해가 있다. 따라서 브레인라이팅은 다소 내성적이거나 소극적인 사람들의 모임, 또는 자신의 의견을 말로 표현하는 데 소극적이거나 서로 체면을 중시하여 활발한 대화가 어려운 상황에서 효과적으로 사용될 수 있는 아이디어 발상 방법이다.

2. 진행 방법

1) 브레인라이팅

브레인라이팅은 그룹 회의 없이 페이퍼로 진행하는 가장 기본적인 형태의 발상법으로 사전 준비 단계, 리더 해설 단계, 아이디어 작성 단계, 아이디어 수집 및 정리 단계의 4단계로 진행된다.

(1) 1단계: 사전 준비 단계

① 주제를 결정한다

브레인라이팅의 주제는 구체적이고 명확할수록 효과적인 결론을 이끌어 낼 수 있다. 즉, '우리 팀의 크리에이티브 파워를 높이려면?'과 같은 주제는 너무 광범위하고 막막하다. 따라서 '우리 팀의 크리에이티브로 국제광고제에서 수상을 하려면?'처럼 명확하고 구체적인 주제를 결정하는 것이 중요하다.

② 참여자를 선정한다

아이디어 발상의 참여하는 사람은 해당 주제와 관련된 부서원으로 구성하는 방법도 있고, 발상의 폭을 넓히기 위해 주제와 무관한 부서원을 참여시키기도 한다. 일반적으로 5~9명(홀수) 정도로 진행되지만, 경우와 사정에 따라 인원은 증감이 가능하다.

③ 리더를 선정한다

브레인라이팅의 원활한 진행을 위해 1명의 리더를 선정한다. 리더의 가장 큰 역할을 주제를 설명하고 시간을 체크하는 일이다. 리더는 이를 위해 사전에 주제에 대해 명확하게 이해한 상태로 회의에 참여해야 하며, 타이머를 준비해 두는 것이 좋다. 리더 또한 발상에 참여할 수 있다.

리더가 발상에 참여할 수는 있으나, 팀원들의 발상과정에 미치는 영향을 최소화하기 위하여 중반 또는 후반 위치에서 발상에 참여하는 것이 좋다.

④ 테이블은 '□'형이나 '○'형으로 준비하여 전원이 서로 얼굴을 볼 수 있으면 좋다. 단, 인원이 많을 경우 이러한 형태를 고집할 필요는 없으나, 아이디어 시트를 어떻게 돌릴 것인가에 대한 충분한 사전 고려가 필요하다.

(2) 2단계: 리더 해설 단계

① 주제를 설명하고 확인한다

리더는 모두가 다 보이는 곳에 주제를 적는다. 그리고 이 주제를 선택한 배경에 관하여 충분히 설명한다. 또한 참가자들로부터 의문이 있는 점들을 질문받아 충분하게 이해시키고 이를 확인한다.

② 아이디어 시트를 준비한다

브레인라이팅의 리더는 미리 준비된 아이디어 시트를 참가자 전원에게 나누어 주고 각 시트의 상단에 주제를 기입하도록 한다. 참가자들은 리더로부터 주제에 관한 설명을 들을 뿐 아니라, 직접 주제를 적어 봄으로써 한 번 더 주제를 인식하고 이해할 수 있는 기회로 삼는다.

③ 진행방식을 설명한다

리더는 본 회의 방식을 흐름에 따라 설명한다. 원칙적으로는 5분 발상에 6라운드를 진행하지만, 이것은 주제의 난이도, 참가자의 능력 및 규모 등의 사정에 따라 발상의 시간과 라운드의 횟수를 변경하여 진행할 수 있다.

(3) 3단계: 아이디어 작성 단계

① 타이머를 세팅한다

리더는 타이머를 준비하여 미리 설명한 시간에 맞추고 회의를 시작한다.

② 아이디어 도출 1라운드

주어진 시간 안에 시트 첫 줄에 있는 3개의 빈칸에 아이디어를 채워 넣는다. 네이밍과 같은 경우는 단어만 가지고서도 가능하지만, 일반적인 경우에는 주어와 술어로 구성된 완전한 문장의 형태를 갖추는 것이 오해 없이 아이디어를 전달할 수 있어 좋다.

③ 시간이 경과하면 왼쪽으로 시트를 넘긴다

제1라운드가 끝나면 각자의 아이디어가 적힌 시트를 옆 사람에게 넘긴다. 아이디어를 모두 채우지 못했다 하더라도 시간이 되면 다음 사람에게 시트를 넘기는 것을 원칙으로 하며, 가능하면 서둘러서라도 자신에게 주어진 아이디어의 칸을 채우는 것이 바람직하다.

④ 아이디어 도출 2라운드

오른쪽 사람에게서 받은 시트의 아랫줄에 자신의 아이디어를 기입해 넣는다. 브레인라이팅의 묘미는 자신의 아이디어를 독자적으로 적어 넣는 것이 아니라, 위에 적힌 옆 사람의 아이디어를 참고하여 덧붙이고, 발전시키고, 더 새로운 아이디어를 창출해 내는 것이다. 물론 윗줄의 아이디어와 무관해도 상관없지만 똑같은 것을 적는 것은 지양하기 바란다.

⑤ 아이디어 도출 3라운드

제2라운드가 종료되면 신속하게 시트를 옆 사람에게 넘기고 제3라운드를 시작한다. 아이디어 기입 방법은 제2라운드와 동일하다. 이번에는 시트의 세 번째 줄에 자신의 아이디어를 기입하면 된다. 그리고 라운드가 지속될수록 참고할 수 있는 아이디어가 쌓이게 되니 이를 잘 활용하는 것이 효과적이며, 시간을 1~2분 정도씩 더 부여하는 것도 좋은 방법이다. 제3라운드 이후의 과정은 동일하게 반복된다.

각 라운드를 진행하는 방식은 이처럼 시간을 정해 놓고 하는 방법 외에, 사전에 시간을 정하지 않고 자신의 아이디어 기입이 끝나면 바로 옆 사람에게 시트를 넘기는 방식을 활용하기도 한다. 이렇게 시간을 정해 놓고 아이테이션을 진행하는 방식을 '프레셔(pressure) 방식'이라고 한다. 이 방법은 브레인라이팅의 참여자가 시간에 대한 부담을 가지고 더욱 적극적으로 아이디어 발상에 참여하는 장점을 가지며, 브레인라이팅에 어느 정도 익숙해진 구성원들이라면 시도해 볼 만하다.

1라운드당 5분씩 할애하여 전체 6라운드를 진행하는 데는 총 30분의 시간이 소요된다. 길지 않은 시간이지만 팀 전원이 적극적으로 브레인라이팅에 참여하면 총 108개의 아이디어를 얻게 되는 셈이다.

〈표 5-2〉 브레인라이팅(사례)

주제	새로 출간하는 아빠들의 육아교육서 제목		
	A	B	C
1	아빠를 부탁해!	아빠와 함께	아빠는 프로다
2	아빠, 부탁해요!	아빠와 함께하는 일생	프로아빠, 아마추어아빠
3	엄마, 아빠는?	아빠와 아이의 일생	아빠, 화이팅!
4	무엇에 쓰는 아빠인가?	아빠와 아이와	자녀교육의 프로
5	아빠가 필요한 아이들	아빠와의 인생여행	소통의 프로아빠
6	아빠가 필요해!	아빠 어디가?	프로아빠 소통아빠

(4) 4단계: 아이디어 수집 및 정리 단계

① 기록된 아이디어를 수집한다

작성된 아이디어 기록지를 한 사람이 전체를 수집하거나 팀별로 수집한다.

② 수집된 아이디어 정리 단계

수집된 아이디어를 정리하여 주제나 형태별로 카테고리를 묶고, 각 묶음의 상위개념을 적어 넣는다. 그 단계에서 추가적인 아이디어가 나온다면 이를 추가로 적어 넣는다. 아이디어의 정리 방법은 크게 두 가지로 나누어 볼 수 있다.

- 급하게 결론을 내야 할 필요가 있을 때에는 각자 앞에 놓인 시트에서 좋다고 판단되는 아이디어를 선택하여 이 가운데 최종 아이디어를 선택한다.
- 아이디어를 심사숙고하여 정리할 필요가 있다고 판단될 때에는 각 시트를 칸대로 잘라서 정리하여, 최종 아이디어를 선택하는 방법으로 앞에서 언급한 카테고리별

묶음의 방법을 활용하면 효과적이다.

2) 포스트잇 브레인라이팅

포스트잇을 활용하는 브레인라이팅은 일반적으로 아이디어 시트를 활용하는 브레인라이팅과 그 진행 단계와 방법에 있어서 큰 차이를 보이지 않는다. 다만, 제4단계인 '아이디어의 수집 및 정리 단계'에서 몇 가지 장점을 가지고 있다. 즉, 아이디어를 분류하고 첨삭하여 정리하기 위해서는 아이디어 시트에 직접 적어 내려가는 방법보다 포스트잇을 사용하여 빈칸에 붙여 정리하면 보다 더 유동적이고 효율적이다. 이러한 포스트잇을 활용하여 실시하는 브레인라이팅에서는 상대적으로 다음과 같은 장점이 있을 수 있다.

(1) 기록 후 바로 정리할 수 있다

아이데이션에 참여하는 인원의 많고 적음에 관계없이 포스트잇을 활용하는 브레인라이팅은 아이디어 시트를 활용하는 브레인라이팅에 비해 정보를 정리하고 분류하는 데 있어서 매우 용이하고 효율적이다.

(2) 좋은 아이디어만 선별할 수 있다

수많은 카드 중에서 필요한 아이디어를 추리거나 필요 없는 아이디어를 버리는 작업을 하는 데 있어서 포스트잇을 활용하는 브레인라이팅은 매우 편리하다.

(3) 부분수정 및 추가기입이 가능하다

의견이나 아이디어를 포스트잇에 바로 적어 붙이기 때문에 정리 과정에서 수정하거나 추가 아이디어를 붙이는 데 불편함을 최소화할 수 있다.

(4) 정리할 때 자유로운 편집이 가능하다

특히, 많은 아이디어를 특정한 카테고리별로 묶거나 상위개념을 부여하는 작업을 진행할 경우 포스트잇을 활용하면 얼마든지 탈부착이 가능하기 때문에 정리 과정에서 다양한 시도가 가능하다. 현실적으로 회의를 하다 보면 의견들이 분분하여 정리 과정에서 다양한 경우의 수를 생각해야 하는데, 일반적으로 아이디어 시트를 활용하는 브레인스토밍이라면 이 과정에서 많은 어려움이 있을 것이다.

(5) 포스트잇만 있으면 어디서나 브레인라이팅이 가능하다

가방이나 주머니 안에 포스트잇만 소지하고 있다면 언제 어디서나 다양한 정보의 수집 및 브레인라이팅을 실시할 수 있다.

3) e-브레인라이팅

브레인라이팅이 브레인스토밍에 비해 가장 편리한 부분 중 하나는 팀원들이 동시에 시간을 내서 한자리에 모이지 않고도 진행이 가능하다는 것이다. 물론, 가장 이상적인 것은 한 장소에 서로의 얼굴을 마주하고 앉아 아이디어 시트를 돌리는 방법이지만 꼭 그렇지 않더라도 같은 사무실 공간이나 회사 안에서도 브레인라이팅은 얼마든지 가능하다. 이러한 브레인라이팅을 e-mail이나 다양한 SNS를 활용하여 실시한다면 더욱 편리하고 효과적인 아이디어 발상을 진행할 수 있다. 즉, 아무리 멀리 떨어져 있는 사람들끼리도 그야말로 '원격 브레인라이팅'이 가능한 것이다.

'e-브레인라이팅'이란 말 그대로 e-mail을 수단으로 브레인라이팅을 실시하는 것이다. 즉, 팀원들의 아이디어를 취합하고 싶은데 팀원들이 일시에 한 장소에 모일 수 없는 상황이라면 e-mail을 통한 e-브레인스토밍을 실시하는 것도 신선하고 효과적인 아이디어 발상 방법이다.

특히, 요즘처럼 SNS를 통한 커뮤니케이션이 활발한 시대에는 e-mail뿐 아니라 스마트폰을 통해 문자와 카카오톡 등을 활용하여 더욱 편리하고 신속한 그룹 아이디어 발상의 시너지를 기대할 수 있다.

(1) 1회 주유형 e-브레인라이팅

① 참가요청

최초 발안자는 5명의 팀원들에게 e-브레인라이팅 참가를 요청한다.

② 방법설명

발안자는 참가자들에게 e-브레인라이팅의 진행방법과 e-mail을 돌리는 순서, 참가자들의 e-mail 주소 등의 정보를 참가자들에게 메일로 보낸다.

③ 아이디어 도출 1라운드

최초 발안자는 우선 아이디어 발상의 주제를 시트에 기입한다. 그리고 첫 번째 발상자가 되어 자신의 아이디어를 기입하고 순서에 적힌 다음 참가자에게 메일을 발송한다.

④ 아이디어 도출 2라운드

두 번째 발상자는 제1라운드의 아이디어를 참고로 하여 자신의 확장된 아이디어를 시트에 기입한다. 그리고 세 번째 발상자에게 메일을 발송한다.

⑤ 아이디어 도출 3라운드 이후

제3라운드에서 제6라운드에 이르기까지 동일한 방법으로 진행된다.

⑥ 아이디어 도출 6라운드 종료 후

여섯 번째 발상자는 자신의 아이디어를 기입한 후 완성된 시트를 최초 발안자에게 메일로 발송한다.

(2) 동시 주유형 e-브레인라이팅

① 참가요청

최초 발안자는 5명의 팀원에게 e-브레인라이팅 참가를 요청한다.

② 방법설명

발안자는 참가자들에게 e-브레인라이팅의 진행방법과 e-mail을 돌리는 순서, 참가자들의 e-mail 주소 등의 정보를 참가자들에게 메일로 보낸다.

③ 아이디어 도출 1라운드

참가자 전원이 첫 번째 발상자가 되어 각기 자신이 받은 시트에 제1라운드 아이디어를 기입 한 후 그 시트를 각기 두 번째 발상자에게 메일로 발송한다.

④ 아이디어 도출 2라운드 이후

이후의 진행은 1회 주유형과 동일하다. 이와 같이 진행되면 e-브레인라이팅도 회의실에서 모여서 하는 브레인라이팅과 마찬가지로 단번에 대량의 아이디어를 취합할 수 있다.

3. 활용법

'브레인라이팅(Brainwriting)'은 그 진행 방법에서 아래와 같은 T.P.O에서 활용하면 보다 좋은 효과를 기대할 수 있다.

- 내성적이거나 소극적인 사람들
- 체면을 중시하는 사람들
- 자기표현을 말로 하는 데 서투른 사람들
- 여럿이 모여 브레인스토밍을 진행할 시간이 없을 때
- 기타의 이유로 아이디어의 발표가 힘든 상황

4. 특징 및 기대효과

'브레인라이팅(Brainwriting)'은 다음과 같은 열 가지 장점[1]이 있다.

① 팀 전원이 평등하게 발상에 참여한다

보통 회의를 진행하다 보면 자신의 의견을 적극적으로 개진하는 몇 사람에 의해 회의 분위기가 주도되고, 자신의 의견을 활발하게 표현하지 못하는 사람들의 아이디어를 발굴해 내기가 쉽지 않다. 그러나 브레인라이팅에서는 자신의 의견이나 아이디어를 제시할 수 있는 균등한 시간이 주어지므로 팀 전원이 평등하게 발상에 참여할 수 있다는 장점이 있다.

② 직급과 무관하게 의견을 자유롭게 표현한다

아무리 우리가 자유로운 분위기 속에서 회의를 진행한다고 하더라도 회사에서의 직급이나 사회적 지위의 높고 낮음에 따라서 의견의 무게가 달라질 수밖에 없는 것이 현실이다. 때문에 브레인스토밍에서도 상호 간의 호칭을 직급 대신에 '아무개님'으로 통일하는 것도 그런 이유 때문이다. 그러나 브레인라이팅에서는 자신의 아이디어 시트에

1) 다카하시 마코토 (2007). 沈黙の発想会議. 송수영 역(2010). 브레인라이팅. 서울: 도서출판 이아소.

자신에게 주어진 시간(5분) 동안 자신의 아이디어를 자유롭게 적어 돌리기 때문에 상급자의 눈치를 보지 않고 자신의 아이디어를 표현할 수 있다.

③ 처음 만나는 구성원으로도 발상이 가능하다

아이스 브레이크(ice break)는 '처음 만나는 사람들끼리 동료의식이 생기기까지 필요한 어느 정도의 시간'을 의미한다. 그러나 브레인라이팅은 이러한 예열단계를 거치지 않고도 회의 진행방식만 알면 언제든지 회의를 시작할 수 있다.

④ 다른 사람의 발언으로 자신의 사고에 방해받지 않는다

브레인라이팅은 혼자 침묵 속에서 아이디어 발상을 진행하기 때문에 타인의 발언으로 자신의 생각이 끊기거나 방해받는 것을 미연에 차단해 준다.

⑤ 아이디어 내용을 기록으로 정확하게 남길 수 있다

일반적으로 브레인스토밍과 같은 회의에서는 사회자와는 별도로 서기의 역할을 하는 팀원이 선정되어 회의에서 나온 의견이나 아이디어의 내용들을 기록하게 한다. 그러나 회의가 활발하게 진행되다 보면 자칫 중요한 내용들을 누락하는 경우가 생기며, 기록의 과정에서 발의자의 의도와 기록의 내용이 미묘한 차이를 나타내게 되는 경우도 있다. 그러나 브레인라이팅은 자신의 의견을 자신이 직접 시트에 적기 때문에 아이디어 내용에 대한 정확성을 신뢰할 수 있는 것이다.

⑥ 경우에 따라서 혼자서도 가능한 발상법이다

아이디어 시트와 타이머를 준비하여 시간을 정해 두고 아이디어 발상을 진행한다. 시트 안에 5분 동안 3개의 아이디어를 적고, 잠시 후에 자신의 아이디어를 기반으로 다시 5분 동안 새로운 아이디어를 발상하는 것이다. 이렇게 하면 아이디어를 구상하는 시간과 자신의 아이디어를 되돌아보는 시간을 반복함으로써 혼자서도 변화를 주어 아이디어 발상이 가능하다.

⑦ 대규모 인원의 발상 참여도 가능하다

브레인라이팅은 수백 명이 모인 자리에서도 진행이 가능하다. 각자 아이디어 시트를 나누고, 여기에 자신의 아이디어를 적어 돌리면 참가자의 규모와 상관없이 효과적인 아이디어 발상을 집행할 수 있다. 물론, 수백 명의 시트가 모두 한 바퀴를 돌려면 상당한 시간이 필요하기 때문에 사전에 시트를 돌리는 방법을 어떻게 진행할 것인지에 대한 검토는 필요하다.

⑧ 완벽한 시간관리가 가능하다

각 라운드의 발상시간은 얼마든지 조절이 가능하기 때문에 발상시간을 길게 하고 싶다면 시트의 가로 칸의 수를 늘리면 되고, 짧게 하고 싶다면 칸의 수를 줄이면 된다. 따라서 브레인라이팅은 중언부언하거나 회의의 결론을 내리지 못해 예정된 회의 시간을 훌쩍 넘기기가 예사인 다른 회의들에 비해 시간 관리를 완벽하게 해낼 수 있는 발상법이다.

⑨ 구성원 전원이 참여한다

사실 모든 회의가 참여자들의 적극적인 호응과 참여를 원하지만 회의를 진행하다 보면 적극적인 참가자와 소극적이거나 방관하는 참가자로 나뉘게 되는 것이 대부분이다. 그러나 브레인라이팅은 어쨌든 주어진 시간 안에 1인당 주어진 아이디어 시트의 칸을 채워야 하므로 구성원 전원이 아이디어 발상에 참여하게 된다.

⑩ 한 공간에 모이지 않고 온라인 참여가 가능하다

브레인라이팅의 가장 큰 장점 중의 하나는 회의 참여자가 한자리에 모이지 않고서도 아이디어 발상 회의의 진행이 가능하다는 것이다. 즉, 시트 대신에 e-mail이나 스마트폰의 SNS 등을 통해 참가자들에게 주제를 전달하고 이를 다음 순서의 참가자들에게 전달하여 아이디어 발상을 진행한다면 한곳에 모이지 않고도 훌륭한 'e-브레인라이팅'을 실시할 수 있다.

브레인라이팅은 이러한 다양한 장점에도 불구하고 활용에 한계가 있다. 즉, 서로 한 공간에 모여 얼굴을 마주보고 하는 아이디어 발상에 비해 참여자들이 수동적인 태도를 가질 수 있으며, 또한 발표를 두려워하는 사람이 있는 반면, 글로 자신의 아이디어를 표현하는 데 익숙하지 않은 사람들도 있기 때문이다. 가장 경계해야 할 것은 브레인라이팅이 앞서 작성한 사람의 아이디어를 참고하여 자신의 아이디어를 작성하는 방법이기 때문에 자칫하면 서로 '대동소이'한 아이디어로 정리되는 경우이다. 따라서 브레인라이팅에 참여하는 학생들은 스스로 자발적인 참여 의도와 함께 앞서 제시된 타인의 아이디어에서 최대한 차별화되고 창의적인 아이디어로 발전시키고자 하는 욕심이 있어야 할 것이다.

5. 발상 실습

〈표 5-3〉 포스트잇 브레인라이팅(실습)

주제			
Idea	A	B	C
1			
2			
3			
4			
5			
6			
7			
8			
9			
10			

BIG IDEA THINKING 31

06.
브레인스토밍과 바디스토밍

"좋은 아이디어보다
많은 아이디어가 더 좋다."

준비물

- 회의 참여자가 아이디어를 한눈에 볼 수 있는 보드 또는 종이

참여인원

- 5~9명(홀수)

소요시간

- 60분(내외)

기대효과

- 거칠지만 자유로운 아이디어 공유
- 공유된 아이디어의 시너지(스노우 볼링) 효과

장소: 광고회사 사무실
상황: 5명 또는 9명 정도의 팀원들이 화이트보드가 있는 회의실 원탁에 둘러앉아 있다. 원탁 위에는 시식용 치킨이 몇 마리 놓여 있다.

#1: 리더가 브레인스토밍의 주제를 설명한다.

리더: 지금부터 새로 나온 치킨 제품인 '꼬꼬댁' TV 광고를 만들기 위한 브레인스토밍을 시작하겠습니다.

#2: 리더가 자유로운 회의 분위기를 조성한다.

리더: 자, 앞에 있는 치킨을 드시면서 자유롭게 아이디어를 내 주세요.

#3: 팀원들 자유로운 분위기 속에서 오늘의 주제 제품을 허겁지겁 시식하기 시작한다.

팀원들: (원탁에 놓인 치킨을 정신없이 먹기 시작한다.)

팀원 A: 치킨은 역시 후라이드지~

팀원 B: 난 양념 반 후라이드 반? ㅋㅋ

팀원 C: 야 여긴 왜 다리가 세 개야?

#4 : 팀원들의 자연스러운 아이데이션이 시작되고, 서기는 팀원들의 아이디어를 적는다.

팀원 A: '안성댁' '부산댁' 할 때 하는 '꼬꼬댁'인가?

서기: (팀원 A의 아이디어를 칠판에 적는다.)

팀원 B: 그럼 '꼬꼬'는 어느 동네야?

#5 : 서로 칭찬하는 회의 분위기

팀원 B: "꼬꼬마을에서 나는 꼬꼬댁" 이런 건 어때?

팀장: 오~~ 역시 아이디어 좋은데!

팀원 B: (우쭐~)

#6 : 아이디어가 점점 발전되기 시작한다.

팀원 C: 그럼 꼬꼬마을엔 여자만 사나?

모두들: ???

팀장: 그럼 여자들을 위한 치킨인가?

#7 : 브레인스토밍을 통해 광고의 키워드가 탄생한다.

팀장: 여자들을 위한 치킨-

팀원 C: "꼬꼬댁으로 Go! Go!"

#8 : 즐겁게 회의를 마무리한다.

팀원들: "꼬꼬댁으로 Go! Go!" "Go! Go!" 우와~ 대박나겠는 Girl?

치킨: "꼬꼬댁~~~~~~~!"(원탁 위의 치킨이 살아서 외친다)

1. 개요

브레인스토밍(Brainstorming)은 1939년 경 알렉스 오스본(Alex Osborn)과 그의 친구들이 시작한 그룹 아이디어 발상법이다. 발상법의 이름에서 볼 수 있듯이 브레인스토밍은 '폭풍처럼 서로의 아이디어가 휘몰아쳐서 점점 좋은 아이디어로 시너지를 이루는 집단 발상법' 중에서 현재까지 광고회사를 비롯한 그룹 아이디어를 필요로 하는 회사에서 가장 일반적이고 사용되고 있는 발상법이다. 브레인스토밍에 참여하는 사람들은 아이디어의 좋고 나쁨을 가리기보다는 우선 많은 아이디어를 발표하고 공유하여 빅 아이디어로 발전시켜 나가는 것이 핵심이다.

브레인스토밍에 참여하는 회의 참가자들이 가장 중요한 가치로 여겨야 하는 것은 '좋은 아이디어'보다는 '많은 아이디어'다. 즉, 아이디어의 초기 단계에서 정리된 아이디어보다는 거친 상태의 아이디어의 단초라 하더라도 서로 적극적으로 발표하고 공유함으로써 아이디어의 확산과 성장을 이루어 나가는 데 가치를 두는 전형적인 '시너지 발상법'이라고 할 수 있다.

2. 진행 방법

1) 오리엔테이션

브레인스토밍의 오리엔테이션은 사회자가 진행하며, 제품과 소비자의 특징, 광고목표 및 크리에이티브 목표 등에 관하여 아이디어 회의 참가자들에게 자세하게 설명하는 단계이다. 오리엔테이션이 명확하지 않으면 회의 진행 단계에서 많은 오류를 범할 수 있으니 회의에 참가하는 팀원들이 모두 동일하게 이해할 수 있도록 정확하고 명확해야 하며, 이를 확인하고 오리엔테이션을 마치는 것이 좋다.

2) 개별발상

브레인스토밍의 개별발상 단계는 각자 개인적으로 아이디어 발상에 들어가는 단계이다. 이 단계에서는 개인의 취향별로 가장 자유로운 분위기 속에 아이디어 작업이 진행되지만, 가능한 동일한 공간에서 많은 양의 아이디어를 내려고 노력해야 한다.

3) 집단토론

집단토론을 진행하는 방법은 회사마다 다양하다. 일반적으로 개인이 개별발상 단계에서 준비한 아이디어들을 자유롭게 발표하고, 모두 발표를 마치고 나면 집단토론을 시작하는 방법이 많이 사용된다. 이때 가능하면 서로 많은 이야기를 나누기 위해 노력해야 하며, 가장 바람직하지 않은 참가자는 남의 아이디어만 듣고 자신의 의견을 이야기하지 않는 참가자이다. 이러한 '무임승차자'는 브레인스토밍에서 불필요한 사람이다. 또한, 브레인스토밍은 다른 사람의 아이디어에 대해서 비판하지 않는 것을 철칙으로 하며, 자신의 의견과 다른 아이디어라 할지라도 이를 통해 새로운 아이디어를 발전시켜 나가는 것이 브레인스토밍의 핵심임을 잊지 말아야 한다. 서기는 집단토론에서 나온 아이디어들을 나름의 기준에 따라 비슷한 것들끼리 묶어 분류하는 것도 효과적이다.

4) 평가

브레인스토밍의 마지막 단계는 집단토론에서 나온 다양한 아이디어를 평가하고 고르는 단계이다. 이 단계는 집단토론을 마치고 바로 진행되기도 하고, 보다 개관적인 평가를 위해 하루 정도 후에 다시 모여 진행되기도 한다. 대부분의 경우 평가는 다수결로 진행되며, 경우에 따라서는 보다 객관적이고 이성적인 평가판단을 위해 평가 인원의 1/2을 브레인스토밍에 참여하지 않은 인원으로 구성하는 것도 방법이다. 브레인스토밍에 참여하는 인원은 5명 또는 9명처럼 홀수가 좋다. 이는 일반적으로 최종 평가를 다수결로 진행하기 때문에 평가에 동수가 나오는 비효율성을 미연에 방지하기 위함이다.

그러나 저자의 다년간의 브레인스토밍 경험에 의하면 무작정 다수결에 의해 최종 아이디어를 결정하는 방법이 반드시 최선의 방법이라고 말할 수 없다. 즉, 수많은 아이디어 가운데 최종적으로 프레젠테이션에서 제시하거나 제작되어지는 안을 선정하는 일은 매우 중요한 일이다. 그리고 그 결정에 1년차 사원에서부터 20년 이상 광고를 기획하고 제작해 온 팀장의 판단을 동일한 가중치를 두는 것이 과연 합리적인가에 대한 판단은 필요하다. 따라서 브레인스토밍에서 도출된 아이디어들을 다수결에 의해 1차로 판단하지만, 이 데이터를 기준으로 최종 결정권자인 크리에이티브 디렉터(CD)나 대표이사, 또는 광고주의 의견을 반영한 판단, 즉 '양적 판단'과 '질적 판단'을 병행하는 방법의 활용을 제안한다.

실제 광고회사의 회의실에서 브레인스토밍은 가장 많이 활용되는 아이디어 발상법이다. 그럼에도 불구하고 브레인스토밍의 장점을 제대로 활용하지 못하는 경우가 많다. 특히, 브레인스토밍의 '4대 규칙'은 프로 광고인들도 종종 망각하여 후배들의 아이디어를 무시하거나 꾸짖기도 하고, 팀원의 아이디어를 새로 발전시키려는 의지보다 자신의 아이디어에만 집착하고, 잘 정리된 아이디어만 발표하려는 경우, 그리고 권위적인 분위기 속에서 자유로운 토론이 이루어지지 않는 경우가 적지 않다. 따라서 브레인스토밍을 실시하기에 앞서 꼭 지켜야 하는 '4대 규칙'만 기억하더라도 기대 이상의 회의 결과를 얻을 수 있다.

브레인스토밍 4대 규칙

① 비판금지

브레인스토밍에서 꼭 지켜야 하는 첫 번째 규칙은 다른 사람의 아이디어를 절대 비판하지 않는 것이다. '세상에 필요 없는 아이디어란 없다.'라는 인식이 중요하다. 아무리 사소한 아이디어라도 빅 아이디어로 발전할 가능성을 언제나 살아 있다. 또한 서로 비판하는 분위기 속에서는 자유로운 아이디어나 발표를 기대하기는 어렵다.

② 자유토론

브레인스토밍에서는 아무리 자신 없는 아이디어라도 떳떳하게 발표하는 자세가 필요하다. 설사 완벽하지 않은 아이디어라도 다른 팀원에게 소중한 아이디어의 영감을 줄 수 있기 때문이다. 브레인스토밍에서는 다소 정리되지 않은 아이디어라고 할지라도 서슴없이 상대방 앞에서 자신의 의견을 표현해 줌으로써 다른 팀원들에게 빅 아이디어의 소스를 제공해 주는 사람이 가장 회의에 기여하는 역할을 하는 것이다.

③ 질보다 양

단언컨대, 브레인스토밍에서는 아이디어의 질보다 양이 중요하다. 회의 참가하는 팀원들은 가능한 많은 양의 아이디어를 가지고 공유하려는 자세가 필요하다. 실제 광고회사에서 100~200개의 아이디어를 벽에 붙여 놓고 회의를 하는 모습을 어렵지 않게 볼 수 있다. 따라서 완벽한 아이디어를 만들어 발표하려는 마음보다는 다양한 각도에서 다량의 아이디어를 준비하는 것이 좋다.

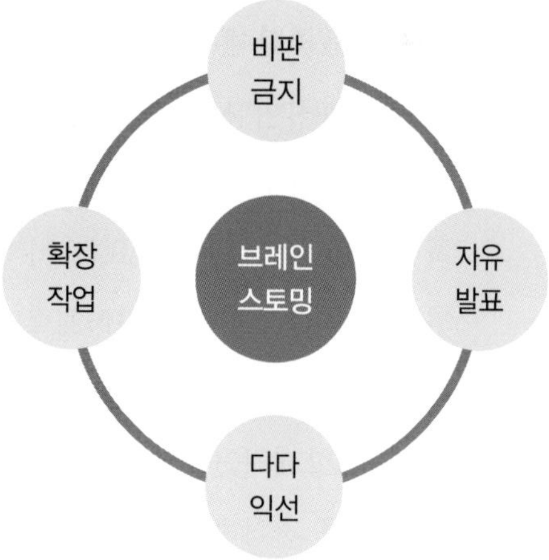

[그림 6-1] 브레인스토밍 4대 규칙

④ 확장발전

아이디어란 '낡은 요소들의 새로운 결합'이다. 브레인스토밍 역시 상대방의 아이디어를 확장 시켜 더 큰 아이디어로 만드는 과정이다. 따라서 회의실에서 자신의 아이디어 발표에만 몰두할 것이 아니라, 상대의 아이디어를 어떻게 잘 발전시킬 것인가를 생각하는 것이 더 좋은 결과를 만드는 지름길이다.

5) 브레인스토밍 진행 시 고려해야 할 사항

브레인스토밍을 진행하는 데 있어서 몇 가지 고려해야 할 사항이 있다. 첫째, '진행자 선정'이다. 브레인스토밍은 아이디어를 내는 사람 못지않게 회의를 진행하는 사람의 역할이 중요하다. 이는 진행자는 회의의 분위기는 물론 회의의 방향이 올바로 진행되는가를 항상 주시하고 인도하기 때문이다. 진행자가 갖추어야 할 기본적인 조건으로는 우선 브레인스토밍 주제를 잘 알고 있어야 하며, 팀원들이 자유롭고 다양하게 아이디어를 발표할 수 있는 분위기를 만들 수 있는 성격과 능력을 가지고 있어야 한다. 또한 때로는 팀원들의 아이디어가 산으로 갈 때 이를 냉정하게 지적할 수 있는 안목도 있어야 한다. 둘째, '회의실 마련'이다. 브레인스토밍의 회의실은 교실형태의 구도보다는 중간에 원형이나 사각의 테이블이 있어 참가자들이 서로 마주볼 수 있는 장소가 효과적이다. 이는 브레인스토밍의 기본적인 가치가 서로의 의견에서 힌트를 얻고, 이를 통해 시너지를 이루는 것이기 때문에 서로의 의견과 그 의견의 느낌을 마주하는 것은 무엇보다 중요하다. 물론 조용해서 모두가 회의에 집중할 수 있어야 하고, 가능하면 나오는 아이디어들을 모두 적어 가며 회의할 수 있는 공간이나 도구가 마련되어 있으면 좋다. 셋째, '주제의 파악'이다. 브레인스토밍의 주제를 파악하고 설정하는 일은 항해하는 배에서 나침반을 보는 일처럼 중요하다. 자칫 잘못된 주제를 가지고 회의를 진행하거나, 팀원들이 주제에 대한 이해도가 떨어진 상태에서 회의를 강행하다 보면 결과적으로 며칠간의 수고가 모두 물거품이 되는 경우가 종종 발생하기 때문이다. 따라서 진행자는 프로젝트의 주제를 누구보다 명확하게 이해하고, 가능하면 구체적으로 설명해 줌으로써 팀원들이 주제를 명확하게 파악한 상태에서 회의에 참가하도록 해야 한다. 넷째는, '참가자 선정'이다. 브레인스토밍에 참여하는 사람은 5명, 7명, 9명 등 홀수로 정하는 것이 좋다. 이는 최종 평가 시 다수결에서 동수가 나와 다시 의견을 조율하는 수고와 비효율성을 제거하기 위함이다. 또한 특별한 경우가 아니라면 성별이나 직급, 또는 해당 제품에 대한 관심의 정도까지도 고르게 구성하여 참여시키는 것이 좋다. 다섯째, '회의내용의 기록'과 '적절한 회의시간을 유지'하는 일이다. 브레인스토밍에서 나오는 모든 아이디어는 서기가 빠짐없이 그리고 가급적 모두 다 보이는 곳이 실시간으로 기록하는 것이 효과적이다. 왜냐하면 회의 참가자들이 다른 사람들의 아이디어를 보면서 자신의 아이디어를 발전시킬 수 있게 하기 위함이고, 또 아무리 사소한 아이디어라 할지라도 회의 진행 과정에서 폭발적인 아이디어로 발전할 수 있기 때문이다. 즉, 브레인스토밍을 마칠 때까지 서기의 역할을 맡은 사람은 아무리 사소한 단어 하나도 빠뜨리지 말고 모두 기록하길 바란다. 그리고 회의는 가급적 1시간을 넘기지 않도록 하는 것이 좋다. 그 이상의 시간이 필요한 경우 10분 정도의 휴식을 취한 후에 회의를 다시 시작하는 '샌드위치식 브레인스토밍'을 실시하는 것이 효과적이다.

3. 브레인스토밍 시각화

'브레인스토밍 시각화(Graphic Organizers)'는 단순히 새로운 아이디어나 콘셉트를 확장하고 나열하는 것뿐 아니라, 문제 영역에 대한 깊이 있는 통찰을 구조적으로 시각화하여 새로운 형태의 지식으로 창출하는 작업을 말한다. 브레인스토밍은 전통적으로 특정 과제에 대한 콘셉트나 아이디어를 생산하기 위해 집단 창의성을 도출해 내기 위한 작업이다. 브레인스토밍은 '아이디어의 질'보다는 '아이디어의 양'을 늘리는 데 목적을 두기 때문에 가능하면 자유로운 분위기 속에서 심리적인 부담 없이 자신의 생각을 표출하는 것이 기본이다. 이러한 브레인스토밍을 진행하는 과정에서 디자인적 아이디어를 더욱 탄탄하게 하거나 기존 요소 간의 새로운 관계를 모색해 보기 위해, 또는 디자인적으로 전혀 새로운 대안을 찾기 위한 작업의 일환으로 '브레인스토밍 시각화(brainstorm graphic organizers)'를 사용한다.

브레인스토밍 과정에서 요구되는 사항들은 다음과 같은 방법을 통해 시각화할 수 있다.

① 브레인스토밍 웹

중심 콘셉트나 핵심 질문을 개발하고 해당 프로젝트의 콘셉트의 특징, 관련 사실, 아이디어 등을 파악하고자 하는 경우에는 '브레인스토밍 웹(brainstorming webs)'을 활용한다. 브레인스토밍 웹은 중심부를 먼저 정의하고 범위를 확장시켜 나갈 수도 있고, 모든 요소를 정의한 후에 전체적인 중심 주제를 이끌어 내는 방식으로 진행하기도 한다.

② 트리 다이어그램

'트리 다이어그램(tree diagrams)'은 상하 관계나 분류 체계, 메인 아이디어와 서브 아이디어의 관계 등을 파악하기 위한 방법으로 활용된다. 위에서부터 아래로 또는 아래에서 위로 구성할 수 있다. 그 방법의 선택은 해결하거나 발전시킬 주제가 연역적 방법이 효율적인지 귀납적 방법이 효율적인지를 파악하면 된다.

③ 플로 다이어그램

사건의 경과를 기록하고, 시스템 안에서 벌어지는 다양한 인물의 행동이나 과정을 나타내고, 과정 자체를 전달하고, 사로 연결된 요소들 사이의 관계를 파악할 필요가 있을 경우 '플로 다이어그램(flow diagrams)'이나 '플로 차트'를 활용한다. 플로 다이어그램은 보통 '처음과 끝'이 있는 시간이 흐름을 보여 주기도 하지만, 닫힌 결말을 가진 시스템의 순환 과정을 파악하기 위해 활용되기도 한다.

4. 바디스토밍

'바디스토밍(bodystorming)'은 '인터벌 리서치(interval research)'사가 개발한 발상법으로 역할놀이와 모의실험을 결합할 것이다. 새로운 아이디어 창출과 사용자에 대한 공감, 즉흥적인 프로토타입(prototype)의 제작을 가능하게 하는 '체험적 브레인스토밍' 방법이라고 할 수 있다. 크리에이터는 바디스토밍을 통해 임의의 가상환경 속에 들어가 몰입해봄으로써 해당 T.P.O를 경험하게 된다. 이런 경험을 통해 크리에이터는 해당 프로젝트의 목표 타깃이 브랜드나 프로젝트를 선택해 가는 과정과 상호작용을 체크할 수 있는 기회를 얻게 된다. 바디스토밍과 유사한 방법으로는 사실적인 시나리오에 따라 실제 사용자처럼 연기를 해 보면서 사용자에 대한 깊이 있는 이해를 유추하고 공감을 더하고자 실시하는 '역할 놀이(role-playing)'가 있다.

전통적인 역할놀이에서는 사용자의 역할을 연기하고 공감하는 것을 목적으로 하지만, 바디스토밍에서는 보다 적극적으로 크리에이티브 아이디어를 창출하고 콘셉트를 도출하는 동시에 구체적인 아이디어를 도출하거나 실험해 보는 것을 목적으로 한다. 즉, 기존의 전형적인 제품과 환경의 관계를 모의 실험하는 역할은 물론, 새로운 아이디어를 융합하여 실험하는 역할로도 활용될 수 있다. 그리고 이러한 실험을 실시하는 과정에서도 즉흥적인 아이디어가 나오기도 한다. 특히, 연기하는 과정에서 보다 현실적인 아이디어와 소비자가 보다 깊이 있게 공감하는 아이디어가 도출될 가능성이 높다. 따라서 바디스토밍에 활용되는 도구나 프로토타입을 너무 정교하게 만들 필요는 없다. 최대한 즉흥적이고 자연스러운 것이 좋다.

4. 특징 및 기대효과

브레인스토밍은 앞서 설명한 대로 많은 장점을 가지고 있는 그룹 발상법이다. 특히, 사소한 아이디어라도 많은 사람이 각자의 관점에서 자유롭게 이야기 하는 과정에서 빅 아이디어로 발전하는 것이 브레인스토밍의 가장 큰 장점이다. 따라서 활발하게 회의에 참여하지 않거나 직급이나 역할에 의해 소수가 회의를 이끌거나 지배하는 분위기는 회의에 매우 부정적인 영향을 미치는 요소이므로 주의해야 한다. 첫 번째로 회의에 아이디어 없이 참여하거나 발표에 소극적인 '무임승차' 인원이 없어야 한다. 실제로 브레인스토밍을 진행하다 보면 아이디어를 활발하게 내는 사람과 그렇지 못한 사람이 확연하게 갈린다. 이는 아이디어가 없어서라기보다는 개인적인 성향이나 습관에 의한 경우가 많다. 앞서 언급했듯이 브레인스토밍에서 가장 무의미한 사람은 '침묵하는 사람'이다. 두 번째로 '평가에 대한 공포'에서 벗어나야 한다. 아무리 노래를 잘하는 가수도 처음 앨범을 내면 대중의 반응이 두렵듯, 아이디어를 내는 사람의 입장에서도 마찬가지다. 그러나 좋은 아이디어를 창출하기 위해서는 다른 팀원들의 평가에 너무 연연하지 않는 것이 좋다. 처음에는 미약했던 자신의 아이디어가 나중에 빅 아이디어의 단초가 되는 경우도 허다하다. 그리고 아이디어를 내는 사람뿐 아니라 아이데이션에 참여하는 사람들도 구성원의 아이디어를 평가하는 시각보다는 참여하고 공유하고 발전시켜 나가는 데 의미를 두는 것이 좋다. 마지막으로 '소수가 지배'하는 회의가 되지 않도록 주의해야 한다. 한두 사람이 너무 좋은 아이디어를 독점하다 보면 회의에 참석한 다른 사람들이 자신의 아이디어를 발표할 엄두를 못 내거나 의욕을 잃어버릴 수가 있다. 따라서 회의의 진행자는 여러 팀원이 골고루 자신의 아이디어를 발표할 수 있는 분위기를 만들어 주는 역할을 하는 것이 중요하다.

5. 발상 실습

브레인스토밍(Brainstorming) 실습(시나리오 실습)

인원: 5~9명

시간 : 60분(내외)

주제: 캐릭터 양말 네이밍 만들기

〈Brainstorming Scenario〉

- 브레인스토밍 전(2~3분): 진행자는 브레인스토밍을 시작하기 전에 자유롭고 창의적인 분위기를 만들기 위해 회의에 참여한 팀원들의 분위기를 살릴 수 있는 멘트를 한다.
- 브레인스토밍 오프닝(15분): 진행자는 브레인스토밍의 주제를 팀원들에게 쉽고 정확하게 알려 준다.

"오늘 브레인스토밍은 '캐릭터 양말 네이밍'을 만들기 위한 회의입니다!"
"여러분이 요즘 많이 신고 다니는 캐릭터 양말을 어떤 이름으로 출시하면 좋을까요?
"회의는 15분간 진행됩니다."
"팀원 여러분의 다양한 아이디어를 기대합니다."

- 브레인스토밍 4대 원칙 소개(2~3분): 진행자는 브레인스토밍의 '4대 원칙'을 팀원들에게 정확하게 고지한다.

"브레인스토밍의 '4대 원칙'을 알려드립니다."

첫째, 절대 다른 팀원들의 의견이나 아이디어를 비판하지 말아야 합니다.

둘째, 모든 의견은 누구나 자유롭게 발표하길 바랍니다.

셋째, 망설이지 말고 가능한 한 많이 이야기하십시오.

넷째, 다른 팀원들의 아이디어를 확장하고 발전시키는 일에 역점을 두시길 바랍니다.

- 브레인스토밍 진행(30분): 자유로운 분위기 속에서 회의 진행

"자, 아이디어가 있으신 분은 손을 들고 말씀해 주시고, 기록자는 팀원들의 의견을 상세하게 기록해 주시길 바랍니다."

팀원들은 거수하고 진행자의 지목을 받아 자유롭고 활발하게 아이디어를 제안한다.
진행자는 꼬리에 꼬리를 무는 활발한 브레인스토밍이 진행되도록 칭찬하고 돕는다.
기록자는 팀원들의 아이디어를 모두가 잘 보이는 곳에 빠짐없이 적는다.

- 아이디어 분류(5분): 충분한 아이디어가 나온 후 진행자는 회의를 마무리한다. 진행자와 회의 참가자들은 지금까지 나온 아이디어들을 비슷한 내용끼리 나누어 정리한다.
- 브레인스토밍 종료(5분): 진행자는 1차 브레인스토밍을 종료하고, 아이디어 선별을 위한 향후 모임 일정을 알립니다.

"여러분 수고하셨습니다."

"덕분에 좋은 아이디어들이 많이 나온 것 같습니다."

"오늘 주신 아이디어들을 가지고 내일 9시에 최종안을 선별하는 회의를 하도록 하겠습니다."

"감사합니다."

바디스토밍(Bodystorming) 실습

실습 1 **'스마트폰 알람소리 제작을 위한 바디스토밍'을 실시해 보자.**

설정: 4인 1실의 기숙사를 환경으로 설정하고, 수업 시작 전 오전 7시 알림이 울리는 시점에서 각각의 학생들이 어떻게 반응하는지를 자신의 관점과 경험으로 바디스토밍을 실시한다. (남자 기숙사와 여자 기숙사를 구분하여 실시하고 그 차이를 비교)

실습 2 **'배달 서비스(앱) 메뉴 선택에 대한 바디스토밍'을 실시해 보자.**

설정: 가족 내에서 주말 저녁을 배달 서비스(앱)를 통해 주문하는 상황을 설정하여 실제 기준 가족(2인, 4인, 6인 등)을 중심으로 구분하여 바디스토밍을 실시한다.

BIG IDEA THINKING 31

07.
비주얼 창의성

"이미지를 읽지 못하는 현대인은
문맹이나 마찬가지다!"

준비물

- 일상의 다양한 시각적 요소
- 세상의 컬러풀한 모든 사물

참여인원

- 개인 또는 그룹

소요시간

- Case by Case

기대효과

- 아이디어를 시각적 소재로 표현하는 능력
- 시각적 소재에서 창의적 콘셉트나 카피를 도출하는 능력

1. 개요

광고회사에서 카피라이터로 21년 동안 근무했다. 그중에서 15년은 크리에이티브 디렉터의 일을 했다. 요즘이야 광고(advertising)의 범위 자체가 매우 넓어져서 디렉터의 업무 자체도 거의 문화예술 분야의 천재적 수준의 능력을 요구하지만, 당시에는 마케팅에 대한 안목이 조금 있고, 광고 전략이나 콘셉트를 명확하게 제시할 줄 알고, 4대 매체(TV, 라디오, 신문, 잡지) 제작 운영에 기여하고, 경쟁 프레젠테이션을 훌륭하게 할 줄 아는 정도면 크리에이티브 디렉터로 월급을 탈 수 있었던 시기다.

그 시절, 나는 팀 운영이나 아이디어 회의를 조금 다른 방식으로 진행했었다. 그래서 팀원들이 다소 힘들어하기도 했으나, 지나고 보니 요즘 '크로스오버'니 '융합'이니 하는 것들이 다 그 맥락에 있었다는 것을 느낀다. 우리 팀에 신입사원이 들어오면 다른 팀과는 다른 아이데이션(ideation) 방법에 많이들 당황해했다. 디자인을 전공한 학생들이 막 취업을 하여 신입사원으로 들어오면 나는 자신의 아이디어를 그림으로 표현하지 못하게 했다. 디자이너는 자신의 아이디어를 카피로 설명하고 설득하게 했다. 카피라이터도 마찬가지다. 대학에서 카피라이터의 꿈을 품고 코피 터지게 카피라이팅 공부를 하고 온 신입사원들을 아이디어 회의에 들어올 때 그림이나 사진과 같은 이미지를 소재로 자신의 아이디어를 발표하도록 트레이닝했다. 지금 생각하면 못되도 참 못된 팀장이다. 농구 선수에게 손을 못 쓰게 하고, 축구선수에게 발을 못 쓰게 하는 것과 무엇이 다른가? 그들은 대학생활 동안 전공으로 갈고 닦은 무기가 아닌 전혀 생소하고 어려운 도구를 들고 회의장에 들어서는 것이 얼마나 스트레스였을까? 그리고 나는 왜 그런 회의방법을 선택했을까?

"디자이너는 카피로 표현하고,

카피라이터는 디자인으로 설득하라!"

이제 대부분의 프로의 세계는 전문성의 깊이 못지않게 넓이도 중요한 가치를 갖는다. 특히 광고 작업은 기획과 크리에이티브를 막론하고 태생이 팀워크와 시너지를 중요하게 여기지 않으면 안 되는 작업이다. 디자이너가 카피라이터와 호흡을 맞추고, 카피라이터가 디자이너에게 아이디어를 제공하고, 창의적인 전략과 파워풀한 크리에이티브가 호흡을 맞출 때 명실상부한 '빅 아이디어(Big Idea)'가 탄생하는 것이다. 그래서 한때는 '카피와 아트의 행복한 결혼'이라는 책도 있었다.

'카피 아이디어' '비주얼 아이디어'로 나누어 생각하는 것은 의미가 없다.

"Just Idea"

말 그대로 '그냥 아이디어'가 필요할 뿐이다.

이제는 카피와 아트가 조력하고 협업을 해야 하는 것이 아니라, 그 일 자체가 카피의 일이고 아트의 일이다. 이제 '카피 아이디어' '비주얼 아이디어'로 나누어 규정하고 생각하는 것 자체가 의미가 없다. 어느 CD의 기막힌 표현처럼 "Just Idea", 말 그대로 '그냥 아이디어'가 필요한 시대다.

국제 광고제에서 비주얼 중심의 크리에이티브들이 대부분의 수상의 영예를 차지하는 사례는 이미 매우 오래된 정설이다. 오래전 세계적인 광고 페스티벌 중의 하나인 프랑스 '칸 국제 광고제(Cannes Lions International Festival of Creativity)'에 갔을 때의 일이

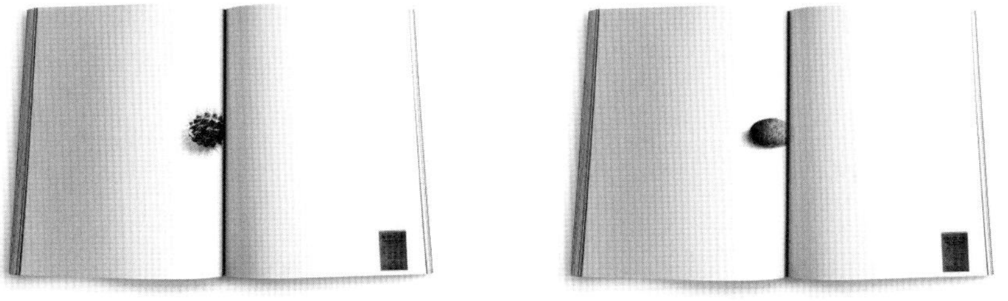

[그림 7-1] 2005 Cannes Lions (Press Bronze)

다. 인쇄광고 수상작들을 전시해 놓은 부스에서 웅성웅성 하는 소리와 함께 수십 명의 세계 각국의 크리에이터들이 한 광고물 앞에 모여 있었다. 나도 궁금한 마음에 무슨 일인가 하고 달려갔다. 그들의 앞에는 광고가 전시되어 있었다([그림 7-1] 참조). 보는 것처럼 카피는 없고 하단에 브랜드 정도가 명기되어 있었다. 국내에서는 보지 못했던 브랜드이고, 그곳에 운집한 사람들도 생소한 브랜드인 듯 고개를 갸웃거렸다. 물론 익숙한 브랜드라면 이 광고가 지금 어떤 메시지를 말하고자 한다는 것을 금방 눈치 챘을 것이다. 10~20분이 흐른 것 같다. 그 자리에서 격렬한 토론이 벌어졌다. 이 광고가 어떤 제품의 어떤 효능을 이야기하고 있는지를 각자 자신의 의견과 논리로 이야기를 시작한 것이다. 그러나 이 작품을 출품한 국가의 크리에이터가 나타나서 한마디를 던지는 순간 그 자리에 있던 모든 사람은 박장대소를 하며 거의 쓰러졌다. 여러분은 이 광고가 어떤 제품의 광고라고 생각하는가? 이 광고의 아이디어가 특별한 카피 없이도 모든 국가의 광고인의 공감을 얻을 수 있는 이유는 무엇일까? 두껍고 깨끗한 책장 사이로 보이는 딱딱한 자갈과 찔리면 아플 듯한 선인장은 무엇을 상징하는가? 다름 아닌 '변비 치료약' 광고다. 일주일을 용변을 보지 못한 변비 환자들의 아픔을 아는가? 그들이 그렇게 원했던 것을 일주일 만에 해결하는 과정에서 얼마나 큰 고통을 참아야 하는지를 아는가? 그 고통을 마치 엉덩이를 자갈돌이 뚫고 나오는 듯한, 선인장이 엉덩이 사이에서 나오는 듯한 아픔으로 표현한 것이다. 직접 느껴보진 못했지만 그들의 고통이 온몸으로 전해지는 것 같았다.

비주얼은 이처럼 단순히 아이디어를 재미있게 전달하는 데 그 가치를 다하는 것은 아니다. 비주얼 아이디어가 가지고 있는 가장 중요한 매력은 '만국 공용어'라는 데 있다. 자신이 속한 국가가 아시아이든, 유럽이든, 아프리카든 상관없이 언어는 달라도 그림(비주얼)을 보는 눈은 다르지 않기 때문이다. 이것이 진정한 비주얼 커뮤니케이션의 힘이다.

- 비주얼은 만국공용어이다.

- 비주얼은 재미있다.
- 비주얼은 전달 속도가 빠르다.
- 비주얼이 때로는 더 명쾌하다.
- 인간의 뇌는 콘텐츠보다 디자인을 먼저 인지한다. 따라서 대부분의 광고에 대한 첫인상은 비주얼이 결정한다.

2. 다양한 비주얼 활용법

1) 비주얼 아이디어(visual idea)에 활용할 수 있는 11가지 디자인 원리

① **통일(unity)**: 구성요소들이 분리되어 보이지 않고 하나의 전체성을 보이는 원리이다. 통일성이 지나치면 활력이 떨어질 수 있다.

② **변화(variety)**: 통일성과 뗄 수 없는 원리이다. 통일성에 활력을 주기 위해 변화가 필요하지만, 변화가 심하면 질서가 없고 산만해진다.

③ **균형(balance)**: 균형은 꼭 좌우대칭을 말하는 것은 아니다. 대칭이 아니어도 형태상으로 시각적 안정감을 주는 원리이다. 균형이 이루어지지 않으면 보는 사람들은 정서적 불안을 느끼게 된다.

④ **율동(rhythm)**: 디자인 구성요소들의 강약, 장단, 거리가 규칙성을 가지면서 이어지는 운동감이다. 율동이 약하면 딱딱하고 시각정지를 초래한다.

⑤ **동작(movement)**: 인간이나 동물의 움직임과 내면의 감정을 색채나 형태나 방향성을 가지고 외적으로 나타내는 원리이다. 보통 각도나 잔상을 갖고 강조하고 과장하여 표현한다.

⑥ **비례(proportion)**: 부분과 전체의 크기나 길이에 변화를 주기 위해 양의 배분을 주는 원리이다. 가장 아름다운 비율은 황금분할(golden section)이라고 한다.

⑦ 강조(accent): 특정 부분을 색다르게 하고 차별화하여 변화를 주는 원리이다. 주목률을 올리기 위한 형태변형과 컬러 등의 교체를 이용한다.

⑧ 조화(harmony): 구성요소들이 서로 기피하고 분리되고 훼손하지 않고 통일된 의미를 창출하는 미적 원리이다. 요소들이 서로 다르면서도 상호 동일한 감정을 느낄 수 있어야 한다.

⑨ 반복(repetition): 일정한 간격을 가지고 되풀이되는 원리이다. 단순반복은 재미가 없지만 변화를 준 반복은 매력 있는 시각적 체험을 준다.

⑩ 점증(gradation): 평면에서 원근감과 입체감을 주는 시각적 기법이다. 자연적인 시계열적 순서를 나타내는 조형 개념이다.

⑪ 대비(contrast): 성질이나 분량이 다른 구성요소들이 공간적으로 시간적으로 접근할 때 일어나는 시각적 효과이다. 두 구성요소 사이의 차이가 더욱 강화되어 수용자가 느껴지는 자극이 커진다.

그러나 다른 아이디어 발상법과 마찬가지로 시각적 디자인의 원리도 따로 분리되어 어느 하나만을 적용시켜야 하는 것은 아니다. 제품과 상황에 따라 동시다발적이고 다양한 그루핑(gruoping)을 허용한다.

2) 키 비주얼에 대한 발상

키 비주얼(key visual)은 시각적 콘텐츠에서 가장 중요한 포인트가 되는 그림, 사진, 또는 화면을 말한다. 제품이나 브랜드가 지니고 있는 수많은 특장점 중에서 어떤 메시지를 핵심 메시지로 전달할 것인가를 판단하는 것이 '콘셉트(concept)'이고, 그 콘셉트를 전달하는 언어요소 가운데 가장 핵심이 되는 언어를 '키워드(keyword)'라고 한다. 이처럼 비주얼에서도 가장 중요하고 핵심이 되는 비주얼을 '키 비주얼(key visual)'이라고 한다. 특히, TV CM이나 동영상처럼 일정한 시간을 가지고 스토리텔링 형태로 제작되는 매체일수록 소비자의 눈에 보이는 많은 비주얼 요소 가운데 어떤 장면을 핵심장면으로 기억에 남게 할 것인가를 정하고 강조하는 것은 매우 중요하다.

- 외부적 비주얼 경쟁: 많은 경쟁 콘텐츠 장면 사이에서 돋보이기
- 내부적 비주얼 경쟁: 많은 자사 콘텐츠 장면 사이에서 돋보이기

소비자들은 하루에도 수없이 많은 콘텐츠에 노출되지만 소비자가 브랜드와 메시지를 기억하는 콘텐츠는 많지 않다. 특히, 소비자가 콘텐츠의 키 카피나 키 비주얼을 기억한다면 그 콘텐츠는 소정의 목적을 달성했다고 할 수 있다.

- 모델
- 제품
- 제품을 사용하는 모델
- 모델의 특정한 표정이나 행동
- 특정한 컬러
- 로고

3) 레이아웃에 대한 발상

레이아웃(layout)은 책이나 신문, 잡지, 광고 등에서 글이나 그림을 효과적으로 정리하고 배치하는 일을 말한다. 콘텐츠에서 레이아웃은 디자인 원리의 총체적 결과물이다. 레이아웃은 단순한 배치의 차원이 아니라, 크리에이티브가 담고 있는 메시지와 설득 구조를 완벽하게 구현하기 위한 수단이다.

4) 컬러 커뮤니케이션

21세기는 컬러로 소통하는 시대라고 해도 과언이 아니다. 컬러 커뮤니케이션(color communication)은 다른 어떤 요소보다 앞선 단계에서 인간의 의식과 무의식에 영향을 주며 형태보다 강하게 소비자에게 다가가는 힘이 있다(이진희, 2012). 컬러는 감정을 표현하는 언어이고, 이미지 메이킹의 효과적인 수단이다.

(1) 컬러의 상징성 사례

① 빨강(red)

상징성: 사랑, 열정, 환희 등

브랜드: 코카콜라, 페라리, 말보로, KFC, SK 등

② 파랑(blue)

상징성: 세련, 성숙, 청량, 침착, 안심 등

브랜드: 니베아, 마일드 세븐, 삼성, 현대차 등

③ 주황(orange)

상징성: 따뜻함, 활발함, 기쁨 등

브랜드: 에르메스, 한화

④ 노랑(yellow)

상징성: 명랑, 쾌활, 발전 등

브랜드: 코닥, 맥도널드 등

⑤ 녹색(green)

상징성: 희망, 젊음, 편안하고 느긋함

브랜드: 스타벅스, 베네통 등

⑥ 보라(violet)

상징성: 지혜, 신비, 엄숙, 고귀 등

브랜드: 시세이도, 도쿄 오페라시티, 안나 수이 화장품 등

컬러의 느낌과 의미를 잘 활용한다면 아이디어 발상에도 적지 않은 도움을 받을 수 있다. 컬러에도 언어가 있고, 표정이 있고, 개성이 있고, 감정이 있다. 차가운 색이 있고 따뜻한 색이 있다. 가벼운 색이 있고 무거운 색이 있다. 강한 색이 있고 부드러운 색이 있다. 따라서 전개하고자 하는 아이디어에 따라 색의 표정과 의도를 잘 살려 활용한다면 아이디어가 더욱 생동감 있게 살아날 것이다.

그러나 우리가 앞의 경우처럼 컬러의 일반적인 상징성을 나열하는 이유는 무지개를 '빨주노초파남보'로 표현하는 일차적이고 고정적인 활용을 하기 위해서가 아니다. 컬러의 기본적인 성향을 토대로 하여, 보다 창의적이고 새로운 활용으로 발전하기 위해서다.

(2) 컬러를 활용한 성공 캠페인들

창의적인 컬러 마케팅으로 성공한 몇 가지 사례를 소개하고자 한다.

첫 번째는 '보랏빛 소가 온다!'라는 캐치프레이즈로 유명한 '퍼플카우(purple cow)' 캠페인이다. '퍼플카우(purple cow)'는 2003년 세스 고딘(Seth Godin)이 발간한 『Purple Cow(보랏빛 소가 온다)』에서 사용한 마케팅 용어다. 우리가 알고 있는 대부분의 소는 '누런색'을 가지고 있다. 그러나 그는 '만약에 눈에 확 띄는 보라색 소가 존재한다면 어떨까?'라는 상상을 하게 된다. 물론, '퍼플카우'는 기존의 누런 소에 비해서 눈에 확 띌

정도로 주목을 끌었고, 기존의 가치보다 새롭고 흥미진진하다는 장점을 지니게 된다. 그 후로 이런 제품이나 서비스를 '퍼플카우(purple cow)'라고 부르고 있다.

두 번째는 '패션의 시작입니다!'라는 슬로건으로 인기를 끌었던 언더웨어 브랜드 '빅맨'이다. 1991년 처음으로 광고회사에 입사하여 꿈에 그리던 카피라이터 생활을 시작했다. 광고주는 '태창'이라는 내의회사였다. 물론 제품도 '언더웨어(underwear)'가 대부분이었다. 당시만 해도 대부분의 언더웨어는 '백색내의'라고 하는 흰색 일변도였다. 내의는 흰색이어야 한다는 고정관념이 오래 전부터 딱딱하게 굳어 있었다. 물론 나름의 이유도 있었다. 내의는 흰색이어야 더 깨끗하고 위생적이라는 생각을 했던 것 같다. 백양(BYC), 쌍방울(TRY) 그리고 태창(빅맨) 등 내의 3사가 시장을 장악하던 시기에 태창은 '빅맨, 패션의 시작입니다.'라는 슬로건으로 내의 시장의 패션화를 선도했다. 이제 언더웨어도 단순한 속옷의 역할이 아니라, 하나의 패션이고, 진정한 패셔니스타는 내의부터 다르게 입는다는 아이디어로 광고를 하기 시작했다. 물론 지금은 백색내의를 입는 사람을 찾아보기 힘들 정도가 되었다.

[그림 7-2] **빅맨 컬러 내의**

[그림 7-3] **볼빅 컬러볼**

세 번째 캠페인은 '필드 위의 컬러 이노베이션' 볼빅(volvic)이다. 국내에서도 컬러 아이디어를 창의적이고 적극적으로 활용하여 성공적인 마케팅 실적을 보이고 있는 브랜드를 소개하고자 한다. '볼빅(volvik)'이라는 골프 볼(golf ball) 브랜드다. 원래 골프공은 흰색이 주류를 이루었다. 초록 잔디 위에서 흰색이 잘 보이기 때문이다. 하지만 겨울에는 잔디가 노랗게 변하고, 또 눈이라도 내리면 흰 눈 위에서 희색 골프공을 찾기란 좀처럼 쉬운 일이 아니다. 사막골프에서는 주로 파란색이나 빨간색 골프공을 쓴다고 한다. 요즘은 눈 내리는 겨울이 아니어도 컬러 볼을 사용하는 골퍼들을 심심치 않게 만날 수 있다. 이제 골프공은 자신만의 개성을 표현하는 패션 제품이다. 요즘 프로 스포츠를 보면 하나 같이 화려한 볼들을 사용하고 있는 것이 여러 가지 의미를 대변해 준다. 이제 농구도, 축구도, 배구도 화려한 컬러 볼을 사용하고 있다.

3. 특징 및 기대효과

요즘은 '책을 읽는다.'라는 표현 못지않게 '책을 본다.'라는 표현이 익숙하게 들린다. 가수면 그냥 노래 부르는 가수지 '비주얼 가수'는 뭔가? 이미 수백만 원 하는 냉장고나 수천만 원 하는 자동차도 성능 못지않게 디자인이 중요해진 시대에 우리는 살고 있다. '첫인상'은 그 사람에 대한 이미지에 적지 않은 영향을 미친다. 학생이나 직장인들이 관리해야 하는 여러 가지 스펙 가운데 '외모'도 중요한 요소로 작용한다고 하여 여성은 물론이고 남성들도 화장은 물론 시술이나 수술 등을 통한 외모 가꾸기에 관심을 갖기 시작했다. 이러한 현상들은 한 해 두 해 사이에 나타난 것도 아니고, 또 의미 없는 현상으로 치부할 수도 없다.

제품의 모양이나 컬러, 그리고 자신만의 패션이나 캐릭터 등 다양한 비주얼 요소들은 상상력을 자극하고, 아이디어의 폭을 넓히고, 마케팅의 차별화를 강화하는 역할을 한다. 따라서 이번 장에서 언급하고 있는 '비주얼 창의성(visual creative) 키우기'는 다양한 분야의 콘텐츠에서 적극적으로 적용하고 활용할 필요가 있다.

4. 발상 실습

실습 1 **무지개 컬러(빨주노초파남보)를 활용하여 상상할 수 있는 무한 창의적인 아이디어를 발휘해 보자.**

Q1. 빨강(red)을 활용하여 상상할 수 있는 창의적인 아이디어는?

1.

2.

3.

4.

5.

Q2. 주황(orange)을 활용하여 상상할 수 있는 창의적인 아이디어는?

1.

2.

3.

4.

5.

Q3. 노랑(yellow)을 활용하여 상상할 수 있는 창의적인 아이디어는?

1.

2.

3.

4.

5.

Q4. 초록(green)을 활용하여 상상할 수 있는 창의적인 아이디어는?

1.

2.

3.

4.

5.

Q5. 파랑(blue)을 활용하여 상상할 수 있는 창의적인 아이디어는?

1.

2.

3.

4.

5.

Q6. 남색(deep blue)을 활용하여 상상할 수 있는 창의적인 아이디어는?

1.

2.

3.

4.

5.

Q7. 보라(violet)를 활용하여 상상할 수 있는 창의적인 아이디어는?

1.

2.

3.

4.

5.

실습 2 한 장소에서 떠오르는 이미지를 그 장소에서 볼 수 없는 사물을 활용하여 그림으로 그려 보자.

Q1. 도서관에서 떠오르는 이미지를 도서관에 없는 다른 사물로 표현해 보자.

Q2. 화장실에서 떠오르는 이미지를 화장실에 없는 다른 사물로 표현해 보자.

Q3. 캠퍼스에서 떠오르는 이미지를 캠퍼스에 없는 다른 사물로 표현해 보자.

실습 3 두 가지 사물의 비주얼을 결합하여(connecting) 새로운 물체나 형태를 창출해 보자.

1) 사과 + 생선

2) 골프공 + 자동차

3) 고양이 + 아이스크림

실습 4 주변의 사물들을 유심히 관찰하고, 그 안에서 느껴지는 감정이나 표정을 발견해 보자. 그리고 그 감정을 그림으로 표현하고 발표해 보자.

1) 앞 사람의 헤어스타일

2) 교수님의 수염

3) 자동차의 앞모습이나 뒷모습

4) 수도꼭지

5) 마이크

6) 신발이나 가방

7) 단추나 지퍼 등

BIG
IDEA
THINKING
31

08.

사다리 법과 Why Fan Model

"좋은 질문이
훌륭한 아이디어의 시작이다!"

준비물

- 사다리 표(양식)
- Fan Model(기본형, 집중형, 확장형)

참여인원

- 개인 또는 그룹

소요시간

- Case by Case

기대효과

- 문제 해결을 위한 근본적인 통찰 가능
- 제품(브랜드)에 대한 특성에서 가치를 발견하는 데 유용
- 수단-목적 이론을 기반으로 하는 발상
- 고객(소비자)의 구매 동기를 파악하는 데 효과

1. 개요

'좋은 질문(good question)' '아이디어 솔루션(idea solution)' '통합마케팅커뮤니케이션 아디이어 교육(IMC idea academy)'에 대한 중요성이 대두된 지는 꽤 오래되었다. 사실 알고 보면 우리들에게 '질문'이라 하는 것은 그리 생소한 것이 아니다. 단지 달라진 것이라곤 과거에는 '문제'보다는 '해답'에 방점을 두었던 반면, 이제는 '문제' 자체를 정확하게 조망하고 파악하는 능력에 초점이 맞추어지고 있다. 문제를 아는 것이 왜 중요할까?

"너 자신을 알라."

소크라테스가 이야기한 이 화두는 "너 자신의 문제를 알라!"로 이해해도 아무런 문제가 없다. 인생은 문제를 해결해 가는 과정이다. 이러한 인생을 제대로 사는 방법 가운데 중요한 하나는 자기 자신이 무엇이 문제인지를 정확하게 아는 것에서 시작된다. 그렇다면 우리의 문제들은 어디에 있는 것인가? 그리고 어떻게 찾아야 하는가?

최근 들은 말 중에 '인생도처유상수(人生到處有上手)'라는 말이 있다. 참 마음에 와닿는 말이다. 살다 보면 나보다 능력 있고, 인생에 넓이와 깊이가 본받을 만한 사람들이 도처에 있다는 것을 보면서 겸손해지지 않을 수가 없다. 이와 비슷한 말을 이 장에 맞게 만들어 보면 '인생도처유문제(人生到處有問題)'다. 우리 주위를 둘러보면 사방에 해결해야 할 문제투성이다. 우리가 굳이 피곤한 인생까지 들먹이지 않더라도 광고와 관련해서만 보아도 우리가 풀어야 할 문제점들은 아마도 책 한 권을 집필하고도 남을 것이다.

- 어떤 제품을 개발할 것인가?
- 왜, 그 제품을 개발해야 하는가?

• 브랜드 네임을 무엇으로 할 것인가?
• 왜, 그 네임이 맘에 드는가?
• 어떤 광고회사와 일을 할 것인가?
• 왜, 그 광고회사와 파트너십을 갖기로 했는가?
• 광고비를 얼마나 책정할 것인가?
• 왜, 그 정도 예산이 적당하다고 판단했는가?
• 광고를 할 것인가? 홍보를 할 것인가?
• 광고를 한다면 어느 매체에 할 것인가?
• 홍보를 한다면 어느 매체에 할 것인가?
• 왜, 그 매체가 최선인가?
• 왜, 그렇게 생각하는가?
• 왜, 소비자들은 경쟁 제품에 더 많은 관심을 갖고 있는가?
• 왜, 우리 제품의 판매실적이 떨어졌는가?

유대인들은 어려서부터 묻고 대답하고 토론하는 공부법을 실천한다고 한다. 당연히 자녀들에게 요구하거나 지시하지 않고 질문을 통해 스스로 방향을 깨달아 나가도록 돕는다. 사실 'Why?'에 대한 고민은 필자가 매우 중요하게 생각하고 다루고 있는 부분이다. 저서 『슬로건 창작의 기술』(한경사, 2012, 2022)'에서도 언급한 바 있다. 이제는 광고를 풀어 나가는 방법으로 'What to say?'나 'How to say?'를 거론하는 것에 의미를 두고 싶지 않다. 이 부분에 대해서는 이 장의 뒤에 간략하게 설명하도록 한다.

2. 사다리 법

사다리 법(Laddering)은 제품의 속성, 제품 사용의 이유, 사용 결과 등 근본적인 구매 이유를 찾아가는 마케팅 기법 중 하나로 마치 사다리를 타듯이 '왜(why)?'를 중심으로 하는 '육하원칙'의 질문을 지속적으로 던짐으로써 제품이 가지고 있는 가치를 발견해 가는 과정이다. 즉, 제품이나 브랜드가 가지고 있는 고유의 특성과 사용자 내면에 들어 있는 개인적인 가치의 관계를 파악하는 데 도움을 준다. 사다리 법은 연구자와 참가자가 1:1로 진행하는 인터뷰 방식의 발상법으로, 이를 통해 제품의 특성, 제품을 사용함으로 얻게 되는 긍정적인 경로, 제품 사용으로 강화되는 개인의 가치 사이의 관계를 뚜렷하게 파악할 수 있다. 사다리 법은 '수단-목적 이론'을 기반으로 하는 방법으로 사람들은 제품을 사용하여 얻게 되는 결과를 고려하여 구매를 결정하며, 그 결과는 개인이 중요하게 생각하는 가치를 실현시켜 준다는 이론이다. 쉽게 말하자면 소비자가 제품을 지속적으로 구매하는 동기를 파악하게 해 주는 발상법이다.

연구자에 따르면, 소비자들은 어떤 제품을 구매하고자 할 때 자긍심, 성취, 소유, 자아실현, 가족, 만족, 안전 등의 일곱 가지 가치를 내적 동기가 발동된다고 한다. 사다리 법은 "그 제품이 왜(why) 당신에게 중요합니까?"라는 질문을 던짐으로써 이 일곱 가지 가치와 제품의 특성이 어떤 상관관계가 있는지를 밝혀 내는 작업이다.

- 제품의 특성: 제품이 가지고 있는 물리적인 특성
- 사용의 결과: 제품 사용자가 얻는 영향과 혜택
- 제품의 가치: 제품 사용에서 얻는 궁극적인 가치

사다리 법(Laddering)은 '왜(why)?'라는 질문을 제품 사용에 따른 개인적인 가치를 발견할 때까지 반복적으로 던지는 과정에서 완성된다. 일반적으로 디자인 작업에서 많이 활용되는데 디자인 초기 단계나 제품의 기능과 특성이 대략적으로 정해진 시점에 실시하는 것이 효율적이다. 물론 제품이 시장에 진입한 이후에 소비자 반응이나 실제 구매 이유 등을 파악하고자 할 때 사용하는 것도 효율적이다. 즉, 그 결과를 바탕으로 광고 캠페인을 만들거나, 제품의 패키지나 매장의 위치를 바꾸거나, 문제 해결의 방안으로 활용 가능하기 때문이다. 우리가 제품을 판매하거나 사용하다 보면 궁극적인 구매이유가 잘 드러나지 않거나 잘못 파악하고 있는 경우가 적지 않다.

〈표 8-1〉 사다리 표(다이어트 음료의 경우)

구분	내용	제품의 예
제품 특성	제품의 물리적 특성	다이어트 음료
사용 결과	사용자가 얻는 영향과 이점	날씬해지는 느낌
제품 가치	제품의 궁극적 가치	위안 또는 자존감

다양한 제품과 프로젝트에서 '사다리(Laddering) 법' 발상을 시작해 보자. 제품의 특성과 사용 결과 그리고 제품 가치를 표로 만들어 놓고 일일이 대입시켜 보는 훈련은 그냥 머릿속으로 생각하는 것과는 다른 결과를 보여 준다. 그 제품이나 브랜드가 중요한 이유를 자긍심, 성취, 소유, 자아실현, 가족, 만족, 안전 등의 일곱 가지 내적 동기 안에서 찾아보자. 그리고 그것을 표현에서 강화시켜라.

3. Why Fan Model

지금까지의 IMC 개념에서 한층 더 새롭고 복잡하고 다양해지고 있는 요즘의 매체 환경 속에서 '왜(why)?'에 대한 성찰은 시기적으로 더욱 중요한 의미를 갖는다. 현대 사회와 같이 미디어별 고객접점이 다양화되어지는 환경에서는 실제로 집행되는 미디어별 커뮤니케이션 활동 역시 매우 다양하기 때문에 이를 통합하여 관리 운영하는 일은 더욱 어려운 일일 뿐 아니라 그 중요성 역시 커지고 있다. 즉, 이러한 차원에서의 캠페인 커뮤니케이션은 '전략'과 '표현'의 문제 이전에 "커뮤니케이션 전반의 목적, '즉' 왜, 당신이 지금 이 캠페인을 해야 하는가?"에 대한 의문과 해답이 캠페인의 전반에 깊이 있게 견지되어야 한다.

이를 바탕으로 하여 필자는 "What to say?" 나 "How to say?"가 아닌 "왜(Why)?"에 대한 통찰을 강조하고자 한다. 이를 위해 'Why Fan Model'의 활용을 제안한다.

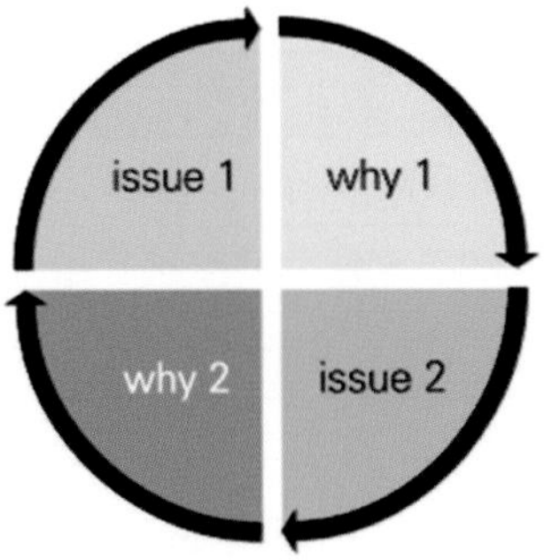

[그림 8-1] Why Fan Model(기본형)

[그림 8-1]은 'Why Fan Model'을 이야기하기 위한 가장 기본이 되는 모델이다. 이 모델은 기존의 D. Ogilvy의 'What to say?'와 B. Bernbach의 'How to say?'에 '지속적인 질문'을 던지는 과정으로 이해할 수 있다. 그리고 그 끊임없는 질문들을 통해서 보다 안전하고 탄탄한 캠페인의 토대를 마련하고자 하는 것이다. 전제는 '무엇을 이야기할 것인가?'와 '어떻게 이야기할 것인가?'의 무용론을 말하는 것이 아니라, 그 둘의 논의를 더욱 빛내기 위한 새로운 해결책으로 'Why Fan Model'을 제안하는 것이다.

지금까지 수많은 캠페인을 제작하고 집행하면서 성공과 실패의 롤러코스터를 수없이 타 보았다. 또한 치열한 경쟁 프레젠테이션이라는 것을 수없이 맡아 진행하면서 그 해결의 방법이 또는 해결하지 못한 이유가 다름 아닌 '왜, 이 캠페인을 하는가?'에 대한 통찰이었다는 것을 절감한다. 그때는 이해하지 못했던 대부분의 실패작들은 'Why?'에 대한 깊이 있는 성찰이 부족했던 경우가 태반이다. 뒤돌아보면 매우 안타까울 뿐이다. 거꾸로 수많은 기획서와 수많은 크리에이티브 시안으로도 막지 못했던 클라이언트의 눈높이를 'Why에 대한 이해' 하나로 충분히 뛰어 넘었던 기분 좋은 추억들도 적지 않다. 그 재미는 느껴 보지 못한 사람들은 모를 것이다. 클라이언트를 만나면서, 전략을 수립하면서, 브리프를 쓰면서, 소비자조사를 하면서, 미디어 플랜을 세우면서, 그리고 아이데이션을 하면서 'Why?'에 대한 집요함을 놓치지 말라. 이것이 바로 '캠페인을 아는 사람'과 '캠페인을 이해하는 사람'의 차이를 만드는 일이기 때문이다.

이러한 'Why Fan Model'은 지금까지 가지고 있었던 우리들의 사고에 두 가지 효용 가치를 제공한다. 첫째, 'Why?'는 우리가 해결해야 할 문제를 지속적으로 좁혀 줌으로써 자칫 우리가 캠페인을 통해 해결해야 할 문제가 수십 가지가 넘는 상황을 깔끔하게 하나로 정리해 주는 힘이 있다. 즉, 커뮤니케이션의 피가 잘 안 통하는 근원적인 맥을 찾아 마케팅의 합병증의 원인이 되었던 병이 핵심을 찾아 치료할 수 있게 만들어 주는 것이다. 이것이 바로 [그림 8-2]의 'Why Fan Model'의 집중역할(focus role)이다.

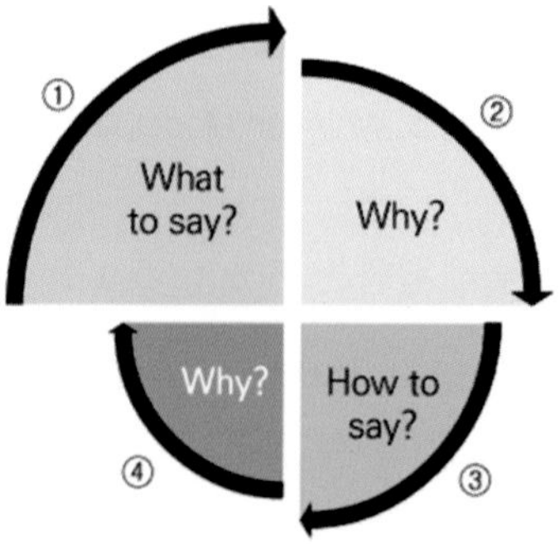

[그림 8-2] Why Fan Model(집중역할)

즉, 기초적인 'What.1'과 'How.1'에 대한 고민에 이은 'Why.1'은 더욱 폭이 좁아진 'What.2'와 'How.2'를 제공하고, 이어지는 'Why.2'는 더 집중된 논제인 'What.3'와 'How.3'를 제공한다. 이렇듯 지속적인 'Why?'의 반복을 경험하다 보면 캠페인을 통해 해결해야 하는 근본적인 문제점을 발견하게 되고, 그 해결방법을 찾는 과정에서 광고 캠페인이 해결해야 하는 핵심적인 과제가 무엇인지를 인지하게 되는 '집중된 시야'를 갖게 되는 것이다. 둘째, 'Why?'는 작게는 하나의 제품, 크게는 브랜드와 기업에 대한 부단한 성찰을 통해 캠페인을 보는 시야를 넓혀 주는 힘을 발휘한다. 즉, 카피를 보던 눈에서 크리에이티브를 보는 눈으로, 크리에이티브를 보던 눈에서 캠페인을 보는 눈으로, 캠페인을 보던 눈에서 전체적인 마케팅의 흐름을 보는 눈으로 성장시키는 역할을 하는 것이다. 이것이 바로 [그림 8-3]의 'Why Fan Model'의 확장역할(expansion role)이다.

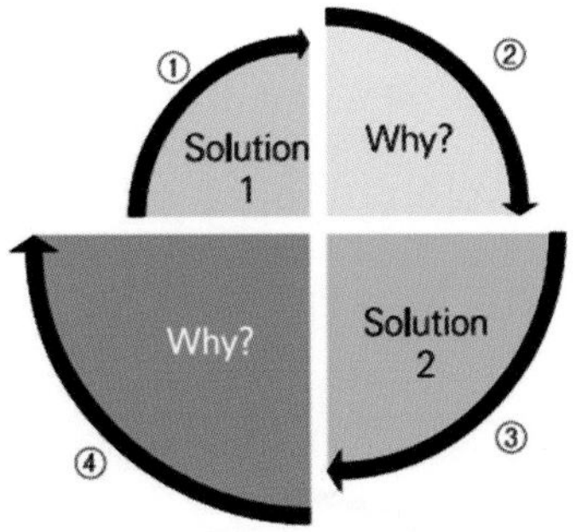

[그림 8-3] Why Fan Model(확장역할)

즉, 'Why.1'은 'Problem.1'을 해결하는 'Solution.1'을 제공하고, 해결된 'Solution.1'에 이어지는 'Why.2'는 더 근본적인 'Problem.2'를 해결한다. 그리고 'Problem.2'와 'Solution.2'를 해결한 'Why.3'가 더 큰 문제인 'Problem.3'까지 해결하게 되는 것이다. 이렇듯 지속적인 'Why?'의 반복을 경험하다 보면 캠페인의 역할로 인한 다양한 해결방법을 찾는 과정에서 광고 캠페인을 보는 '확장된 시야'를 갖게 되는 것이다.

어쨌든, 창의적 사고나 아이디어 발상에서 '왜(Why)?'라는 궁금증과 질문은 의미가 있고 역할을 한다. '무엇(What)이 문제인가?' '어떻게(How) 해결할 것인가?'를 고민하기 전에 '왜(Why) 이러한 문제가 발생했는가?' '왜(Why) 이 솔루션이 의미가 있는가?'를 고민하길 바란다. '왜(Why)?'에 대한 깊이 있는 성찰은 우리에게 기대 이상의 결과물을 가져다줄 것이다.

4. 발상 실습

제품, 광고, 모델, 호불호, 업무 및 직업, 인생관 등 다양한 관점에서 '왜(why)?'라는 질문을 던져 보자.

Q1. 나는 왜 이 제품을 좋아하는가?

- 자동차
- 운동화 또는 구두
- 점심 또는 저녁 메뉴
- 미용실
- 음료 또는 주류
- Coffee Shop

Q1. 나는 왜 이 광고를 좋아하는가?

Q1. 나는 왜 이 광고를 싫어하는가?

Q1. 왜, 이 제품의 광고는 모델을 사용하지 않았을까?

Q1. 왜, 이 제품은 ㅇㅇㅇ을 모델로 사용할까?

Q1. 나는 왜 지금의 남친(여친)을 좋아하는가?

Q1. 나는 왜 과거의 남친(여친)을 싫어했는가?

Q1. 나의 롤 모델은 왜 그 인물인가?

Q1. 나는 지금 왜 불행한가?

Q1. 나는 지금 왜 행복한가?

Q1. 나는 왜 이 회사(학교)에 다니고 있는가?

BIG IDEA THINKING 31

09.
새로운 틀

"항상 새로운 틀을 찾으라!
그리고 항상 그 틀에서 벗어나라!"

준비물

- 다양한 아이디어를 발표하고 공유할 수 있는 페이퍼 또는 판서 도구
- 4조각 퍼즐(페이퍼)
- 브레인스토밍 실시가 가능한 장소
- 지금의 생각에서 벗어날 수 있는 용기와 자유

참여인원

- 개인 또는 그룹

소요시간

- Case by Case

기대효과

- 고정관념으로부터 탈피
- 기본적인 전략에 대한 새로운 접근
- 새롭고 신선하고 자유로운 생각으로의 여행

1. 개요

"무지개는 몇 가지 색인가?" 우리는 어렸을 때부터 무지개는 '빨주노초파남보' 일곱 가지 색으로 되어 있다고 배웠다. 그러나 이것은 사실과 다르다. 어쩌면, '사실과 다르다.'보다는 '질문과 다르다.'고 할 수 있다. 정확하게 말하면 무지개 색이 일곱 가지가 아니라, 인간의 눈이 무지개를 일곱 가지 색으로 보는 것이다. 무지개는 수많은 색으로 연결되어 있는 '컬러 스펙트럼(color spectrum)'이다. 단지 인간이 복잡한 물리적 현상을 단순하고 편리하게 관리하기 위해 '일곱 가지 색'으로 단순화(simplify)시킨 것이다. 즉, 개념의 '틀(box)'을 만든 것이다. 그렇다면 올바른 질문은 "무지개는 몇 가지 색인가?"가 아니라 "무지개는 몇 가지 색으로 보이는가?"이다.

이렇듯 인간은 다양한 모양의 틀을 머릿속에 가지고 있고, 그 틀 속에서 사고하고 생활한다. 인간이 생각하는 대부분의 아이디어는 틀을 통해 표현되고 해석된다. 그리고 끊임없이 틀을 사용해 현실에 대응하고 문제를 처리한다. 즉, 인간이 만나는 무수히 많은 사람, 장소, 사물, 상황을 단순화하기 위해 패턴과 시스템을 사용하고, 이를 체계적으로 정리하기 위해 '범주(categories)'라는 틀을 활용한다.

- 구조(structure)
- 유형(class or pattern)
- 범주(category)
- 가설(hypothesis)
- 견해(judgments)
- 프레임(frame)
- 사고방식(thinking method)
- 고정관념(stereotypes)

• 패러다임(paradigm)

기업의 형태를 대기업과 중소기업으로 나누는 것, 자동차를 대형차와 중형차와 소형차로 나는 는 것, 초 · 중 · 고의 교육과정을 6년 · 3년 · 3년으로 구분하는 것과 같은 일들이 우리가 일상적으로 만날 수 있는 구조나 유형 또는 범주의 틀이다. 씨름 선수는 뚱뚱할 것이다. 농구선수는 신장이 커야 한다. 여성 연예인들은 몸매 관리를 위해 식사량이 적을 것이다. 공무원은 고지식하다. 이와 같은 것들이 일반적으로 굳어져 있는 사고방식이나 고정관념의 틀이다. 언론의 논조를 미리 나누어 생각하거나, 진보나 보수 정당 소속 의원들의 태도나 행보를 미루어 짐작하는 일들도 이에 해당된다. 이렇듯 다양한 '틀(box)'은 세상을 더 잘 이해하고 더 잘 관리하게도 하지만, 과거 또는 지금까지의 상황을 일목요연하게 나눈 것이고 인위적인 구분이라는 것을 감안한다면 그 의존도를 줄이고 새로운 관점과 관념으로의 탈출도 의미가 있다고 본다.

'앞에 놓인(front of you)' 다차원적이고 이해하기 힘든 세상과 '안에 있는(within you)' 세상을 인식하고 해석하며 단순화하는 방법에는 중요한 차이가 존재한다. 창의적이면서 급격하게 변화하는 세상에서 도전하고 살아남기 위해서는 단순히 '틀에서 벗어난(outside the box) 생각' 정도의 노력으로는 부족하다. 즉, '새로운 틀(new box)'에서 생각하는 방법을 배워야 한다.

"Outside the Box"

인간의 머리는 '칸(room, space, blank)'과 '서랍(drawer)'들로 나누진 커다란 창고다. 인간은 자신 앞에 주어진 상황이나 현상을 공통된 특징을 가진 것들끼리 모으고 분류하는 과정을 거쳐 자기만의 질서를 유지한다. 아마 여러분도 컴퓨터나 노트북 안에 자기만의 데이터 저장법과 분류법이 있을 것이다. 스마트폰 안에서 전화번호를 구분하여 저장하는 방법, 페이스북(facebook) 친구들에 대해서 보이지는 않지만 마음속으로 구분해 놓은 잣대도 있을 것이다. 당신이 영업사원이라면 나름의 기준을 가지고 정리해 놓은 고객 명단, 당신이 교사나 교수라면 나름의 기준으로 학생들의 효율적인 지도를 위해 구분해 놓은 명단들이 있을 것이다. 사실 이러한 틀이 우리의 생활을 편리하게 해 온 것은 사실이다. 그런데 '창의적 사고'는 왜 이 틀에서 벗어나기를 요구하는 것일까?

창의적인 사고를 개발하기 위한 교육이나 특강에 가 보면 항상 '틀에서 벗어나라.'는 요구를 많이 한다. 그러나 이러한 요구가 단기간에 쉽게 효과를 보기 어려운 것에는 몇 가지 이유가 있다. 첫째, 자신이 갇힌 수많은 틀 가운데 어떤 틀에서 벗어나야 하는지 알기가 쉽지 않다는 것이다. 둘째, 본인이 특정한 틀에서 벗어나려고 노력하여 뛰쳐나온 생각은 또 다른 틀 속에 갇히고 말기 때문이다. 즉, 우리는 생활 속에서 '틀(box)'이라는 것에서 벗어나기가 쉽지 않다. 그럼에도 불구하고 현대는 지속적으로 '과거의 틀'에서 벗어나 '새로운 틀'로의 이동을 요구한다.

'틀에서 벗어나라(outside the box)'는 말의 기원은 명확하지는 않지만 1960년대와 1970년대 기업문화에서 시작된 것으로 보인다. 당시 창의적인 사고를 자극하는 퀴즈의 하나로 '9개의 점'이 활용되기 시작했다. 그림처럼 일정한 간격으로 9개의 점이 찍힌 정사각형 모양의 퍼즐에서 연필을 떼지 않고 4개의 직선을 그어 모든 점을 연결하라는 미션이다. 처음에는 아무리 시도해도 쉽지 않은 일처럼 느껴진다. 그런데 우리가 불가능하다고 느끼는 근본적인 원인은 자신도 모르게 4개의 선을 꼭 9개의 점이 찍힌 정사각형 안에서 해결하려는 '구조적 틀'에 갇혀있었기 때문이다. 즉, 그 틀 안에서는 불가능한 미션이다. 유일한 해법은 선을 점(틀) 밖으로 나가도록 하여 연결하는 것이다. 이런 의미에서 '틀에서 벗어나라(outside the box)'는 개념이 탄생한 것으로 보인다. 당신은 지금 어떤 틀 안에 갇혀있는가? 그리고 어떻게 해야 그 틀 안에서 탈출할 수 있는가? 중요한 것은 자신이 갇혀 있는 틀을 인지

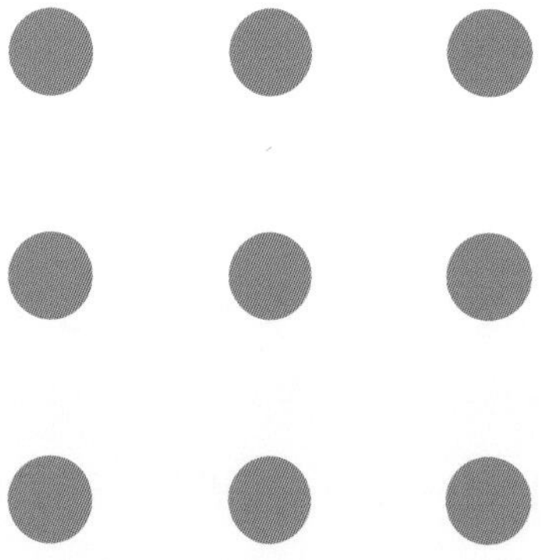

하고, 그 틀에서 벗어나려는 생각 자체가 매우 의미 있다는 것이다. 삼성의 이건희 회장은 이미 오래전부터 자동차를 내연기관을 통해 움직이는 기계나 이동수단이 아닌 전자제품으로 규정하였다. 이미 우리 생활 속에서 자동차는 편의수단이고 휴식 공간이다. 이미 자동차의 대부분의 시스템은 전자제어 시스템으로 움직인다. 나아가서 자동차는 우리에게 엔터테인먼트 요소로 다가서고 있는 것이 현실이다. 이렇듯 '틀에서 벗어나라(outside the box)'는 비단 창의성의 수단으로서뿐 아니라 한 시대의 비즈니스를 움직이고 발전시키는 안목에서도 중요한 역할을 한다.

자, 그렇다면 또 하나의 창의적 도전을 해 보자. 다음의 정사각형을 동일한 크기의 4조각으로 나누는 방법에는 어떤 것들이 있을까?

가장 먼저 떠오르는 방법은 아마도 가로와 세로를 수직과 수평으로 나누거나 대각선으로 나누는 방법일 것이다.

다음은 가로나 세로로 세 개의 선을 그어 네 개의 균등한 공간을 만드는 방법이다.

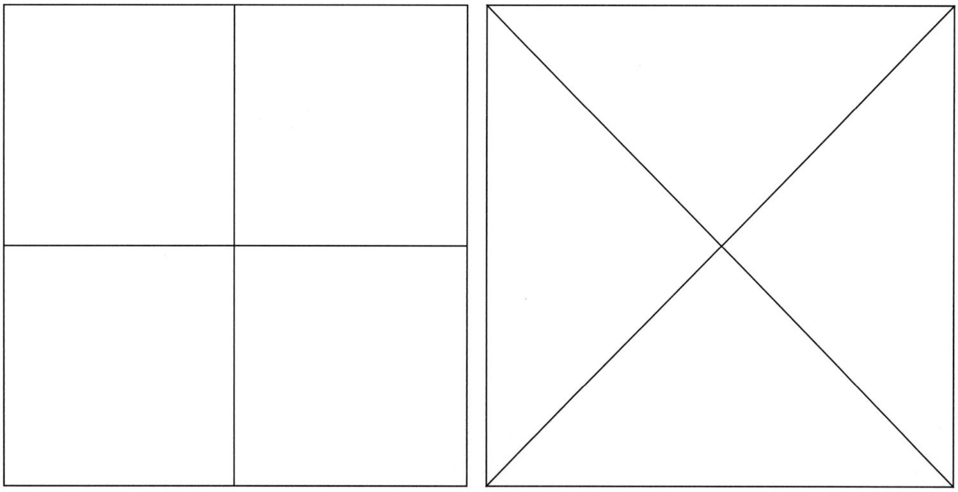

또 다른 방법은 없을까?

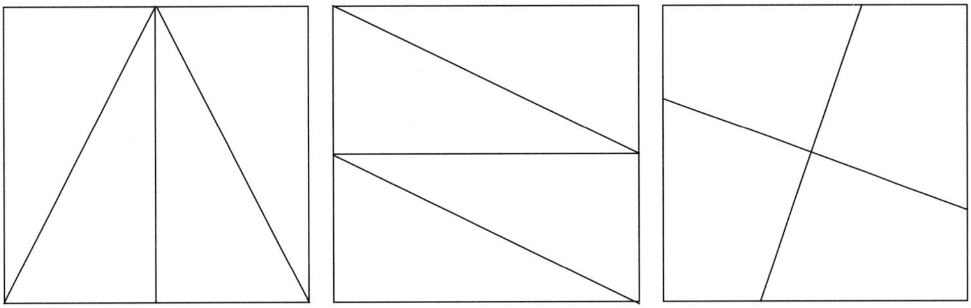

이 외에 꼭 하나의 직선이 아닌 구부러진 직선 또는 곡선을 활용해서 동일한 크기의 공간을 나누는 것도 가능하다. 앞의 도형만 보더라도 우리는 틀에 매우 다른 유형을 경험할 수 있다. 처음에는 정사각형이나 이등변삼각형의 틀 안에서, 다음에는 가로나 세로형태의 직사각형의 틀 안에서, 그리고 직각삼각형이나 다양한 형태의 사각형과 곡선으로 형성되는 공간분할이 가능해지는 것이다. '틀(box)의 변화'나 '틀(box)의 발전'이 가능해지는 것을 볼 수 있다. 이처럼 우리가 생각하는 몇 가지 틀을 벗어나면 새로운 틀로의 도약이 충분히 가능하다. 그 시도가 문제를 바라보는 근원적인 방법을 바꾸고 폭넓은 가능성의 세계로 접근하게 한다.

2. 새로운 틀을 만드는 5단계 접근법

새로운 틀로 가는 '5단계 접근법'에 관하여 소개하고자 한다. 5단계 접근법은 인간의 머리가 실제로 사고하고 추론하는 방식에 대한 이해를 바탕으로 한다. 세계 최고의 기업들이 그들의 비전을 가다듬고, 미래의 비즈니스 청사진을 설계하고, 새로운 제품이나 서비스 모델의 혁신을 꾀하는 데 이 접근법을 활용해 왔다. 5단계 접근법은 현재 가지고 있는 틀에 박힌 아이디어에 의문을 제기하고, 새로운 아이디어를 찾아내고, 그 가운데 가장 가치 있는 아이디어를 결정하고 적용하는 데 사용될 수 있다.

1) 1단계: 의심하기

'기존의 틀'에서 벗어나 '새로운 틀'로 나가기 위한 첫 번째 단계는 모든 것을 전적으로 의심하는 것에서 시작된다. 자신이 지금까지 가지고 있었던 가장 기본적인 믿음, 관점, 가정 등 모든 것이 의심의 대상이다. 즉, 자신의 신념과 조직의 규칙 등을 넘어서기 위한 첫 번째 장애물을 제거하는 작업이다. 지금까지의 고정관념이나 관습이 최선의 방법인지 그리고 그 방법이 앞으로도 지속적으로 적용 가능한 방법인지를 비판적인 시각에서 바라보는 것이다. 이것은 자신의 생각이나 신념이 옳지 않을 수도 있다는 '겸손'과도 연결되는 부분이다.

끊임없이 변화하는 세상 속에서 '의심하기'는 매우 중요한 의미를 갖는다. 우리는 '안다(know)'라는 것이 얼마나 어려운 일이며 위험한 일인지를 알아야 한다. 일찍이 소크라테스가 "너 자신을 알라."라는 명제를 인류에 던진 데는 깊은 의미가 있다.

일반적으로 전혀 새로운 아이디어를 찾아내는 일보다 기존의 아이디어를 발전시키고 바꾸는 일이 훨씬 더 어려운 작업이다. 따라서 당신은 현재 사용하고 있는 '기존의 틀'이 주는 매력과 편안함을 인정하는 일에서 1단계를 출발해야 한다. 바꾸어 말하자면 현재 사용하고 있는 틀이 주는 익숙함과 편안함에서 벗어나고자 하는 노력이 필요하다.

1968년 멕시코시티 올림픽에 출전한 미국의 높이뛰기 선수 리처드 더글러스 포스베리(Richard Douglass Fosbury)는 몸을 뒤로 뉘어 가로막대를 넘는 새로운 기술로 금메달을 땄다. 이전까지는 한 번에 한쪽 다리씩 뛰어 넘는 '가위뛰기'나 얼굴을 지면을 향하게 엎드려 넘는 '정면뛰기'가 일반적이었기 때문에 당시 포스베리의 기술은 혁명이었다. 그렇다면 그는 왜 이러한 시도를 했을까? 사실 그는 높이뛰기 실력이 뛰어나지 못해 올림픽에 출전을 했지만 우승 확률은 희박했다. 따라서 기존의 방식을 탈피한 새로운 방법의 발견과 시도가 절박했다. 그 절박함을 출발로 엉덩이를 들어 올려 두 어깨를 뒤로하여 틀을 넘는 연습을 시작했고, 꾸준한 시도 끝에 기존 자신의 기록보다 15센티미터나 높이 뛰어 넘을 수 있었다.

2) 2단계: 가능성 찾기

새로운 틀에서 생각하기 위한 2단계 '가능성 찾기'는 앞서 1단계에서 얻은 새로운 깨달음을 토대로 자신 앞에 펼쳐진 세상의 가능성을 세밀하게 검토하는 단계다. 과거의 부정확하고 편향적인 시각에서 벗어나기 위해 새로운 가능성에 대한 직접적인 조사와 탐험을 시작하는 단계다.

2단계에서 실시할 세 가지의 조사 영역은 다음과 같다. 첫째, 자신이 속한 회사나 조직 혹은 다른 개인적 상황, 둘째, 자신이 활동하는 상황이나 비즈니스에 적합한 분야나 영역, 셋째, 광범위한 글로벌 환경이다. 이 세 가지 영역은 자신이 속한 세부 영역에서 포괄적 영역으로 확대되고 있음을 알 수 있다.

- 조직 혹은 주변 상황: 제품, 조직, 프로세스, 개인적인 맥락 등
- 산업이나 활동 분야: 고객, 정부, 운영자, 경쟁자, 납품업자, 정부 등
- 전반적인 글로벌 환경: 사회학, 경제학, 지정학, 과학, 인구통계학 등

앞의 영역들을 효율적으로 살펴보기 위해서 세 가지 특정 표본을 탐구해 보고자 한다. 세 가지 표본은 '소비자 통찰(consumer insight)'와 '경쟁 정보(competitive intelligence)'와 '메가트렌드(megatrend)'다.

- 소비자 통찰(consumer insight)
- 경쟁 정보(competitive intelligence)

- 메가트렌드(megatrend)

'소비자 트렌드 탐색'은 소비자나 사용자가 당신이 제공하는 재화나 용역 또는 서비스를 구매하는 이유 · 장소 · 시기 · 방법을 이해하기 위해 소비자 개인은 물론 추종자나 청중의 마음속에 들어가 보는 것을 말한다. '경쟁 정보 탐색'은 현재와 미래의 경쟁자가 당신의 일이나 회사에 대해 어떤 다른 시각을 가지고 있는지를 파악하는 것을 목적으로 경쟁상황을 이해하려는 노력을 말한다. 그리고 '메가트랜드 탐색'는 조만간 당신이나 조직이나 세상에 중대한 영향을 미치게 될 기술적 · 사회적 · 경제적 · 정치적 트렌드를 찾아 조사하고 탐구하는 것을 말한다. 이 세 가지 영역은 어떻게 보면 주변의 일상에서 자주 접하는 것들이지만 결코 소홀해서는 안 되는 것들이다. 2단계에서는 다른 어떤 주제에 관해 살펴보는 것도 가능하지만 여기서 제시하는 세 가지 영역은 일반적으로 폭넓은 상황의 유형을 심도 있게 관찰하는 데 도움을 준다.

(1) 소비자 통찰

제품의 판매나 기업의 미래를 예측하는 가장 기본적인 방법은 기업이 제품이나 서비스를 구매하는 소비자에 대한 깊이 있는 지식을 쌓는 것이다. 여기서 말하는 소비자는 기존의 자사 소비자는 물론, 잠재 고객이나 경쟁사의 고객도 포함한다.

- 소비자를 구분하는 당신만의 특별한 기준은 무엇인가?
- 세분화된 소비자집단은 당신의 제품(서비스)과 어떤 식으로 관계를 맺는가?
- 당신의 소비자는 당신의 제품(서비스)을 구매하여 어떤 만족감을 느끼는가?
- 어떤 특별한 이유로 당신의 제품(서비스)을 구매하는가?
- 다양한 시장을 바라보는 비전통적이거나 예상 밖의 방법이 있는가?
- 대부분의 소비자가 아직 자신에게 필요하다고 느끼지 못하고 있는 제품이나 서비스 또는 그 특성은 무엇인가?

이러한 구체적이고 깊이 있는 질문들에 대한 성찰은 고객의 생각을 이해하고, 자신의 프로젝트를 새롭게 정의하는 데 큰 도움이 된다.

다음으로는 '만약에……' 라는 화두의 질문을 던지는 것이다.

- 만약에 당신의 회사가 사라지면 고객들은 어떻게 될까?
- 만약에 가격이나 요금을 두 배로 올리면 고객들은 어떻게 할까?
- 만약에 고객으로 하여금 휴지나 치약을 사용하듯 당신의 제품이나 서비스를 매일 자주 사용하게 하려면 어떻게 해야 할까?

(2) 경쟁 정보

새로운 틀에서 생각하기 2단계는 경쟁자에 대한 생각을 수정하는 데도 유용하다. 진짜 경쟁자가 누구고, 그 경쟁자와 자신의 차이가 무엇인지를 인지하는 것은 매우 중요하다. '코카(Coca-Cola Company)'의 경쟁사가 '펩시(Pepsi Co)'라고 생각하는가? 그 생각은 맞기도 하고 틀리기도 하다. 이 두 회사가 세계 시장에서 탄산음료와 무탄산음료를 판매하고 있는 것은 사실이다. 그러나 펩시가 코카의 경쟁사일지는 모르나 코카는 펩시의 주요 경쟁사는 아니다. 펩시는 탄산음료를 포함한 다양한 음료 외에도 유제품을 포함한 여러 종류의 식품 브랜드는 물론 세계적인 감자 스낵 브랜드인 '프리토레이(Frito-Lay)'와 오트밀 브랜드인 '퀘이커(Quaker)'를 소유하고 있기 때문이다. 펩시는 매출의 50% 내외가 식품이 차지하는 반면 코카 매출의 대부분은 음료에서 발생한다. 따라서 엄밀하게 보면 두 회사의 비즈니스뿐 아니라 고객은 다르다고 볼 수 있다. 이처럼 소비자에 관한 통찰을 얻는 것과 마찬가지로 특정 기업에 대한 경영 정보를 얻으려면 선입견에서 탈출해야 한다.

경쟁사에 대한 과도한 믿음이나 선입견을 갖는 것은 금물이다. 차라리 해당 비즈니스에 대한 문외한이나 객관적인 제3자의 관점으로 호기심을 가지고 경쟁사나 경쟁사의 제품을 관찰하는 것이 훨씬 흥미롭고 가치 있는 결과를 얻을 수 있다. 정확한 경쟁 정보를 알려면 자기 스스로 직접 경쟁사 직원 입장이 되어 자사의 미래를 예측하고 설계해 보는 것이다. 경쟁사의 현재 모습은 어떤가? 특히 강한 부분은 무엇인가? 경쟁사가 진출할 가능성이 있는 다른 사업은 무엇인가? 그리고 다음과 같은 다양한 질문을 던져 보길 바란다.

- 경쟁사가 더 효율적인 성과를 위해 사업을 어떻게 개선할 수 있을까?
- 아직 우리가 파악하지 못한 어떤 방법으로 우리와 경쟁할 수 있을까?
- 경쟁사가 단순히 저렴한 가격의 차원을 넘어 제품 혁신이나 디자인 혁신 또는 유통이나 서비스 분야에서 혁신을 도모할 수 있을까?
- 그런 혁신에 우리는 어떻게 대응할 것인가?
- 경쟁사의 주요 파트너는 누구인가?
- 경쟁사는 어떤 기업을 인수하거나 어떤 기업에 인수될 가능성이 있는가?
- 이런 변화가 당신에게 주는 의미는 무엇인가?

가장 중요한 질문은 "당신의 틀, 즉 회사의 역사나 자원, 역량의 한계, 그 밖의 다른 제약에 대한 생각에서 벗어나 새로운 시각으로 앞의 질문들에 답할 수 있는가?"이다.

(3) 메가트렌드

고객과 경쟁사에 대한 파악과 조사가 마무리되었다면 당신, 당신의 회사, 회사의 산업, 더 나아가 세계와 인류에 영향을 줄 수 있는 메가트렌드에 관한 관심과 고민을 시작해야 할 단계다. 메가트렌드에 대한 탐색은 앞으로 어떤 일이 일어날지를 정확하게 판단하고자 할 때 필요한 '예측사고(predictive thinking)'와 상상력을 동원해 일어날 가능성이 있는 일들에 대한 온갖 질문을 던지는 '조망사고(prospective thinking)' 사이의 차이를 잘 활용해야 한다. 여기서 이야기하는 조망사고란 모든 종류의 가능성을 염두에 두고 자신이 활동하는 조직이나 회사에서 일어나는 모든 상황을 파악하면서 더욱 포괄적이고 장기적인 관점을 갖으려고 노력하는 것을 말한다. 특히, 조망사고는 메가트렌드를 찾아내고 이를 활용하여 소위 '시나리오'라고 불리는 특별한 종류의 틀을 개발할 때 더욱 필요하다. 조망사고는 오직 한 가지 가능한 미래를 예측하기 위한 랜턴을 사용하는 것이 아니라 가능한 다양한 미래를 향한 항해를 준비하기 위한 강력한 헤드라이트를 준비하는 것과 같다. 조망사고는 엄청나게 파괴적인 변화를 포함해 장기적으로 일어날 변화를 예측하고 조기에 대응하는 문제와도 연관이 있다. 조망사고는 실용적 창의력의 핵심이며, 고민하고 기다리기보다는 행동하기 위한 사고이다. 반면, 예측사고는 보통 매우 개연성이 높다고 간주되는 사건을 예측한다. 즉, 기존 알고리즘을 통해 단기적 결과와 관련한 결정을 내릴 때 예측사고가 효과적일 수 있다. 예측사고는 연역적 사고를 우선순위로 삼는다. 공항 관제탑에서 근무하는 사람들이 단기적으로 날씨를 예측하여 비행기의 이착륙을 관리하는 경우가 이에 해당된다.

〈표 9-1〉 **예측사고와 조망사고 비교(표)**

구분	예측사고	조망사고
정신자세	예측하기	준비하기
목표	불확실성을 감소, 모호함 타파	불확실성 생활화, 모호함 수용, 사건사고에 대비한 계획 수립
불확실 정도	평균	높음
방법	과거와 현재를 토대로 추론	개방적으로 상상
접근법	단정적, 지속성을 가정하기	체계적 · 파괴적 사건을 예측하기
정보투입	정량적 · 객관적	정성적 · 주관적
관계	정적 · 안정적 구조	역동적, 진화 구조
기술	정량적 모델 합리화하기 (경제학, 수학, 데이터)	정성적 접근의 시나리오 개발
평가방법	숫자	기준
미래관	수용적 · 반작용적	적극적 · 창의적
사고방식	일반적으로 연역법 활용	일반적으로 귀납법 활용

메가트렌드는 일시적 유행과는 거리가 멀다. 메가트렌드는 장기적인 경기침체, 파업 또는 다양한 산업과 경제 분야의 흥망성쇠, 인류의 생활을 변화시키고 있는 환경문제처럼 광범위하게 일어나는 변화 등이 해당된다. 즉, 주식이나 부동산 시세의 급격한 변화는 메가트렌드가 아니다. 그렇다면 이런저런 메가트렌드들은 우리의 생활이나 비즈니스에 어떤 영향을 미치는가? 그리고 우리는 메가트렌드에 어떻게 관심을 기울여야 하는가? 이는 앞서 소개한 세 가지 조사영역에 접목하여 설명할 수 있다.

3) 3단계: 생각 확산하기

확산적 사고는 자신이 가진 자유를 최대한 활용하고 창조자로서 부인할 수 없는 용기를 보여 주는 시간이다. 이를 위해서는 새로운 아이디어를 풍부하게 발상하고, 관습에서 벗어나고, 대담하게 반항하며, 새로운 틀을 제안하고, 관점의 변화를 시도하는 행위가 필요하다. 확산적 사고는 다양하면서도 극단적으로 반대되는 아이디어, 믿음, 의견, 비전의 표현을 허용하고 적극적으로 권장하는 문제와 관련이 있다. 새로운 관점에서 접근하면서 독창적이고 대담하며 참신한 아이디어를 고안할 수 있도록 하는 것이 확산적 사고(divergence thinking)의 정수다.

'저가개념 확산하기'를 예로 살펴보자. 즉, 확산적 사고가 '낮은 가격'이라는 매우 광범위한 개념의 틀에 어떻게 적용될 수 있을까? 지금까지 수많은 브랜드나 제품이 낮은 가격을 광범위한 아이디어에 적용함으로써 창의적이고 혁신적인 성공 캠페인을 만들어 냈다. 라이언에어(RYANAIR)의 저가항공 산업 도입, 요하네스 구텐베르크(Johannes Gutenberg)가 창시한 활판인쇄술로 인한 저가 출산 산업의 태동, 합리적 가격을 콘셉트로 하는 이케아(IKEA)나 유니클로(UNIQLO)와 같은 브랜드들이다. '공동구매'나 '무한리필'을 통한 가격 낮추기 효과도 이에 대한 노력의 일환이다. '저가개념'을 활용한 '확산적 사고'는 어느 범위까지 가능할까? 인간의 건강이나 목숨과 연관되어 있는 병원과 같은 비즈니스에서도 '저가개념'의 확산이 가능할까? (사실, 개인적으로는 '저가개념'

마케팅은 제품군에 따라 활용 여부가 달라져야 한다는 생각이지만) '내 심장에 문제가 있다면 나는 저가 병원에 내 수술을 맡길 수 있는가?' 인도의 셰티 박사는 치료비를 낼 수 없는 진료 사각지대에 놓은 인도의 환자들을 위해 '저가 심장수술'이라는 개념을 도입했다. 그는 최대한 진료의 질은 낮추지 않으면서 비용을 낮추는 데 노력했다. 예를 들면, 검사나 진단장비는 최첨단 장비를 활용하고 봉합도구는 최대한 저렴한 장비를 활용하는 방법 등이다. 동시에 병실을 늘리고 의사들의 근무시간을 늘리는 등 '규모의 경제(economies of scale)'로 접근하고자 했다. 그 결과 병원의 심장수술 평균 비용이 미국의 2~10만 달러보다 훨씬 낮은 2,000달러 수준을 유지하면서 더욱 많은 환자가 수술의 혜택을 받을 수 있도록 하는 '새로운 틀'을 마련했다. 사실, 항공 비즈니스처럼 '목숨을 담보로 하는 비행'도 기내식 등의 서비스 간소화를 통한 '낮은 가격'이 통용되는 현실을 보면 병원 비즈니스 역시 이해가 안 되는 부분도 아니다. 지금, 우리 주변에 '저가개념' 확산의 필요가 있다고 생각되는 비즈니스에는 또 어떤 것들이 있을까?

다음의 제품군들이 '저가개념 확산'에 적합한지 여부와 방법 그리고 그 이유들에 관하여 폭넓은 시각으로 생각하고 토론해 보자.

- 노트북
- 스마트폰
- 수입차량
- 색조(미용) 화장품
- 기초(기능) 화장품
- 산부인과 성형외과 등 수술이 필요한 의료 서비스
- 택시, 고속열차, 비행기 등 교통수단
- 해외여행
- 입시학원
- 심리상담

- 주거용 주택시설
- 여행용 숙박시설
- 명품 가방, 의류, 보석류
- 기타(etc.)

이러한 확산적 사고는 개인적인 작업을 통해서도 가능하지만 팀이나 그룹이 함께 진행할 때 효율성을 높일 수 있다. 확산적 환경을 조성하기 위한 그룹의 환경은 점심이나 차를 같이 마시면서 이야기하는 비공식적인 자유로운 형태나 브레인스토밍 같은 공식적인 회의 자리거나 큰 상관은 없지만 중요한 것은 창의적인 환경 조성 초기에 구체적인 계획과 목표를 설정하고 진행하는 것이 효과적이다. 물론, 참석자들과 모임의 이슈와 목적을 공유하는 것이 좋고, 아이디어의 질보다는 양에 목적을 두어야 하기 때문에 모든 참석자의 적극적인 아이디어 발표와 공유가 필수적이다. 이러한 확산적 사고 과정의 의미는 과거를 극복하고, 지금까지 의존해 온 일반적인 기준과 관례에서 벗어나며, 비판이나 부정적 견해의 방해로부터 벗어나 새로운 아이디어를 자유롭고 과감하게 공유하는 시간이다.

창의적인 사고를 확산하기 위해서는 긍정적인 생각과 환경을 조성하는 일이 중요하다. 그럼에도 불구하고 때로는 자신도 모르게 창의적인 생각이나 발상을 방해하는 말이나 의견을 습관적으로 드러내기도 한다. 다음에 거론되는 말들이 창의성을 저해하는 말들이니 피하는 것이 좋다.

창의성을 죽이는 말들

이미 시도해 봤다.

현실성이 없다.

우리 업무가 아니다.

효과가 없을 것 같다.

지금 하는 일이나 잘해라.

예산이 없다.

시간이 많이 걸릴 것 같다.

아직 심각하지 않다.

그런 아마추어 같은 생각은 집어치워라.

우리 환경이나 문화에 맞지 않다.

우리가 세상을 바꿀 순 없다.

경쟁자도 그렇게는 못할 것이다.

여기서 포기할까?

일을 너무 어렵게 만드는 거 아냐?

감당 못할 일을 욕심 부리지 말자.

고객들이 뭐라고 생각할까?

사장님이 뭐라고 생각할까?

여긴 학교가 아니다.

너무 위험성이 크지 않나?

먼저 시장조사부터 해 보자.

그렇게 해선 별 소득이 없을 것이다.

그건 어디선가 본 아이디어다.

상식적으로 생각해 보자.

농담이지?

당신이 생각하는 것만큼 그렇게 단순하지 않다.

좀 더 기다려 보자.

시간이 없다.

기술적으로 불가능하다.

지금도 별 불편이 없지 않나?

사람들은 변화를 원하지 않는다.

이것은 최우선 순위가 아니다.

실행 불가능하다.

이게 그 일과 어떤 관계가 있지?

결재받기가 힘들걸.

원래 하던 대로 하자.

우리 일이 더 많아지잖아.

아직 너무 이르다.

그런 사례가 있나?

너무 늦었다.

다음에 이야기하자.

4) 4단계: 생각 수렴하기

수렴적 사고는 확산적 사고와는 전혀 다른 유형의 사고방식이다. 수렴적 사고는 아이디어를 평가하고, 고르고, 어떻게 실행해야 하는지를 고민하고 판단하는 과정이다. 즉, 자유롭고 창의적인 '브레인스토밍(brainstorming) 모드'에서 실행성과 효과성 중심의 '분석 모드'로 전환하여 아이디어의 실현을 시작하는 과정이다. 즉, 확산적 사고에서 도출된 다양한 아이디어 가운데 현실 가능한 아이디어를 선별하고, 우선순위를 정하는 작업이다. 그럼에도 불구하고 마음을 열고 가고 있는 방향에 대한 의심과 새로운 길에 대한 포용을 동시에 유지하는 것이 중요하다. 종종 수렴적 사고과정에서 새로운 아이디어의 돌파구가 열려 전략의 일부가 수렴적 사고 전으로 회귀하는 경우도 발생할 수 있으나, 이는 전략의 목적이나 캠페인의 효과 측면에서 보면 매우 바람직한 현상이므로 배제하기보다는 전략을 수정하거나 보완하여 진행하는 것을 추천한다.

확산적 사고가 상상력과 자유로운 발상을 중심으로 다양한 아이디어를 거침없이 발표하고 공유하는 성향을 원한다면, 수렴적 사고는 판단과 분석을 중심으로 실용적 가치 정도를 따져서 결정하는 능력을 중요하게 여긴다. 실제로 어떤 조직이나 이 두 가지 가운데 하나의 성향에서 두각을 나타내는 인재들이 있다. 즉, 짧은 시간 안에 다량의 아이디어를 내거나 다듬어지지 않은 아이디어라고 하더라도 매우 적극적으로 동료들과 공유하는 성격과 능력을 가진 사람들은 '확산적 사고형 인재'다. 반면에 누군가 내 아이디어들을 정리하고 평가하고 선택하여 최종적으로 실행해 가는 과정에 능력을 보이는 사람들은 '수렴적 사고형 인재'라고 할 수 있다.

수렴적 사고를 시작하기 전에 우리가 먼저 해야 할 일은 수렴에 배제시킬 아이디어를 판단하는 기준을 정하는 일이다. 이는 소수 참가자들의 독단적인 결정을 예방할 뿐 아니라, 불필요하거나 다른 방향성을 가진 아이디어들이 최종 표결 단계에 올라 혼란을 주거나 회의가 비효율적으로 운영되는 것을 방지해 준다. 즉, 포지티브한 방의 문은 열어 두지만, 네거티브한 방으로 들어가는 문은 미리 닫아 두는 것이라고 이해하면 쉽다. 수렴에 배제시킬 아이디어를 판단하는 기준은 다음과 같다.

- 전략적 전망
- 역량
- 가치
- 자원
- 시기

- 수익
- 마케팅 요건
- 지리적 요건
- 규제나 법적 타당성
- 기술적 발전
- 조사와 정보
- 브랜드 평판
- 경쟁적 차별
- 외부 효과
- 운영 효율성
- 위협과 실패 요인

모든 아이디어가 앞의 질문에 긍정적인 평가를 받아야 하는 것은 아니지만, 새로운 돌파구를 마련하고자 하는 사전 점검의 단계라면 폭넓은 고민과 검토가 긍정적인 영향을 줄 것은 확실하다.

새로운 틀(thinking in new boxes)을 구성하기 위한 다양한 관점에서의 검토를 마친 다음 해야 할 일은 아이디어의 우선순위를 정하고, 가치를 부여하고, 최종 판단(표결)을 진행하기 위한 방법을 결정하는 일이다. 회의에 참석한 모든 사람에게 모두 한 표씩을 행사하게 하여 다수결로 최종안을 결정하는 것이 옳은가? 아니면 최종 의사결정권자에게 상대적으로 결정권의 무게를 실어 주는 것이 옳은가? 지금까지 프로젝트 진행에 참여했던 인원들을 대상으로 표결을 진행하는 것이 효율적인가? 아니면 프로젝트에 관한 정보가 전혀 없는 새로운 직원들을 대상으로 표결을 진행하는 것이 효율적인가? 또는 훌륭한 아이디어라고 판단되는 것부터 우선순위를 두는 것이 좋을까? 아니면 낮은 득표를 획득한 아이디어부터 제거해 나가는 것이 좋은가? 아이디어를 검토하고 선택하는 방법을 선택하는 일도 쉬운 일은 아니다. 중요한 것은 프로젝트를 진행하는 과정에 참여한 인원들이 합당한 방법이라고 이해하고 인정하는 방법으로 회의를 진행할 필요가 있다.

수렴적 사고를 진행하는 과정에서 성급한 판단은 금물이다. 최종 결과에 대한 확신이 들지 않으면 다양하고 심도 있는 의견 수렴을 통해 2차 평가 또는 3차 평가를 진행해도 좋다. 또한 표결 과정에서 항상 잊지 말아야 할 것은 최종 선택하고자 하는 아이디어들을 초기에 설정된 프로젝트 목표와 비교하여 잘못된 방향의 아이디어를 선택하는 일이 없도록 해야 한다.

5) 5단계: 새롭게 평가하기

마케팅은 생물(living organism)이다. 따라서 변화하는 마케팅 환경 속에서 영원한 아이디어란 있을 수 없다. 아무리 훌륭한 빅 아이디어라고 하더라도 시대의 변화에 따라 고객의 니즈가 변한다면 전략과 아이디어에 새로운 옷을 갈아 입혀야 한다. 시장의 변화는 우리에게 항상 '새로운 틀(thinking in new boxes)'을 요구한다. 그리고 새롭게 만들어진 틀은 지금까지 유용했던 가치나 효용성을 한꺼번에 무너뜨리기도 한다. 영국의 극작가 조지 버나드 쇼(George Bernard Shaw)는 "변화 없는 전진은 불가능하다. 자신의 생각을 바꿀 수 없는 사람은 어떤 것도 바꿀 수 없다."라고 했다.

새로운 틀을 만드는 5단계인 '새롭게 평가하기'에서는 미래의 불확실성과 빠른 변화의 흐름에 앞서 대비할 수 있도록 지금까지의 틀(box)을 지속적으로 재평가해야만 한다. 그리고 다양한 관점에서 새로운 틀(new boxes)에 대한 관심과 도전을 멈추지 말아야 한다. 그런데 '기존의 틀'을 '새로운 틀'로 바꾸어야 하는 시점이 언제인가? '새로운 틀'로 바꾸어야 할 시점은 '기존의 틀'을 설정하는 시점부터 시작된다. 이것은 천재성을 가진 한두 사람에게 의존해서 될 일도 아니며, 과거의 사례나 데이터가 정답을 알려 주는 일도 아니다. 고객과 시장과 환경에 대한 깊이 있고 끊임없는 관심과 관찰만이 그 타이밍에 힌트를 줄 뿐이다. 물론 정답을 알려 주지는 않는다.

현재의 틀을 재평가할 필요가 있다는 신호를 주는 강력한 힌트 가운데 하나가 '카람바(caramba)'의 순간이나 '역설적인 상황'이 발생하는 시기이다. '카람바'를 만나는 순간 지금까지의 고정관념이나 믿음, 방법, 패러다임 등이 현격한 불일치를 보이기 때문에 매우 충격적이고 당황스러운 경험을 하게 된다. 혹자들은 '카람바(caramba)'가 일어나는 때는 홀로 남겨진 채 자신을 태우지 않고 하늘로 날아오르는 우주 항공기의 모습을 지켜보는 것 같은 기분이 된다고 한다. 당신은 사회적 · 경제적 · 기술적으로 뒤처지게 되고, 다른 사람들은 당신보다 먼저 훨씬 강력하고 새로운 전략이나 아이디어를 개발하게 된다. 순간적으로 그들이 시장을 장악하며, 변화를 주도한다. 당신은 앞선 관점의 전환에 실패한 나머지 그 변화에 수동적으로 놓여 있으며, 이를 만회하기 위해 더욱 큰 노력을 해야만 한다. 이러한 현상은 경쟁자가 도전적으로 출시하는 브랜드나 제품으로부터 시작될 수도 있고, 급격한 소비자들의 욕구 변화나 시장 환경의 변화로부터 시작되기도 한다. 비디오나 DVD 또는 상영관에 가서 관람하던 영화 시장이 어느 순간 '넷플릭스(Neflix)'로 전환되는 현상, 대면 주문 시스템의 비효율성을 극복한 '키오스크(kiosk)'의 등장과 같은 경우다. 중요한 것은 카람바(caramba) 이후에 당신이 어떻게 행동할 것인가이다. 변화를 예의주시하고, 지금까지의 틀을 수정하고 보완할 방법을 모색하고, 때로는 완전히 새로운 방향으로의 선회를 고려해야 한다.

창의성의 새로운 틀을 만드는 5단계 접근법에서 중요한 것은 끊임없이 스스로 '왜(why)?'라는 질문을 던지는 것이다. 현재의 상태에 의심을 가지고, 성공을 의아해하고, 만약에 있을 실패를 어떻게 받아들이고 극복할지를 준비하는 것이다. 새로운 아이디어를 찾아내는 일도 중요하지만, 기존의 아이디어를 수정하고 보완하고 조정하여 '새로운 틀'로 전환할 수 있는 적절한 시기와 방법을 찾는 일은 더욱 중요하다.

4. 특징 및 기대효과

창의성이 '무에서 유를 발견하는 것'이 아니라, '유에서 유를 발견하는 것'이라는 기본적인 개념에 동의한다면, 아이디어 발상에서 생각과 시각의 '새로운 틀'을 언급하는 것은 매우 당연하고 중요하다. 그리고 그 새로움의 대상은 제품이나 브랜드나 시스템에 국한하지 않고 '세상을 보는 눈'의 새로움에 도전해야 한다.

'새로운 틀'에 대한 끊임없는 관심과 도전은 창의성의 세상에서 기본적으로 '긍정적인 변화'를 주도한다. 창의성의 세상에서는 '수동적인 변화'보다는 '능동적인 변화'가 경쟁력을 갖는다. 다양한 T.P.O에서 새로운 틀에 대한 대안을 고려해 왔다면 어떤 카람바의 순간에도 적절하고 순발력 있게 대처해 나갈 수 있을 것이다.

많은 업무나 비즈니스에서 담장이 사라지고 있다. 이제는 기획자와 제작자의 담장은 무의미하다. 더욱 우리를 긴장시키는 것은 변화라는 화살의 속도가 기하급수적으로 빨라지고 있다는 것이다. 모든 것에서 과감하게 새로움에 도전하는 일만이 우리가 살아남을 수 있는 유일한 길이다. 지금의 것을 의심하고 새로운 것에 도전하라. 한 걸음 앞서 다른 것, 새로운 것, 더 나은 것을 생각하고 변화하고 실행하는 것을 습관처럼 즐기라.

5. 발상 실습

현재 우리 주변에서 발견할 수 있는 '카람바(caramba)의 사례'를 찾아보자.

사례 1:

사례 2:

사례 3:

향후 '카람바(caramba) 현상'으로 나타날 가능성이 있는 제품이나 비즈니스를 상상하고 예측해 보자.

예측 1:

예측 2:

예측 3:

BIG
IDEA
THINKING
31

10.
생각의 법칙 10+1

"당신의 인생은 당신이 하루 종일 생각하는 것으로 이루어져 있다."

준비물

- 생각을 정리할 수 있는 메모지와 필기구
- 생각을 발표할 수 있는 판서 도구 또는 빔 프로젝트

참여인원

- 개인 또는 그룹

소요시간

- Case by Case

기대효과

- 다양한 상황에 맞는 창의성 개발에 도움

1. 개요

왜, 어떤 사람은 성공하는데 어떤 사람은 성공하지 못할까? 가장 근원적인 차이는 성공한 사람과 그렇지 못한 사람은 생각이 다르기 때문이다.

"인간의 행동은 인간의 사고를 가장 잘 보여 준다."

–존 로크(John Locke, 영국의 철학자)–

"인생은 우리가 하루 종일 생각하는 것으로 이루어져 있다."

–랄프 왈도 에머슨(Ralph Waldo Emerson, 미국의 시인)–

"우리는 내일 생각이 데려다놓은 자리에 있을 것이다."

–제임스 엘런(James Allen, 미국의 작가)–

"작은 생각만큼 성취를 제한하는 것도 없다."

–윌리엄 아서 워드(William Arthur Ward, 미국의 칼럼니스트)–

이번 장에서 소개하는 '생각의 법칙 10+1'은 어떻게 보면 창의성이나 아이디어 발상에 직접적인 영향을 주는 내용들은 아닐 수 있다. 그러나 보다 큰 틀에서 '생각(thinking)'이라는 것에 관하여 생각해 봄으로써 아이디어 발상을 위한 보다 근원적인 성찰을 제공한다.

대부분의 성공한 사람들의 공통점은 '생각이 다르다.'라는 것이다. 남들과 다르게 생각하는 방법, 자신의 생각을 스스로 통제하는 법, 자신의 생각을 신뢰하는 태도, 자신의 생각에 가치를 부여하는 방법, 스스로 자기 생각을 발전시키고 그 생각을 행동으로 옮기는 실천력과 같은 것들이 있다. 그래서 이번 장을 통해서 존 맥스웰(John Maxwell)이 말하는 '성공한 사람에게 필요한 열한 가지 사고의 기술'을 살펴보고자 한다.

2. 생각의 법칙 10+1

1) 법칙 1: 큰 사고의 지혜를 터득하라

큰 사고를 받아들이거나 큰 사고의 혜택을 보기 위해서 과학자나 수학자가 될 필요는 없다. 큰 사고는 어떤 직업을 가진 사람에게나 도움을 준다. 잭 웰치(Jack Welch)가 GE의 한 직원에게 '고객과의 관계가 제품 하나 판매하는 것보다 중요하다.'라고 충고했다면 그는 직원에게 큰 그림(big picture)의 중요성을 일깨워 준 것이다. 미국의 45대 대통령 도널드 트럼프(Donald Trump)는 대통령 재임 전 부동산 개발 사업을 하면서 '어쨌든 여러분은 생각해야 합니다. 기왕 생각하실 거면 큰 생각을 하십시오.'라고 말했다고 한다.

그렇다면 우리는 왜 큰 사고를 해야 하는가?

첫째, 우리를 리더로 만든다

리더가 아니면서 큰 사고를 하는 사람은 있어도 큰 사고를 하지 않으면서 리더의 자리에 있는 사람은 없다. 리더는 그렇지 않은 사람보다 크게 보고, 멀리 보고, 먼저 본다. 다양한 상황들을 큰 관점에서 바라보고 폭넓게 변수를 고려한다. 팀이 가야 할 방향의 청사진을 그리고 팀을 이끈다. 뿐만 아니라, 행동의 적절한 타이밍을 알고 움직인다. 우리가 광고를 하든, 홍보를 하든, 예술을 하든, 여행을 하든 큰 사고는 우리에게 더 많은 성공의 기회를 제공한다. 큰 그림을 그리는 사람은 그렇지 않은 사람보다 성공의 기회를 잡을 확률이 매우 높다.

둘째, 목표에서 벗어나지 않게 한다

영국의 찰스 2세의 의전 담당관 토머스 풀러(Thomas Fuller)는 '어디에나 있는 사람은 아무 데도 존재하지 않는 것과 같다.'라고 말하고 있다. 앨빈 토플러(Alvin Toffler)는 '우리가 작은 일을 하는 동안 큰일을 생각한다면 자질구레한 모든 일도 올바른 방향으로 나아가게 된다.'라고 말하고 있다. 이처럼, 우리가 매일 매일의 일상을 큰 그림의 맥락 속에 집어넣는다면 작은 일상도 언제나 인생의 목표 안에서 움직이게 할 수 있다.

셋째, 다른 사람들이 무엇을 보는지 알게 한다

뛰어난 인간관계를 유지하는 사람들의 가장 큰 공통점은 '다른 사람의 관점'으로 사물이나 사건을 보는 기술을 가지고 있다는 것이다. 창의성이나 아이디어를 내는 작업도 마찬가지다. 생산자의 시각이 아닌 소비자의 시각으로 제품을 바라볼 때 더 좋은 아이디어가 나올 수 있다. 자기중심적인 관점, 자신만의 이해관계에서 벗어나 가능한 한 다양한 각도로 문제를 바라보고, 타인의 관점에서 문제를 검토하고, 그들의 관심사와 이해관계를 이해하려고 노력할 때 비로소 큰 사고가 가능하고, 이러한 큰 사고는 다양한 비즈니스의 목표를 향해 정주행하도록 하는 힘을 발휘한다.

넷째, 팀워크를 장려한다

팀은 혼자 행동하는 것이 아니라, 함께 동행하는 것이다. 즉, 전체의 목표를 가지고 큰 그림을 그리지 못하면 승리하기가 어렵다. 경기장에서 카드섹션(card section)과 같은 응원을 할 때도 마찬가지다. 자신의 손에 든 한 장의 카드보다는 전체의 그림을 그리고 이를 보여 주는 것이 중요하다.

다섯째, 평범한 것을 거부한다

큰 사고를 하는 사람들은 자신이 지겨운 일상 속에 매몰되도록 내버려 두지 않는다. 이는 중요한 전체의 개요를 항상 잊지 않고 있기 때문이다. 그들은 매일 매일 자신을 점검하고 혹시 해야 할 일을 하지 않고 있지는 않는지, 또는 하지 말아야 할 일을 하고 있지는 않는지를 점검한다.

여섯째, 미지의 영역을 예측하게 한다

우리가 새로운 경지에 도달하거나 아무도 가 보지 못한 영영으로 가 볼 수 있는 유일한 방법은 당장 눈앞에 보이는 풍경에서 벗어나 큰 그림을 그려 보는 것이다. 크리스토퍼 콜럼버스(Christopher Columbus)의 사례는 매우 시사하는 바가 크다. 콜럼버스와 그의 대원들이 '산타마리아호'를 타고 대서양을 횡단해 새로운 항로를 개척하기 위해 떠날 때 그들의 배에는 'Ne Plus Ultra', 즉 '더 멀리는 없다.'라고 적힌 이사벨라 여왕(Queen Isabella)이 깃발이 달려 있었다. 그러나 콜럼버스가 자신의 발견을 보고하기 위해 스페인에 돌아왔을 때 여왕은 깃발에서 'Ne(없다)'를 제거하고 그들의 슬로건을 'Plus Ultra(더 멀리)'로 고쳐 달도록 했다.

2) 법칙 2: 집중적 사고의 잠재력을 펼치라

크레욜라(Crayola)는 세계에서 가장 유명한 크레용 브랜드다. 크레욜라를 생산하는 '비니 앤드 스미스'는 매년 약 3억 개의 크레용을 만든다고 한다. 그것은 지구를 여섯 바퀴나 돌 만큼 많은 양이다. 이 회사는 1864년에 '피크스킬 케미컬 웍스'라는 이름으로 처음 설립되어 1885년에 '비니 앤드 스미스'로 이름을 바꾸어 한 세기가 지날 때까지 창고 페인트용 빨간 색소와 자동차 타이어를 만드는 카본 블랙과 같은 제품 생산에 주력하였다. 그리고 1900년이 되면서 교육용 석필을 생산하기 시작했다. 과거에는 값이 비싸 대중적이지 못했던 크레용을 1903년에 8개 들이 한 상자에 5센트의 가격으로 시장에 출시하기 시작했다. 그 후로 '아동용 컴퓨터 게임기' 시장이나 '색칠 대신 상호작용이 가능한 CD' 등의 확장 유혹이 있었지만 크레욜라는 자신의 한계 안에서 주력사업만을 집중하여 유지해 왔다. 그렇다면, 우리는 왜 집중적 사고의 잠재력을 발휘해야 하는

가? '집중'은 회사에서 제품을 개발하거나 사업 아이템을 결정할 때뿐만 아니라 개인이 아이디어를 내는 작업을 할 때도 중요한 역할을 하기 때문이다.

첫째, 원하는 목표를 향한 에너지를 채워 준다

"태양은 강력한 에너지를 가지고 있다. 태양은 매 시간마다 수십억 킬로와트(kw)의 에너지를 지구로 보낸다. 그러나 모자와 햇빛 차단제 정도만 있으면 사람들은 아무런 부작용 없이 해수욕을 즐길 수 있다. 이에 반해, 레이저는 약한 에너지원이다. 레이저 광선은 겨우 몇 와트의 에너지에 불과하지만 그 빛을 한곳에 지속적으로 집중시키면 암을 치료하거나 다이아몬드에 구멍을 내는 힘을 발휘한다." 알 리스가 자신의 저서 『포커스 경영(Focus The Future of Your Company Depends on It)』에서 언급한 '집중'에 관한 사례다. 집중을 하면 물리적이든 심리적이든 대부분의 것들은 힘과 에너지를 얻는다.

둘째, 아이디어가 발전할 시간을 준다

브레인스토밍과 같은 그룹 발상을 하다 보면 처음에는 가능한 한 많은 아이디어를 내기 위해 노력하지만, 어느 순간부터 아이디어를 가다듬고 발전시키는 단계에 접어들게 된다. 이 과정에 '집중'이 필요하다. 며칠을 아이디어를 발전시키는 일에 집중하다 보면 어느 순간 '유레카' 하고 반짝이는 아이디어가 떠오르게 된다. 우리는 그때마다 엄청난 희열과 집중의 보람을 느낀다.

셋째, 목표를 명료하게 해 준다

집중적 사고는 산만함과 혼란을 없애 주므로 문제에 좀 더 몰입하고 문제를 명확하게 인지하게 하는 역할을 해 준다. 그런 면에서 골프라는 운동은 18홀 동안 깃발이 꽂힌 홀에 자신의 공을 집어넣는 명확한 목표를 가지고 자신의 스윙에 집중하는 경기이므로 '목표'와 '집중'을 설명하기에 매우 적합한 스포츠 종목이다.

넷째, 우리를 다음 단계로 이끈다

"미숙한 정신은 이것에서 저것으로 건너다니고 성숙한 정신은 하나의 일을 끝까지 추구한다." 작가 해리 오버스트리트(H. Overstreet)의 말이다. 위대한 것을 성취하는 힘은 '다재다능함'이 아니라 '집중함'이라고 한다. 자신의 목표가 운동을 잘하고, 사업에 성공하고, 수익을 증대시키고, 훌륭한 제자들을 양성하는 일이라고 하더라도 거기에 오롯이 집중할 필요가 있다. 우리를 집중하게 도와주는 다섯 가지 방법은 다음과 같다.

① 주위를 분산시키는 요소를 없애라.
② 집중적 사고를 할 시간을 마련하라.
③ 자기 앞에 집중할 아이템을 설정하라.
④ 집중의 구체적인 목표를 세워라.
⑤ 진행사항을 수시로 체크하라.

3) 법칙 3: 창의적 사고의 즐거움을 발견하라

창의성이나 아이디어가 필요한 것은 그 결과물을 통해 세상을 편리하게 할 뿐 아니라 즐겁고 행복하게 해 주기 때문이다. 따라서 창의적인 사고를 하는 과정 자체도 즐겁고 행복해야 한다. 파블로 피카소(Pablo R. Picasso)는 "모든 아이는 예술가이다. 문제는 어떻게 하면 어른이 되어서도 예술가로 남는가이다."라고 했다. 나이가 들어도 예술가로 남는 사람들의 가장 큰 공통점은 자신의 창의적 사고나 작업을 즐긴다는 것이다.

(1) 창의적 사고자들의 특징

① 아이디어를 중시한다

창의적인 사람들은 자신의 재능에만 의존하지 않는다. 그들은 도전과 훈련에 의존하고, 새로운 아이디어에 의존한다. 그들에게 상상력은 '제2의 피부'와 같다.

② 선택을 탐색한다

창의적인 사람들은 선택하는 일을 즐긴다. 그들의 선택은 '유일한 선택'이 아니라 '최선의 선택'이다. 문제를 발견하는 일뿐 아니라, 그 문제를 해결하기 위한 몇 가지 솔루션을 찾아내는 일을 즐긴다. 그리고 대안이 되는 차선이 계획을 세운다.

③ 모호함을 받아들인다

창의적인 사람들은 때로는 '명료하지 않은 사람'일 수 있다. 창의적인 사고를 하는 사람들은 불확실성을 짓밟지 않는다. 그들은 모든 종류의 모순과 간극을 보고, 때로는 그 사이를 탐험하거나 상상력을 이용하여 그 간극을 메우는 방법을 생각하고, 그것을 통해서 기쁨과 행복을 느낀다.

④ 색다른 것을 환영한다

존 헤가티(John Hegarty)의 『지그할 때, 재그하라』라는 책이 있듯이 창의적인 사람들의 속성 중 하나는 남들이 다녀간 길을 선호하지 않는다는 데 있다. 이것은 무조건적인 '청개구리 심보'를 이야기하는 것은 아니지만, 어느 정도 '괴짜 성질'을 지니고 있음은 부인할 수 없다. 따라서 창의적인 사람을 곁에 두기 위해서는 다소 다른 것들을 기꺼이 참고 받아들일 준비가 되어야 한다.

⑤ 무관한 것들을 연결한다

창의성의 기본은 무(無)에서 유(有)를 만들어 내는 것이 아니라, 유(有)에서 새로운 유(有)를 발견해 내는 것이다. 따라서 창의적인 사고를 하는 사람들은 관찰하고, 연상하고, 연결하여 표현하는 능력이 남다르다. 이들이 창의적으로 생각하는 과정은 '생각 → 수집 → 창조 → 수정 → 연결'의 과정을 거치면서 움직인다.

⑥ 실패를 두려워하지 않는다

성공하는 사람과 실패하는 사람의 가장 큰 차이는 '실패에 대한 인식과 반응'이다. 창의적인 사람들에게는 실패를 두려워하지 않는 능력이 요구된다. 왜냐하면, 창의성은 대부분 실패의 과정을 거쳐 탄생되기 때문이다. 그들은 성공하지 못한 아이디어들 때문에 성공할 아이디어가 방해받도록 내버려 두지 않는다.

(2) 창의적 사고의 즐거움을 발견하는 방법

① 창의성 살해범을 제거하라

어느 누구도 자신의 창의성을 말살하도록 내버려 두지 말라. 오래된 관습을 억지로 따른다면 여러분은 결국 새롭고 흥미로운 일을 할 수 없게 된다. 한 구멍을 깊게 판다고 해서 다른 곳에 구멍이 뚫리지 않는다. 예전과 같은 일을 더 열심히 하지 말라. 변화를 시도하라.

- 나는 창의적이지 않다.
- 규칙을 따르라.
- 질문하지 말라.
- 다르게 굴지 말라.
- 선을 벗어나지 말라.
- 방법은 하나뿐이다.
- 바보처럼 굴지 말라.
- 실제적으로 사고하고 행동하라.
- 진지하라.
- 자신의 이미지를 생각하라.
- 논리적이지 않다.

- 실용적이지 않다.
- 그런 일은 한 번도 없었다.
- 그게 될 리가 없다.
- 지금까지 별 효과가 없었다.
- 예전에도 시도했었다.
- 작업이 너무 많다.
- 실수할 여유가 없다.
- 관리가 너무 힘들다.
- 시간이 없다.
- 예산이 없다.
- 유치한 놀음이다.
- 실패하면 끝이다.
- 그렇지만…….

창의성을 말살하는 이러한 말들에 굴복하지 말고 과감하게 벗어나라.

② 올바른 질문들을 이용하라

나쁜 질문은 창의적인 사고를 가로막는다. 잘못된 질문을 찾아내려면 창의적인 사고가 필요하다. 창의적인 사고를 위해 스스로에게 다음과 같은 질문을 해 보자.

- 왜 그것이 중요한가?
- 왜 그렇게 되어야 하는가?
- 근본적 문제는 무엇인가?
- 잠재된 이슈는 무엇인가?
- 그것이 무엇을 떠오르게 하는가?

• 그 반대는 무엇인가?

• 그것을 설명하는 은유나 직유는 무엇인가?

• 그것을 하는 가장 어렵거나 돈이 드는 방법은 무엇인가?

• 그것에 대한 다른 시각을 가진 사람은 누구인가?

• 그것을 하지 않을 경우 어떤 일이 발생하는가?

지금 여러분의 머릿속에 이런 질문보다 더 좋은 질문이 있다면 망설이지 말고 질문을 던져라. 자신에게 '왜?'라고 묻지 않으면, 누군가가 당신에게 '왜?'라고 물을 것이다.

③ 창의적인 환경을 만들어라

부정적인 환경은 매분마다 수천 개의 아이디어를 사장시킨다. 반면에 긍정적이고 창의적인 환경은 아이디어의 씨가 뿌려지고, 싹이 돋고, 꽃을 피우는 온실과 같다. 창의적인 환경은 다음과 같은 특징을 가지고 있다

• 창의성을 자극하고 발전시킨다.

• 팀원들 사이에 신뢰가 있다.

• 서로의 생각을 포용한다.

• 혁신에 주력한다.

• 선택에 높은 가치를 둔다.

• 선 밖으로 나가는 것을 수용한다.

• 꿈의 힘을 믿고 인정한다.

④ 창의적인 사람들과 지내라

창의성은 전염성이 강하다. 창의적인 사람들과 함께 시간을 보내는 것만으로도 당신은 창의적인 사람이 될 수 있다. 브레인스토밍의 효과가 이런 것이다. 창의적인 사람들

과 정기적으로 만날 기회를 만들고, 그들에게서 창의적 에너지를 충전하고 자극을 받아라. 물론 당신도 그들에게 그러한 역할을 하는 사람이 되기를 바란다.

⑤ 과거의 상자에서 벗어나라

창의적으로 생각하는 사람들은 주어진 틀에서 벗어나는 사람들이다. 창의적인 도약과 혁신을 위해서 과거의 관습, 사회적 통념, 개인의 한계에서 과감하게 벗어나라. 그리고 그 노력을 반복적이고 습관적으로 하라. 스스로 창의적인 사고를 하도록 돕는 가장 효과적인 방법은 자기 스스로를 지속적으로 '새로운 패러다임'에 노출시키는 일이다.

4) 법칙 4: 현실적 사고의 중요성을 인식하라

현실은 우리가 '바라는 것'과 '실재하는 것' 사이에 존재하는 '차이'이다. 여러분이 천성적으로 낙천적인 사람이라면 '현실적 사고'를 하고 싶다는 원대한 포부를 품지 않을 것이다. 하지만 현실적인 사고를 한다고 해서 사람들에 대한 여러분의 믿음이 손상되거나 여러분의 기회 포착 능력이 줄어들지 않는다. 오히려 현실적 사고는 다른 방식으로 여러분의 가치를 증대시킨다. 현실적 사고가 주는 가치는 다음과 같다.

첫째, 하강 시의 위험을 최소화해 준다

현실적이 사고는 그 결과가 어떠해야 하는지를 결정할 때 도움을 준다. 만약 우리가 최악의 시나리오를 대비해야 하는 상황이라면 현실적인 사고는 위험을 최소화할 수 있도록 도와준다.

둘째, 목표와 전략을 제시해 준다

매사에 긍정적이고 희망적인 사고는 좋지만 희망이 전략은 아니라는 것을 명심하길 바란다. 현실적인 사고는 리더십을 탁월한 수준으로 이끌고, 타깃에게 적합한 전략을 수립하고, 절차를 간소화하고, 효율성을 높이는 결과를 초래한다. 중요한 것은 현실적 사고는 목적과 직접적으로 연결되어 있다는 것이다.

셋째, 변화의 촉매제다

현실적인 사고는 변화의 필요성을 인식하기 위해 현실을 정면으로 직시하는 것만큼 중요한 것은 없다는 생각을 갖게 한다. 변화가 성장을 이루는 충분조건은 아니지만 변화하지 않고는 성장할 수 없다.

넷째, 안정을 제공한다

최악의 상황에 배비할 수 있다면 우리는 상대적으로 안정감과 자신감을 찾을 수 있다. 기대와 현실의 차이가 클수록 실망도 크다. 현실적 사고는 그 간극을 줄여 주는 역할을 한다.

다섯째, 믿음을 제공한다

현실적인 사고의 실리는 우리에게 '희망사항'이라는 요소를 제거하게 함으로써 실질적인 아이디어의 필요성을 느끼게 하고 그 토대를 마련해 준다는 데 있다. 유용한 아이디어를 창출하기 위해서는 구체적인 계획이 필요한데, 현실적 사고는 그 계획이나 아이디어의 튼튼한 토대를 제공해 준다.

여섯째, 토대를 마련한다

허공에 집을 지을 수는 없다. 아이디어도 마찬가지다. 아이디어를 내기 위해서는 구체적인 토대가 필요한데, 현실적 사고는 가장 안정적이고 믿음을 주는 토대를 제공한다.

일곱째, 위기에 도움을 준다

현실적 사고는 우리가 위기나 고난의 시간을 보내는 동안 의지할 수 있는 구체적인 무엇인가를 제시해 준다. 이로 인해 우리는 위안과 안심을 얻는다.

여덟째, 꿈을 실현시킨다

우리가 꿈을 현실적 시각으로 바라보지 않으면 결코 그것을 이루지 못한다. 현실적 사고는 어떤 꿈이라도 실현시킬 수 있는 방법을 마련해 준다.

5) 법칙 5: 전략적 사고의 힘을 발휘하라

대부분의 사람들은 인생을 계획하기보다는 여름휴가를 계획하는 데 더 많은 시간을 쓴다. 여러분은 '전략적 사고'라는 단어를 보면 어떤 생각이 드는가? '전략'이라는 단어는 군사적 의미를 내포하고 있다. 적군과 전투를 벌이기 전에 작전을 가장 유리하게 끌어가기 위한 계획이나 지시를 말한다. 이러한 전략적 사고는 전쟁이나 비즈니스뿐 아니라 우리 생활의 모든 영역에서 필요하고 긍정적인 영향력을 발휘한다.

전략적 사고는 우리가 계획을 세우고, 효율성을 높이고, 강점을 극대화하여, 궁극적으로 목표로 하는 것을 달성하게 한다. 우리가 전략적 사고를 아이디어의 수단으로 삼아야 하는 몇 가지 이유를 살펴보면 다음과 같다.

① 어려운 일을 단순하게 만들어 준다.
② 제대로 된 질문을 하게 한다.
③ 상황에 맞게 변화하도록 한다.
④ 불확실한 내일을 대비하게 한다.
⑤ 실수의 폭을 줄여 준다.
⑥ 타인에게 긍정적인 영향을 미친다.

어떻게 하면 이러한 전략적 사고의 힘을 발휘할 수 있을까? 다음의 지침들을 마음속에 넣고 실천하길 바란다.

① 시간, 목적, 내용 등으로 이슈를 쪼개라.
② '무엇을'과 '어떻게'를 고민하기 전에 '왜?'를 질문하라.
③ 현실적인 이슈와 목표를 찾으라.
④ 시간, 예산, 인력 등 가용 자원을 점검하라.
⑤ 중요하고 분명한 것부터 계획을 추진하라.
⑥ 올바른 장소에 올바른 인력을 배치하라.
⑦ 꾸준히 지속적으로 과정을 반복하라.

6) 법칙 6: 가능성 사고의 힘을 느끼라

영화 〈스타워즈(STAR WARS)〉의 제작자 조지 루카스(George Lucas)는 모두가 불가능하다고 생각하는 것들 속에서 '가능성의 힘'을 발견하고 실천해 온 대표적인 인물이다. 스타워즈 역시 처음부터 많은 전문가의 반대와 불가능을 뚫고 만들어 낸 결과물이다. 그는 "중요한 것은 예전에 시도해 보지 않았거나 상상하지 못했던 것의 차이를 아는 것이다."라고 말하고 있다. 그에게 대부분의 것들은 단지 한 번도 해 본 적이 없거나 상상하지 못했던 것에 불과했다. 그에게 모든 것은 가능했다. 그것이 '가능성 사고'를 소유한 사람들이 생각하는 방법이다.

(1) 왜 가능성 사고의 힘을 느껴야 하는가

① 가능성을 증가시킨다

우리가 어려운 일을 할 수 있다고 믿을 때 많은 문이 우리 앞에 열린다. 거꾸로 말하면 가능하지 않다고 생각하는 사람 앞에 가능성의 문은 열리지 않는다.

② 기회와 인재를 끌어들인다

생각을 크게 하는 사람은 자신의 주변에 큰 사람들을 끌어들인다. 여러분도 큰일을 이루고 싶다면 가능성 사고의 소유자가 될 필요가 있다.

③ 다른 사람의 가능성을 키워 준다

생각이 크고 일을 가능하게 만드는 사람들은 다른 사람들에게도 마치 전염병처럼 가능성에 관한 선한 영향력을 준다. 그러한 사람 주변에 있으면 자신감이 더 생기고 매사를 긍정적으로 생각하고, 계획하고, 실천하기 때문이다.

④ 큰 꿈을 꾸게 한다

우리가 어떤 일을 하던 가능성 사고는 우리의 지평을 넓히고 더 큰 꿈을 꾸게 한다. 원대한 생각을 가진 사람들은 긍정적이고 진보적이며 자신뿐 아니라 주변 사람들의 마음속에 낙관적인 그림을 그리게 한다.

⑤ 높은 곳으로 오르게 한다

우리가 가능하다고 생각하는 모든 것을 가능하게 만들 수는 없지만, 스스로 불가능하다고 판단하는 것들은 그 어느 것도 가능하게 할 수 없다. 만일 우리가 어떤 일이든 '불가능의 딱지'를 제거한다면 우리는 자신의 잠재력을 평균 이상으로, 또는 무한대로 끌어올릴 수 있다.

⑥ 에너지를 준다

'가능성 사고'와 '개인의 에너지'의 수준 사이에는 어느 정도 직접적인 연관성이 있다. 매사에 패배를 예상하는 선수와 승리의 자신감에 찬 선수가 링에 오른다면 누가 승리하겠는가? 가능성 사고를 받아들이면 자신의 도전에 믿음이 생기고, 그 믿음이 자신에게 에너지를 준다.

⑦ 포기하지 않고 도전하게 한다

무엇보다 가능성 사고의 소유자들은 성공을 확신하기 때문에 쉽게 포기하지 않는다. 우리가 어떤 것을 할 수 있다고 믿으면 우리는 그 전투에서 이미 이긴 것이다. 하지만 스스로 할 수 없다고 생각하면 이미 패배한 것이나 다름없다.

(2) 가능성 사고의 에너지를 느끼는 방법

① 불가능에 집중하지 말라

긍정적인 사고가 힘든 상황이라면 최소한 마음속에 있는 부정적인 생각을 버리는 작업부터 진행하라. 일을 시작하기도 전에 그 일이 안 되는 이유와 불안한 감정만 앞세운다면 그것은 일을 그르치기를 원하는 적군을 가슴에 품고 있는 것이나 다름없다.

② 전문가와 떨어져 지내라

때로는 전문가들의 전문적인 지식이 현실을 너무 냉정하게 파악하고 꿈의 가능성을 사전에 평가하기 때문이다. IBM 회장 토머스 왓슨(Thomas Watson)은 1943년에 "전 세계 컴퓨터 시장의 규모는 5대 정도라고 나는 생각한다."라고 했었다. 만일 여러분이 무엇인가에 도전하고 그것을 이루고 싶다면 전문가들이 무슨 조언을 하던지 '그것은 결국 가능하다.'라고 스스로 생각하라.

③ 모든 상황에서 가능성을 찾으라

가능성 사고를 한다는 것은 어떤 환경 속에서도 가능성을 찾는 일이다. 그것은 심지어 매우 부정적인 환경에서도 마찬가지다. 가능성을 찾기 위해서는 천재의 IQ나 20년 이상의 경력을 가진 프로의 노하우가 필요한 것이 아니라, 이 일이 가능하다는 확신과 긍정적인 태도다.

④ 한 치수 더 큰 꿈을 꾸라

저자는 꿈에 관한 이야기를 할 때 '코이(koi)'라는 물고기의 사례를 이야기한다. '코이'는 작은 어항에서 기르면 5~8cm의 크기로 자라고, 강물에 방류하여 키우면 90~120cm의 대어로 자란다. 즉, 성장이 주변의 환경과 본인의 꿈의 크기에 비례하는 것이다. 10배 더 큰 꿈을 꾸고 키우다 보면 2배, 5배, 10배 이상의 결과를 얻게 될 수도 있다.

⑤ 현재 상황에 의문을 제기하라

2002년 월드컵 4강의 신화를 이룬 거스 히딩크(Guus Hiddink) 감독의 명언 "난 아직 배고프다!"를 기억하는가? 가능성을 실현한 세상의 모든 성취자는 현재 상황에 만족하지 않고, 항상 의문을 제기하는 사람들이다. 그런 사람들이 새로운 신약을 개발하고, 새로운 에너지원을 발명하고, 인류를 편리하게 하는 기술을 개발한다.

⑥ 위대한 성취자에게 영감을 얻으라

위대한 성취자들은 성공의 의지, 자존감, 능력에 대한 자신감, 긍정적인 사고 등을 가지고 있다. 그들의 생각, 태도, 행동을 살펴보고 자신의 것으로 만들어라.

7) 법칙 7: 사색적 사고의 교훈을 받아들이라

사색은 전적인 신뢰나 무작정 의심하는 것과는 다른 것이다. 어쩌면 이러한 것들을 포함한 생각의 모든 것을 말하는지도 모른다. 책의 저자 존 맥스웰(John Maxwell)은 늘 스스로에게 다음의 세 가지 질문을 했다고 한다.

- 오늘 무엇을 배웠는가?
- 무엇을 공유해야 하는가?

• 무엇을 해야 하는가?

필자는 개인적으로 '무엇(what)'이나 '어떻게(how)'보다는 '왜(why)'에 대한 성찰을 중요하게 생각하지만, 어쨌든 저자는 '사색적 사고' 훈련의 하나로 '무엇'에 대한 질문을 소개하고 있다.

(1) 왜 사색적 사고 훈련을 해야 하는가

① 올바른 전망을 제시한다.
② 생각하는 삶에 정서적 고귀함을 부여한다.
③ 의사결정에 대한 자신감을 준다.
④ 큰 그림을 분명하게 보여 준다.
⑤ 좋은 경험을 가치 있는 경험으로 만든다.

(2) 사색적 사고 교훈을 받아들이는 방법

① 사색할 시간을 할애한다

소크라테스는 "점검되지 않은 인생은 살 가치가 없다."라고 했다. 이것은 자신의 인생에 대한 사색과 자기점검의 중요성을 말하는 것이다. 사색은 일부러 미리 마련해 두지 않으면 쉽지 않은 일이다

② 주의를 산만하게 하는 것들을 제거한다

사색을 위해서 주의를 산만하게 하는 주변을 정리할 필요가 있다. 사색은 수시로 전화벨이 울리고, 가족이나 직원들이 이리저리 돌아다니거나, TV에서 시끄러운 예능 프로그램이 나오는 상황에서 할 수 있는 것이 아니기 때문이다.

③ 정기적으로 스케줄 표를 점검하라

자신의 생각과 행동을 다이어리 등에 습관적으로 기록하는 것은 의미가 있다. 수시로 떠오르는 생각들을 놓치지 않게 하고, 떠오르는 생각들을 정리하게 하고, 개인의 생각과 행동의 발전을 눈에 보이게 한다.

④ 올바른 질문을 하라

사색은 스스로에게 어떤 질문이 필요한지를 알려 준다. 자신의 일이나 인생에 어떤 질문을 던지는가는 그 성과의 종류와 크기를 결정해 주는 중요한 요소다.

⑤ 행동을 통해 교훈을 확고히 하라

사색을 통해 떠오르는 것을 적는 것도 중요하지만, 그 생각을 태도의 변화나 행동으로 옮기는 것은 자신을 성장시키는 매우 영양가 있는 자양분이다. 따라서 기록이나 메모를 행동으로 옮기는 자신만의 매뉴얼을 만들어 놓는 것도 사색적 교훈을 받아들이는 좋은 방법이다

8) 법칙 8: 통념에 의문을 제기하라

'통념(common idea)'이란 무엇인가? 통념은 뛰어난 생각의 가치를 이해하기에 평범하다. 통념은 변화된 사고의 영향력을 인식하기에 융통성이 없다. 통념은 의식적인 사고의 과정을 마스터하기에 게으르다. 통념은 큰 사고의 지혜를 알아보기에 그릇이 작다. 통념은 창의적 사고의 기쁨을 발견하기에 진부하다. 통념은 현실적 사고의 중요성을 인식하기에 순진하다. 통념은 전략적 사고의 힘을 발휘하기에 훈련이 부족하다. 통념은 가능성 사고의 힘을 느끼기에 제한적이다. 통념은 사색적 사고의 깨달음을 포용하기에 가볍다. 통념은 통념을 받아들이는 것을 의심하기에 너무 피상적이다. 통념은 공동사고의 참여를 권장하기에 자부심이 강하다. 통념은 이타적 사고의 만족을 경험

하기에 자기 본위다. 통념은 심리적 사고의 보상을 즐기기에는 책임감이 부족하다. 그리고 통념은 때때로 아무런 생각이 없음을 의미하고, 때로는 가짜 희망을 주기도 하고, 변화의 포용이 느리고, 보통 수준의 결과를 가져오기도 한다.

(1) 통념을 의심하는 방법

① 통념을 따르기 전에 생각하라

거절이 두려워서, 저항이 적을 것 같아서, 다른 사람들의 행동이 현명하다고 생각이 되어서 대부분의 사람들은 통념을 따른다. 그러나 성공하기 위해서는 무엇이 보편적인가보다는 무엇이 최선인가를 생각하라. 어떤 이슈에 관해서 통념을 따르고 있다고 생각되면, 생각을 멈추고 변화가 가능한 방법을 생각하라.

② 나와 다른 생각의 가치를 인정하라

혁신과 변화를 포용하는 한 가지 방법은 다른 사람의 생각을 존중하는 것이다. 그러기 위해서는 본인을 타인에게 끊임없이 노출시켜야 한다. 직업, 경력, 교육수준, 관심사 등이 다른 많은 사람과 시간을 보내길 바란다.

③ 자신의 생각을 지속적으로 의심하라

내일의 성공의 가장 큰 적은 오늘의 성공이다. 당신이 현재의 조직이나 업무에 만족하고 있다면 변화에 저항할 가능성이 높다. 이것이 당신이 자신의 생각을 의심하고 도전해야 하는 이유이다.

④ 새로운 방식으로 새로운 것을 시도하라

당신이 무엇인가를 새롭게 시도했던 마지막 기억은 무엇인가? 혹시 많은 일이나 판단을 습관적으로 하고 있지는 않는가? 당신의 일상에서 '자동 조종장치'를 제거하라.

대중적이지 않은 질문을 던지고, 여러 가지 선택의 가능성을 모색하라. 새로운 방법으로 새로운 것을 발견하라.

⑤ 불편한 것에 익숙해지라

통념은 일반적으로 편안하다. 당신의 몸에 맞추어진 오래된 의자와 같다. 우리가 무엇인가 새로운 것을 이루기 위해서는 통념을 거부하고 다서 불편한 것에 익숙해지려는 시도가 필요하다. 그것은 마치 물의 흐름에 몸을 맡기는 것이 아니라 물살을 거스르면 수영을 하는 것과 같다.

9) 법칙 9: 공동체 사고에 참여하라

생각이 뛰어난 사람들, 특히 리더의 역할이 뛰어난 사람들은 '공동 사고의 힘'을 잘 알고 있다. 그들은 다른 사람이 생각과 아이디어가 개인의 생각이 할 수 있는 것보다 훨씬 많은 것을 성취한다는 것을 알고 있다.

(1) 공동 사고를 도모해야 하는 이유

① 혼자 생각보다 더 빠르다

우리는 엄청난 속도로 움직이는 세상에 살고 있다. 지금처럼 빠르게 변하는 세상에서 능력을 발휘하기 위해서는 혼자의 힘으로는 부족하다. 다른 사람들과 커뮤니티를 이루는 것이 지름길이다.

② 혼자 생각보다 더 혁신적이다

공동체 사고는 더 큰 혁신을 낳는다. 과학자 마리(Marie Curie)와 피에르 퀴리(Pierre Curie), 루이 부뉴엘(Luis Bunuel)과 살바도르 달리(Salvador Dali), 존 레논(John Lennon)

과 폴 매카트니(Paul McCartney)의 협업이 이를 증명하고 있다.

③ 혼자 생각보다 더 성숙하다

세상의 어떤 사람도 장점만을 가지고 있지는 않다. 세상의 모든 사람이 모든 경험을 다 할 수는 없다. 당신의 지식이나 경험과 다른 사람의 그것들이 힘을 합칠 때 더 넓고 큰 성취가 가능해진다.

④ 혼자 생각보다 더 강하다

두 개의 머리가 같은 방향으로 생각한다면 하나의 머리보다 낫다. 이는 두 마리 말이 하나의 마차를 끄는 것과 같다. 더 강한 힘을 발휘한다.

⑤ 혼자 생각보다 보상이 더 크다

공동 사고가 혼자 생각보다 더 강하기 때문에 더 많은 보상이 생긴다. 뿐만 아니라, 이 경험을 통해 개인이 얻는 지식과 경험도 크다고 할 수 있다. 특히 아이디어 발상 과정에서 '관계의 힘'은 무시할 수 없다.

⑥ 더 위대한 사고를 낳는다

대부분의 위대한 생각은 공동 사고에서 비롯된다. 이것이 아이데이션(ideation)이나 브레인스토밍(brainstorming)이 필요한 이유다. 팀원들의 다양한 생각과 경험을 활용하라. 때로는 당신의 의견과 반대되는 의견을 가진 사람의 의견도 적극 반영하라. 당신의 단점을 보완해 줄 서포터를 구하라. 이 모든 것이 위대한 사고를 낳는 원동력이다.

(2) 공동사고의 참여를 도모하는 방법

① 다른 사람의 아이디어를 소중하게 여긴다

다른 사람의 아이디어가 가치 있다고 생각하는 태도는 당신의 능력을 배가시키는 데 도움을 준다. 당신은 공동 작업에 참여하기에 앞서 공동 사고 자체에 마음을 열고 접근해야 한다.

② 경쟁에서 협력으로 나아간다

협력을 중요하게 생각하는 사람들은 다른 사람의 아이디어를 발전시키고 완성시키고자 하는 욕망이 있다. 만일 누군가 당신의 아이디어를 공유하고자 한다면 그를 경계하거나 그와 경쟁하려 하지 말고 그를 팀과의 협업에 활용하라.

③ 사람을 만날 때 의제를 준비하라

사람들은 누군가의 지혜를 존중할수록 그의 말에 귀를 기울인다. 내가 누군가의 의논상대가 되어 줄 때는 그 사람이 궁금해 하는 의제에 관하여 질문하게 하고 주로 내가 이야기를 한다. 그러나 내가 조언을 구하고자 할 때는 나는 거의 말을 하지 않고 그의 조언을 듣는다. 그리고 일반적인 관계의 대화라면 주고받는 이야기의 양이 비슷하다. 어떤 사람을 만나든 그 사람을 만나야 하는 이유가 있고, 기대가 있다. 사람을 만날 때 의제를 준비한다는 것은 그것이 일상이든 비즈니스든 서로에게 매우 효율적이고 가치 있는 일이다.

④ 적합한 사람들을 테이블로 불러들인다

공동 사고가 성공하는 가장 중요한 비결은 적합한 사람들을 모아 테이블로 불러들이는 것이다. 적합한 사람이란 우정이나 편한 상대가 아니라, 필요하고 뛰어난 아이디어를 공유할 수 있는 사람들을 말한다. 우리가 테이블로 불러 모으는 사람들이 모든 차이를 결정한다. 여러분이 공동 사고에 참여할 사람을 모을 때는 다음의 기준을 참고하면 좋다.

- 아이디어의 성공을 가장 원하는 사람
- 다른 사람의 생각의 가치를 높여 주는 사람
- 대화의 변화를 감정적으로 감당할 수 있는 사람
- 자신의 약점과 다른 사람의 강점을 인정하는 사람
- 자신의 역할의 가치를 알고 이해하는 사람
- 개인보다 팀에게 최선의 것을 중요하게 생각하는 사람
- 주변 사람에게서 뛰어난 생각을 도출해 낼 수 있는 사람
- 해당 이슈에 성숙하고, 경험이 있고, 성공해 본 사람
- 주인의식과 책임의식이 있는 사람

⑤ 생각이 뛰어난 사람과 협력적인 사람에게 보상한다

성공하는 조직은 공동 사고를 실현한다. 조직은 공동 사고에 능숙한 사람들의 협력 없이는 성공할 수 없다. 따라서 그들이 능력을 잘 활용하고, 그들에게 좋은 대우를 해 주어야 한다.

10) 법칙 10: 이타적 사고의 충족을 경험하라

우리는 왜 '이타적인 사고'를 위해 노력해야 하는가? 이타적 사고는 종종 다른 어떤 사고보다 더 큰 보상을 가져다주기 때문이다. 아이러니하게도 이타적 사고는 개인적인 충족감을 가져다준다. 앨런 로이 맥기니스(Alan Loy McGinnis)는 저서 『사람들로부터 최선 이끌어 내기(Bringing Out the Best in People)』에서 "다른 사람을 돕는 일, 누군가 성공하도록 돕는 일보다 고귀한 일은 없다."라고 하였다. 그리고 이타적인 사고는 다른

사람의 가치를 높여 준다. 당신이 자기 자신으로부터 벗어나 타인에게 도움을 주는 행동을 할 때 비로소 가치 있는 인생을 사는 것이다. 항상 다른 사람에게서 최선의 것을 찾고, 자신의 능력으로 그들을 돕고, 자신의 인생으로 창조적 자극을 줄 수 있다면 이미 당신은 가치가 높은 사람이다. 그리고 이타적인 사람은 다른 미덕, 즉 남을 생각하고, 감사하고, 존중하고, 인내하고, 자제하는 덕을 실천하는 사람이다. 이처럼 이타적인 사고는 타인이 인생뿐 아니라 당신 자신의 인생의 질을 높여 준다. 스스로 위대해지려고 하지 말고 자신보다 위대한 그 무엇의 일부가 되는 방법을 알고 실천하라.

그렇다면 어떻게 하면 이타적 사고에서 충족감을 느낄 수 있을까? 많은 사람이 이타적 사고의 중요성을 인식하고 있을 것이다. 그리고 자신도 그러한 삶을 살기를 원할 수도 있다. 어떻게 하면 이타적으로 생각하는 능력을 키울 수 있을까? 첫째, 가장 중요한 것은 다른 사람을 먼저 생각하는 것이다. 그렇기 위해서는 겸손과 중심이동이 필요하다. 자신으로부터 시작되는 삶의 중심을 타인으로 옮기는 작업이 우선되어야 한다. '자신의 욕구'에 관한 생각을 멈추고 '타인의 필요'에 집중하는 것이다. 둘째, 주변 사람들의 곤란한 상황으로 기꺼이 들어가는 것이다. 이타적인 생각을 가지고 있다고 믿는 것과 이타적인 생각을 행동으로 옮기는 것은 다르다. 진정한 이타적인 태도는 당신의 도움이 필요한 타인의 곤란한 상황으로 기꺼이 들어가는 것이다. 그 안에서 베풀고 영향력 있는 행동을 하는 것이다. 셋째, 가능하면 익명으로 베풀어야 한다. 베푸는 행위를 통해 많은 감사와 팡파르를 받았다면 이미 충분한 보상을 받은 것이다. 그러나 익명의 역할은 정서적 · 정신적 · 영적으로 더 큰 기쁨과 행복을 경험하게 된다. 넷째, 의식적으로 투자하는 것이다. 가장 높은 수준의 이타적 사고는 타인의 개인적 발전이나 행복을 위해 자기 자신을 내줄 때 온다. 사람에게 투자하고 싶다면 우리가 그들과 공동으로 협력할 수 있는 파트너십에 관하여 생각하라. 당신이 어떤 관계로 그들 안으로 들어가 어떻게 그들에게 투자할지를 생각하라. 모든 관계 가운데 가장 바람직한 것은 '윈윈(win-win) 관계'다. 그런데 왜 많은 사람이 이런 관계를 맺지 못할까? 대부분의 사람들이 상생을 생각하지만 자신이 먼저 이기고 나서 상대가 이겨야 한다고 생각하기 때문이다. 이러한 생각은 엄밀히 따지면 '윈윈(win-win) 관계'가 아니다. 마지막으로 자신의 동기를 끊임없이 점검하는 것이다. 우리가 자신도 모르는 사이에 다시 이기심으로 돌아가고 있지는 않은지를 수시로 확인하는 과정이다. 벤자민 프랭클린(Benjamin Franklin)은 매일 스스로에게 두 가지 질문을 했다고 한다. "오늘 나는 무슨 좋은 일을 할 것인가?" 그리고 "오늘 나는 무슨 좋은 일을 했는가?"

11) 법칙10+1: 실리적 사고의 보상을 즐기라

우리는 왜 실리적 사고의 '보상'을 즐겨야 하는가? 그리고 자신의 조직이나 비즈니스의 실익은 어떻게 나타나는가? 가족의 실익과 회사의 실익과 스터디 그룹의 실익은 다르다. 오로지 재정적인 것만을 실리라고 생각한다면 자신과 조직에서 더 중요한 많은 것을 놓칠 수가 있다. 따라서 '궁극적인 실익'만을 생각할 것이 아니라 궁극적인 실익을 목표, 과정, 결과로 나누어 생각하는 것도 도움이 된다. 이런 관점에서 보면 실리적 사고는 우리에게 여러 가지 면에서 도움을 주고 보상을 준다. 우선, 실리적 사고는 우리에게 명쾌함을 선물한다. 즉, 어떤 일의 결론이나 결과를 빠르고 쉽게 측정할 수 있도록 한다. 그리고 그 기준점을 제시한다. 둘째, 실리적 사고는 모든 상황의 판단을 돕는다. 즉, 자신이 조직을 위해 주어진 환경에서 어떻게 일하고 있는지를 파악하게 한다. 그리고 당신의 잠재력을 최대한 발휘하게 하여 목표를 달성하게 한다. 셋째, 실리적 사고는 최선의 의사결정을 하게 도와준다. 의사결정은 목표를 명확히 알 때 쉬워진다. 넷째, 실리적 사고는 사기를 높여 준다. 성공처럼 당신의 사기를 높여 주는 것은 없다. 그리고 당신의 사기가 높아지면 성공할 가능성이 높아진다. 성공과 같은 실리적 사고는 궁극적으로 더 큰 성공과 실리를 선물한다. 다섯째, 실리적 사고는 우리의 미래를 보장한다. 우리가 성공적인 내일을 준비한다면 오늘 이 목표에 관하여 생각할 필요가 있다. 오랜 기간 성공가도를 달리고 있는 세계적인 기업들을 보라. 그들은 의사결정을 하고, 자원을 분배하고, 직원을 고용하고, 조직이 궁극적으로 실리적 목표를 달성하도록 조직화한다.

4. 특징 및 기대효과

생각(thinking)과 아이디어(idea)는 같은 단어는 아니지만 때로는 같은 의미로 사용되기도 한다. 그것은 생각의 범주 안에 아이디어가 있고, 생각이 아이디어의 근간이 되기 때문이다. 그런 해석으로 보면 이번 장에서 소개하는 존 맥스웰(John Maxwell)의 '생각의 법칙 10+1'은 '아이디어의 법칙 10+1'의 근간이 된다고 볼 수 있다. 우리가 창의성을 본받기를 원하는 프로들은 어떤 생각을 어떻게 할까? 그 다름을 안다는 것은 경쟁력을 얻는다는 것이다.

현재의 생각을 과거의 생각과 다르게 하고, 현재의 생각에 다른 가치를 부여하고, 그 가치를 표현할 수 있는 남다른 방법을 찾는다면 그것 자체가 빅 아이디어를 발현하는데 큰 힘이 되기 때문이다. 결국, 뛰어난 생각은 뛰어난 아이디어의 토대가 된다. 생각을 바꾸지 않고 행동을 바꿀 수 있는가? 우리는 일상 속에서 차별화된 생각을 습관화할 필요가 있다. 최소한 창의적인 결과물을 만들어 내는 일을 업으로 하는 사람이라면 말이다. 그것이 창의적 작업을 일이나 스트레스로 받아들이지 않고 즐기면서 오래 할 수 있는 유일한 방법이다. 사실, 창의성은 일보다는 놀이에 가깝다. 누가 그 범위를 제한하지도 않고, 비용을 지불할 필요도 없기 때문이다.

존 맥스웰(John Maxwell)의 '생각의 법칙 10+1'을 일상 속에서 습관처럼 활용하길 바란다. 그 습관은 당신에게 업무에서뿐 아니라 일생의 행복을 선물할 것이다.

5. 실습

창의적인 환경 조성으로 성공했던 경험들을 공유해 보자.

- 창의성을 자극하고 발전시키는 환경
- 팀원들 사이에 신뢰하는 환경
- 서로의 생각을 포용하는 환경
- 혁신에 주력하는 환경
- 선택에 높은 가치를 두는 환경
- 선 밖으로 나가는 것을 수용하는 환경
- 꿈의 힘을 믿고 인정하는 환경

창의성을 저해하는 환경을 경험했던 사례를 공유해 보자.

- 규칙을 따르라.
- 질문하지 말라.
- 다르게 굴지 말라.
- 선을 벗어나지 말라.
- 방법은 하나뿐이다.
- 그런 일은 지금까지 단 한 번도 없었다.
- 그게 될 리가 없다.
- 지금까지 별 효과가 없었다.
- 예전에도 시도했었다.
- 실수할 여유가 없다.
- 관리가 너무 힘들다.

- 시간이 없다.
- 예산이 없다.
- 실패하면 끝이다.

BIG
IDEA
THINKING
31

11. 속성 열거법

"브랜드나 제품을 파악하고 정의하는 일이
브랜딩의 시작이다."

준비물

- 속성 열거 시트
- 필기구

참여인원

- 개인 또는 그룹

소요시간

- 60분(내외)

기대효과

- 대상(브랜드, 제품, 시스템 등)에 대한 폭넓은 인지와 깊이 있는 이해
- 문제의 세분화된 접근을 통한 새로운 속성의 발견

1. 개요

‘속성 열거법(attribute listing method)’은 1930년대에 미국의 네브래스카 대학교(University of Nebraska)의 로버트 크로포드(Robert L. Crawford)가 개발한 창의력 증진 트레이닝법이다. 속성 열거법은 아이데이션을 시작하기 전에 아이디어 발상의 대상이 되는 브랜드나 제품 또는 과제의 성격, 특징, 속성을 구체적으로 적어 가면서 아이디어를 도출하는 작업이다. 이 방법은 모든 문제는 세분할수록 아이디어 도출이 쉬워지고, 모든 아이디어는 그 시점까지 얻어진 아이디어를 어떤 형태로든 수정한 것이라는 전제를 둔다. 즉, 모든 아이디어는 ‘무(無)에서 창조되는 유(有)’가 아니라, ‘유(有)에서 만들어지는 새로운 유(有)’라는 관점에서 시작한다.

대상의 속성을 열거한다는 것은 해당 브랜드나 제품이나 시스템이 가지고 있는 장점은 물론 단점이나 약점까지도 모두 관찰하고 파악하여 열거하는 것을 말한다. 그 제품의 재질, 컬러, 디자인, 가격, 무게, 형태, 용기, 포장 등과 같은 물리적 속성뿐 아니라 제품에서 느껴지는 감정이나 이미지 같은 심리적 속성까지도 빠짐없이 열거하는 것이 아이디어 발상에 도움을 준다.

2. 속성 리스트의 종류

‘속성 열거법’은 이름처럼 대상의 속성을 열거하여 리스트를 만드는 작업에서 시작한다. 속성 열거법에서 작성하는 리스트는 다음과 같은 것들이 있다.

- 상세 리스트: 상세 리스트는 과제의 목표를 자세하게 분석한 리스트로 향후 아이디어를 만들어 내는 기초적인 재료가 된다.

- **직접 속성 리스트**: 직접 속성 리스트는 대상 제품의 소재, 형태, 사양, 부분, 기능 등 직접적인 디자인 요소를 살펴보고 나열하는 것이다. 조형이나 디자인 분야에서는 형태, 색채, 재료, 빛 등으로 이루어지는 조형요소나 조화, 대비 등과 같은 조형질서의 측면을 주목하여 살펴본다.
- **간접 속성 리스트**: 디자인 대상의 역사, 의미, 상징, 이미지, 브랜드 효과 등에 관한 간접적인 속성들을 열거하는 것이다. 직적속성을 '선천적 속성'이라고 한다면 간접속성은 '후천적 속성'이라고 볼 수 있다.

또한 직접 속성을 열거하기 위한 분류 방법으로 명사형, 형용사형, 동사형과 같이 품사의 구분을 활용한 방법도 있다.

- **명사적 속성**: 소재, 제조 방법, 부품 명칭 등에 관한 속성을 명사로 열거
- **형용사적 속성**: '화려하다' '무겁다' '둥글다' 등과 같은 성절, 형상, 색채, 디자인 등 대상의 성질에 관한 속성을 형용사로 열거
- **동사적 속성**: '회전하다' '기울어지다' '던지다' 등과 같은 대상의 기능이나 움직임에 관한 속성을 동사로 열거

『건축 디자인 발상법(Thinking Method on Architecture)』의 저자 히라오 카즈히로는 속성 리스트의 종류를 앞과 같이 정리하였으나, 개요에서 설명한 것처럼 보다 폭넓은 관점에서 속성을 살펴보면 '물리적 속성 리스트'와 '심리적 속성 리스트' 등처럼 추가적 요소를 적용하여 보는 것도 도움이 될 것으로 판단된다.

3. 속성 열거법 4단계

• 1단계: 주제의 기술

속성 열거법의 주제는 명확하게 선정하는 것이 효과적이다. 예를 들면, '자동차'라고 막연하고 폭넓게 주제를 기술하기보다는 '젊은 세대가 선호하는 스포츠카'라든가, '자녀를 둔 신혼부부를 위한 패밀리카' 등으로 구체적인 표현으로 기술하는 것이 효과적이다.

• 2단계: 속성별 항목의 나열

속성 열거를 위한 명확한 주제가 정해졌다면, 이제 속성별 항목을 자세하게 나열할 차례다. 항목은 다양하고 폭넓게 뽑을수록 다양하고 새로운 아이디어가 나올 가능성이 높은 것은 당연하다.

• 3단계: 속성별 아이디어 도출

과제 해결을 위한 명확한 주제가 설정되고, 검토할 다양한 속성의 리스트가 준비되었다면 이제는 나열된 각 항목의 속성들을 꼼꼼히 살펴보면서 '속성별 개선 아이디어'를 도출하는 단계에 접어든다. 개인 발상은 물론이고 브레인스토밍 등 그룹 발상 작업에서 속성 열거법을 사용한다면 더욱 활발한 속성의 확장이 가능할 것이다. 만약 특정 항목에서 아이데이션이 막혀 활발하게 진행되지 않는다면 일단 빈칸으로 두고 다음 항목의 아이데이션을 우선 진행하는 요령도 필요하다.

• 4단계: 아디이어를 평가하고 종합하기

아이디어의 평가 단계에서 가장 중요하게 생각해야 하는 것은 팀 내에서 도출한 아이디어가 실용적이고 현실 가능한 것인가를 검토하는 일이다. 아무리 매력적이고 독특한 아이디어라고 하더라도 필요성이 없거나 현장에서 적용될 가능성이 없는 아이디어는 그야말로 무용지물이다. 따라서 비현실적인 아이디어는 우선 제거하는 것이 효율적인 방법이다. 그리고 살아남은 아이디어들은 단독으로 활용 가능한 것들도 있고, 다른 아이디어들과 결합하여 또 다른 새로운 아이디어로 발전되기도 한다. 마지막 단계에서는 선정된 아이디어들을 정보검색 서비스(KIPRIS)를 활용하여 이미 존재하는 발명이나 특허 제품은 아닌지 점검할 필요가 있다.

4. 사물 분석법

속성 열거법과 비슷한 발상법으로 디자인 작업에서 많이 활용하는 '사물 분석법(artifact analysis)'을 들 수가 있다. 즉, 사물의 재료, 미학, 상호작용의 특성을 체계적으로 조사하여 사물이 가진 물리적 · 사회적 · 문학적 맥락을 이해하는 방법이다. 사물 분석은 '사물 자체'에 중점을 두고, 사물이 사람, 문학, 시간, 장소 등과 관련하여 의미하는 바가 무엇인지에 지속적인 의문을 갖는 것이다. 연구자(발상자)는 사물의 본질을 이해하고 사물의 재료, 미학, 상호작용의 특성을 통해 그 사물이 의미하는 바를 이해하는 데 목적을 둔다. 이때, 상호작용은 서로 연관되는 모든 측면을 연결시켜 바라볼 필요는 없다. 연구의 주제에 따라 필요로 하는 특정 측면을 중점적으로 연결시켜 살펴보는 것이 효율적이다.

〈표 11-1〉 속성 열거표(사례)

제품(브랜드 또는 주제): 선풍기		
속성	항목	개선 아이디어
명사적 속성	날개	날개의 개수를 늘린다. 날개의 소재를 바꾼다. 날개를 없애서 위험성을 줄인다.
	유선	선을 없애서 설치와 이동을 자유롭게 한다. 선의 길이를 늘인다(줄인다). 선을 벽에 부착한다.
	바람	바람의 온도를 조절한다. 바람에 컬러를 적용한다.
	먼지	자동 먼지 털이 기능을 추가한다. 먼지가 쌓이지 않는 소재를 활용한다. 주 1회 청소를 한다.
	철재	플라스틱 소재를 사용한다. 고무 소재를 사용한다.
형용사적 속성	둥글다	사각형으로 만든다. 오각형으로 만든다. 육각형으로 만들어 해병대에 판매한다.
	칙칙하다	날개를 화려한 컬러로 만든다. 4개의 날개를 각각 다른 컬러로 만든다. 날개에 화려한 디자인을 적용한다.
	벽에 붙어 있다	천정에 매단다. 벽에서 4면을 이동하게 만든다. 천정에서 ∞ 형태로 이동하게 만든다.
동사적 속성	회전 한다	180도로 회전하게 한다. 360도로 회전하게 한다.
	바람이 분다	바람을 더 강하게 불게 만든다. 바람이 나오지 않게 만든다.
	소리가 난다	소리를 줄이거나 없앤다. 소리를 더 시끄럽게 한다.

5. 특징 및 기대효과

속성 열거법은 처음부터 대상의 속성을 꼼꼼히 살펴보고 나열하면서 아이디어 발상을 시작하기 때문에 대상 브랜드의 다자인이나 제품의 특성을 초기에 잘 파악할 수 있다는 장점이 있다. 또한 여기에서 나온 결과를 바탕으로 '매트릭스법'이나 '형태 분석법' 등과 조합하여 새로운 발상의 재료로 다양하게 활용할 수 있는 포용력을 지닌다. 특히 아이디어가 막히거나 한쪽으로 치우칠 때 속성 열거법을 활용하면 브랜드나 제품이 지니고 있는 전반적인 부분에서의 검토와 파악이 가능하다. 그러나 자칫 깊이 있는 관찰과 속성 찾기를 진행하지 못하는 경우, 기본적인 속성의 발견에 머무르거나 다양한 속성에서 발견되는 새롭고 경쟁력 있는 '정의(define)'를 정리하는 데 어려움을 겪을 수 있다. 따라서 속성 열거법의 효과를 극대화하기 위해서는 충분한 다양한 관점에서의 충분한 속성열거가 필수적이며, 이를 바탕으로 하는 새롭고 창의적인 '정의(define)'를 발견하고 아이디어를 발전시키는 작업에 보다 욕심을 내야 한다.

6. 발상 실습

속성 열거 실습: 사무실이나 강의실에 비치되어 있는 화분에 대한 속성 열거를 실시해 보자.

- 직접 속성 열거:
- 간접 속성 열거:
- 물리적 속성 열거:
- 심리적 속성 열거:

사물 분석 실습: 사무실이나 강의실에 비치되어 있는 의자에 대한 사물 분석을 실시해 보자.

제품: 의자		
속성	항목	개선 아이디어
명사적 속성		
형용사적 속성		
동사적 속성		

BIG IDEA THINKING 31

12.
스캠퍼

"아이디어를 재활용하여 빅 아이디어로 재탄생시키는
일곱 가지 방법"

준비물

- 글 또는 그림
- 일상의 다양한 시각적 요소

참여인원

- 개인 또는 그룹

소요시간

- Case by Case

기대효과

- 일반적인 생각이나 관점의 진보된 재활용
- 새로운 발상으로의 발전과 적용

1. 개요

스캠퍼(SCAMPER)는 아이디어 발상의 대표적인 방법의 하나로 알렉스 오스본(Alex Osborn)의 아이디어 발상 체크리스트의 약자를 따서 발전시킨 것이다. 각 체크리스트는 대체하기(Substitute), 결합하기(Combine), 적용하기(Adapt), 변형/확대/축소하기(Modify, Magnify, & Minify), 다른 용도로 활용하기(Put to other uses), 제거하기(Eliminate), 뒤집기(Reverse) 등으로 지금까지의 것들을 개선하고 새로운 것을 만들어 내는 데 사용하면 효과적이다.

- **S**ubstitute(대체하기)
- **C**ombine(결합하기)
- **A**dapt(적용하기)
- **M**odify, Magnify, Minify(변형, 확대 축소하기)
- **P**ut to other uses(다른 용도로 활용하기)
- **E**liminate(제거하기)
- **R**everse(뒤집기)

2. 발상 방법

1) 대체하기

아이디어가 많은 사람은 고무줄을 가지고 총을 만들기도 하고, 종이를 가지고 다양한 모습의 비행기를 만들기도 한다. 그들은 똑같은 물건을 가지고 다양한 방법으로 활용한다. 아이디어 발상의 첫걸음도 마찬가지다. 지금까지 존재했던 무엇인가를 대체할 수 있는 다른 무엇을 만들어 내는 것이다. 특히, 고정관념을 새로운 생각으로 대치할 수 있다면 금상첨화다.

[그림 12-1] **'대체하기' 표현 아이디어**

광고 아이디어만큼 다양한 용도로 사용되는 것도 없다. 그래서 광고에서의 아이디어 발상은 그 어느 것 하나도 필요 없는 아이디어란 있을 수 없다. 물론 앞의 사례처럼 '빈 깡통'이라는 쓰레기가 '전기'라는 에너지로 대치되어 표현되기도 하지만, 때로는 전혀 무관할 것 같은 두 개의 사물이 '대치하기'로 연결되어 더 큰 아이디어로 충격을 주곤 한다. 대체하기에 사용되고 있는 두 사물의 연관성이 멀면 멀수록 더욱 창의적으로 느껴진다.

2) 결합하기

아이디어의 핵심은 '무(無)에서 유(有)'를 창조하는 것이 아니라, '유(有)와 유(有)를 결합하여 새로운 유(有)'를 만들어 내는 것이다. 따라서 스캠퍼 기법 중에서 가장 활발하게 활용되는 것이 바로 '결합하기'다. 이것이 바로 요즘 화두가 되고 있는 '창조적 융합'이고 'Crossover Thinking'이다. 융합은 둘 이상의 사물을 서로 섞거나 조화시켜 하나로 합하는 것을 말한다. 그리고 '창조적 융합'은 급변하는 현대사회를 꿰뚫어 보는 창의적 사고의 힘이다. IT융합, 융합학문, 국내파와 해외파의 융합 등 이제 '결합하기'는 비단 아이디어 발상 방법 이상의 가치를 가지고 있다.

[그림 12-2] **'결합하기' 표현 아이디어**

3) 적용하기

아무리 좋은 정보가 우리 곁에 있어도 이 정보들을 적절하게 적용하지 못하면 아무 소용이 없다. '구슬이 서 말이어도 꿰어야 보배'라는 말이 있듯, 우리 주위에 떠돌아다니는 수많은 아이디어를 생활 속에 과감하게 적용하는 습관을 가지는 것이 중요하다.

광고 아이디어를 내는 크리에이터들은 마치 젖소처럼 주위의 정보들을 닥치는 대로 먹어 치우는 습성이 있다. 이렇게 습득된 정보들은 언젠가는 자신의 광고 아이디어에 멋지게 적용되어 탄생하기 때문이다.

[그림 12-3] **'적용하기' 표현 아이디어**

4) 변형, 확대, 축소하기

지금 우리 곁에 있는 것들을 변형시켜 보자. 모양을 변형시키고, 위치를 변형시키고, 이름을 변형시키자. 그리고 크기나 길이를 키워 보기도 하고, 더 작게 줄여 보자. 아마 상상했던 것보다 재미있는 일들이 벌어질 것이다. 어린아이의 키가 아빠보다 커지고, 학교 운동장이 내 손바닥 안에 올라온다면 어떤 일이 벌어질까? 변형하고, 확대하고, 축소하는 방법은 광고 아이디어 발상의 가장 기본적인 기법이라고 할 수 있다. '걸리버 여행기'나 '아이가 커졌어요!'처럼 단순하게 크기만 바꿔도 큰 상상력을 불러일으키기 때문이다.

[그림 12-4] **걸리버 여행기**

5) 다르게 활용하기

수저를 꼭 밥 먹는 일로만 써야 할까? 신발은 꼭 발에만 신어야 할까? 교수님은 왜 항상 앞에서만 수업을 할까? 운동장이 별모양이면 어떨까? 돈으로 무엇을 사고파는 것 외에 다른 용도로 쓸 수는 없을까? 낙타를 사막이 아닌 도시 한가운데서 유용하게 기를 수 있는 방법은 없나? 이처럼 우리의 생활 속에 익숙하던 것들을 다르게 활용하기는 우리에게 무궁무진한 아이디어를 선물한다.

학창시절 친구들 중에 사사건건 말썽을 부려 선생님의 꾸지람을 듣는 학생들을 보면 이런 학생들이 많다. 실내화에 연필을 담아 '필통'으로 사용하는 학생, 학교 급식을 '연필'로 먹는 학생, 친구 코에서 코피가 나는데 '분필'로 코를 막아 준다면? 체육 시간에 손수건 대용으로 '양말'로 땀을 닦는다면 아마도 선생님은 꽤 스트레스를 받을 것이다. 그런데 이런 생각을 가진 학생들이야 말로 창의적인 발상, 특히 스캠퍼 기법의 '다르게 활용하기' 하나만큼은 생활 속에서 탁월하게 적용하는 친구이다.

[그림 12-5] **'다르게 활용하기' 표현 아이디어**

6) 제거하기

모든 것이 완벽하게 갖추어져야 한다는 고정관념에서 탈피하여 '완성본'을 '미완성본'으로 바꿔 보자. 달리는 자동차에서 바퀴를 제거해 보자. 25층 아파트에서 창문을 제거해 보자. 우리들의 생활에서 나이가 없어진다면? 비 온 뒤 맑은 하늘에 뜨는 무지개에서 보라색이 없어진다면? 콜라에 거품이 없다면? 때로는 우리들의 일상에서 무엇을 제거하여 새로운 아이디어가 나오기도 하는 것이다.

'완벽'과 '완성'은 어쩌면 아이디어 발상에 있어서 '득'보다는 '실'이 많은 단어일지도 모른다. 광고에 사용되는 카피나 비주얼이 모두 정상적으로 완벽하게 정리되어 있어야 한다면 그것은 정답을 찾는 수학이나 문법에 맞추어진 국어에 불과하다. 피아노에 검은 건반이 없다면? 우리에게 이빨이 없어진다면? 이름이 없다면? 세상에 바람이 불지 않는다면? 우리 눈앞에 보이는 모든 세상에서 색깔을 제거한다면? 내 기억 속에서 지난 1년의 기억이 없어진다면……. '제거하기'를 통해 존재의 필요성을 더욱 강조하기도 하고, '제거하기'를 통해 세상이 더욱 재미있어지기도 할 것이다.

[그림 12-6] **'제거하기' 표현 아이디어**

7) 뒤집기

시간을 되돌려 보기도 하고, 위와 아래를, 또는 겉과 속을 뒤집어 보자. 강의실의 칠판이 교실 뒤에 있다면? 교수님이 앉아서 강의하고 학생들이 서서 수업을 듣는다면? 달걀의 노른자위가 밖에 있고 흰자위가 속에 있다면? 나이를 거꾸로 먹는다면? 수염이 위에 나고 머리가 아래에 붙어 있다면? 원인과 결과가 바뀐다면? 아이디어의 발상에서 뒤집기는 운동경기에서 승부를 뒤집는 것처럼 짜릿하고 재미있을 것이다.

[그림 12-7] **'뒤집기' 표현 아이디어**

'뒤집기' 역시 '확대하기'나 '축소하기' 못지않게 아이디어 발상에서 자주 사용되는 기법이다. 그러나 몇몇의 제품에서는 '뒤집기'와 같은 표현 방법을 금기시하므로 아이디어 발상 시 주의를 기울일 필요가 있다. 예를 들면, '아파트' 광고나 '건축'과 관련한 광고 아이디어에서 건물이 뒤집어지거나 물속에 들어가 있는 이미지를 표현하는 것은 일반적으로 터부시하고 있다. 안전과 관련하여 부정적인 느낌이 강조되기 때문이다.

다음 광고는 광고회사에 카피라이터로 일할 때 '칸 국제광고제'에 출품한 작품이다.

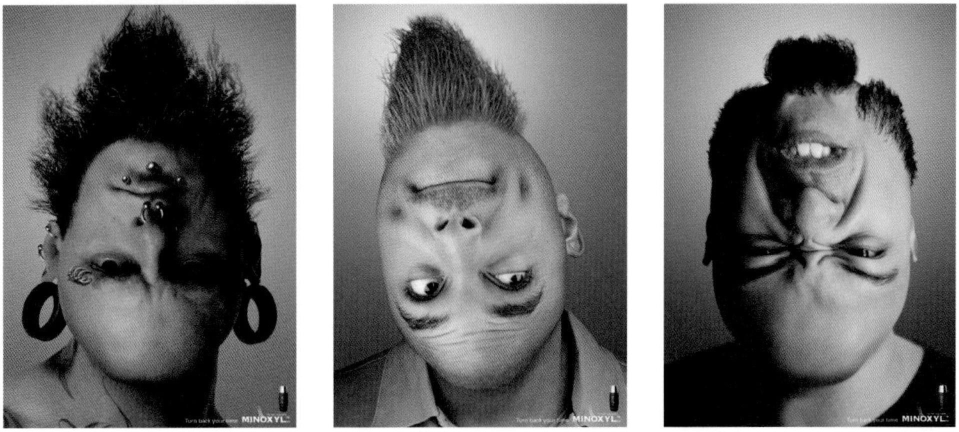

[그림 12-8] MINOXYL 광고(칸 국제광고제 출품작)

만약 친구의 아버님이 탈모로 고민하고 계시다면 풍성하고 멋진 머릿결을 갖고 싶은 욕심은 상상을 초월할 것이다. 그래서 아이디어의 발상을 뒤집어 보았다. 우리가 영화에서 보는 멋진 외국 배우 중에서 대머리이지만 수염이 너무 멋지게 난 사람들을 볼 수 있다. 그 사람들은 아마도 내 머리가 내 수염처럼 멋지고 풍성했으면 하는 생각을 할지도 모를 일이다. 아이디어의 발상 단계에서는 상당히 징그러울 것으로 걱정했는데 만들어 놓고 보니 꽤 인상 깊은 그림이 나왔다. 이 작품은 안타깝게도 '칸 국제광고제(Cannes Lions)'에서 상을 받지는 못했지만, 그 해 우리나라 잡지에 단 한 번 광고로 실리고 '대한민국광고대상'에서 우수상을 수상한 작품이다.

4. 특징 및 기대효과

알랙스 오스본(Alex Osborn)의 '스캠퍼(SCAMPER) 발상법'은 어떻게 보면 스테판 베이커(Stephen Baker)의 '201가지 발상법' 가운데 가장 대표적인 일곱 가지를 추려 놓은 것과 같은 모습이다. 즉, 스캠퍼에서 제안하고 있는 대체하기(Substitute), 결합하기(Combine), 적용하기(Adapt), 변형/확대/축소하기(Modify, Magnify, & Minify), 다른 용도로 활용하기(Put to other uses), 제거하기(Eliminate), 뒤집기(Reverse) 등의 체크리스트는 지금까지 일반적으로 생각하거나 활용하고 있는 것들을 개선하고 새로운 것으로 재탄생시키기 위한 발상 방법으로 유용하게 활용할 수 있다.

5. 실습

Substitute(대체하기): 지금 여러분 주위에 있는 것 가운데 다른 물건으로 대체 가능한 것을 찾아보자(최소한 열 가지 이상을 적어 보자).

1.

2.

3.

4.

5.

6.

7.

8.

9.

10.

Combine(결합하기): 스마트폰 속에는 과거의 어떤 물건(또는 기능)들이 결합되어 있을까?(최소한 열 가지 이상을 적어 보자)

1.

2.

3.

4.

5.

6.

7.

8.

9.

10.

Adapt(적용하기): 당신의 취미 생활을 업무에 적용시켜 활용할 수 있는 방법을 찾아보자.

Modify, Magnify, Minify(변형, 확대, 축소하기)

1) 변형: 주사위 모양의 공을 가지고 축구를 한다면 어떤 경기 규칙이 새롭게 만들어질 수 있을까? (다섯 가지 이상 적어 보자)

1.

2.

3.

4.

5

2) 당신의 머리가 5배 정도 커진다면 어떤 재미있는 일이 벌어질까? (그림으로 표현해 보자)

3) 친구들이 갑자기 내 손바닥 위에서 놀 정도로 작아진다면 어떤 일이 생길까? (그림으로 표현해 보자)

Put to other uses(다른 용도로 활용하기)

1) 수저를 다르게 활용할 수 있는 아이디어를 생각하고 발표하자.

2) 양말이나 타이즈를 다른 용도로 활용할 수 있는 아이디어를 생각하고 발표하자.

Eliminate(제거하기)

1) 세상에서 남자와 여자의 구분이 없어진다면 어떻게 될까? (생각을 글로 표현하고 발표)

2) 우리 일상에서 그림자가 없어진다면 어떤 일이 생길까? (생각을 글로 표현하고 발표)

Reverse(뒤집기)

1) 앞과 뒤를 뒤집어서 다르거나 재미있게 사용할 수 있는 것은?

2) 겉과 속을 뒤집어서 다르거나 재미있게 사용할 수 있는 것은?

3) 당신이 100세로 태어나서 1세에 죽는다면 어떤 일이 벌어질까?

BIG IDEA THINKING 31

13.
스투파(△□○)

"스투파(Stupa)는 △(삼각형)과 ○(원형)과 □(사각형)으로 쌓는 아이디어의 샌드위치 탑이다."

준비물

- 스투파 시트
- 스케치 카드
- 필기구

참여인원

- 개인 또는 그룹(2~4명)

소요시간

- 30분(내외)

기대효과

- 임의의 키워드로부터 다른 키워드를 이끄는 발상
- 과제를 키워드로 설정했을 경우 발상 초기 단계의 시야 확장에 용이

1. 개요

스투파(stupa) 발상법은 이미 익숙한 콘셉트를 좀 더 다른 관점에서 바라볼 필요가 있을 때 권장하는 발상법이다. 고정관념에서 탈피한 새로운 관점이나 아이디어가 필요한 경우, 또는 더 이상 아이데이션의 진전이 없어 난처한 상황에서 스투파 발상법은 새로운 돌파구를 제공한다. 따라서 본격적인 아이디어 발상법이라기보다는 아이데이션과 아이데이션 사이 또는 브레인스토밍과 브레인스토밍 사이에 30분 정도 할애하여 활용하면 좋은 성과를 얻을 수 있는 '샌드위치(sandwich)식 발상법'으로 활용의 가치가 높다.

스투파 발상법은 △(삼각형)과 ○(원형)을 이용하여 기존의 사고방식들을 정리한 후, □(사각형)에 적용시키면서 새로운 키워드를 찾아가는 작업이다. △○□를 세로로 쌓은 모양이 불교의 공양탑(스투파)를 닮았다고 해서 '스투파 발상법'이라는 이름이 붙여졌다.

2. 진행 방법

스투파 발상법은 일반적으로 △○□에 대응되는 3단계로 진행된다. 우선 과제의 설정에서부터 관련 키워드 열거, 단어 연상 아이데이션, 구체적인 스케치에 이르는 단계를 세부적으로 소개하고 각 단계를 △○□를 활용하여 정리하는 방법을 소개하고자 한다.

- 1단계: 과제의 설정(10분)

스투파 발상의 첫 단계는 해결하고자 하는 과제를 선정하는 일이다. 즉, 공모전의 주제나 해결해야 하는 프로젝트의 과제, 아이데이션이나 브레인스토밍의 주제 등을 가능하면 '명학하고 짧은 키워드'로 설정하는 것이 좋다.

• 2단계: 관련 키워드 열거(20분)

주제가 설정되면 그 주제와 관련하는 키워드를 열거하여 적어 넣는 작업을 진행한다. 그 키워드는 눈에 보이는 직접적인 사실이나 현상에서 나와도 좋고, 머릿속에 떠오르는 생각이나 이미지를 표현하는 단어여도 무방하다. 예를 들어, 대학교와 관련하여 떠오르는 키워드를 작성한다면 다음과 같은 키워드가 떠오를 것이다.

캠퍼스	팀플	축제
알바	커플 or 사랑	동아리
장학금	학식	수강신청
공모전	낭만	취업 스트레스

• 3단계: 단어연상 아이데이션(25분)

2단계에서 키워드 열거를 완료한 후 스투파(△○□)법에 입각하여 단어를 연상하는 작업에 들어간다. 우선, 가제의 테마를 △(삼각형)의 중심에 적어 넣고 2단계에서 도출된 키워드 가운데 3개를 골라 각 꼭짓점에 적는다. 다음으로 3개의 ○(원형)을 그리고, 각 ○(원형) 안에 △(삼각형)의 꼭짓점에 적어 놓았던 키워드 3개를 적어 넣은 후 각 인접한 2개의 원이 겹치는 공간에 두 키워드에서 떠오르는 연상 단어들을 적는 것이다. 교집합 부분의 연상단어는 한 개의 단어가 아니라 여러 개의 키워드를 적어 넣는 것이 좋다. 이는 향후 새로운 아이디어를 고르기 위한 선택의 범위를 넓혀 주는 역할을 한다.

다음으로 3개의 ○(원형)이 겹치는 부분에 적어 넣은 키워드에서 하나씩 골라 □(사각형)의 꼭짓점 세 곳에 적어 넣고, 나머지 한 꼭짓점에는 이완 연관하여 새로운 연상을 줄 수 있는 단어를 자유롭게 발상하여 적어 넣는다. 새로운 키워드를 찾는 방법으로는 과제 공모전의 요강 내용이나, 프로젝트 오리엔테이션 기획서 등에서 중요하게 언급되는 단어를 살펴보는 방법이 도움이 될 것이다.

□(사각형)의 4개 꼭짓점에 키워드를 적고 나면 그 안에 '기존의 개념'과 '새로운 개념'을 위 아래로 적고, 이 둘을 위에서 아래로 화살표로 연결한다. 이 두 개념은 하나의 단어, 단어의 조합 또는 간단한 문장, 이미지나 스케치로도 표현 가능하다.

- 4단계: 구체적인 스케치 전개(자유 시간)

4단계는 스투파법의 마무리 단계로, 3단계에서 얻어진 새로운 개념이나 스케치를 바탕으로 프로젝트를 해결하기 위한 아이디어로 기획서의 큰 틀을 잡거나 스케치를 전개시키는 과정이다. 광고나 홍보 캠페인을 구성하는 프로젝트라면 기획서의 핵심 콘셉트나 전략의 핵심을 결정하여 전개시키는 단계이고, 건축과 관련한 프로젝트라면 새로운 개념에서 그려진 러프한 스케치를 바탕으로 건축하고자 하는 주제 형식의 구체적인 개념도를 그리는 과정이다. 음악이나 미술과 관련한 프로젝트라면 표현하고자 하는 핵심을 핵심 구절이나 키 비주얼 등으로 표현한다.

앞의 단계별 과정을 △○□를 활용하여 3단계로 정리하면 다음과 같다.

우선 △(삼각형)의 중심부에 본래의 콘셉트를 적고 그 개념을 형성하는 '3개의 축(키워드)'을 각각의 꼭짓점에 적는다.

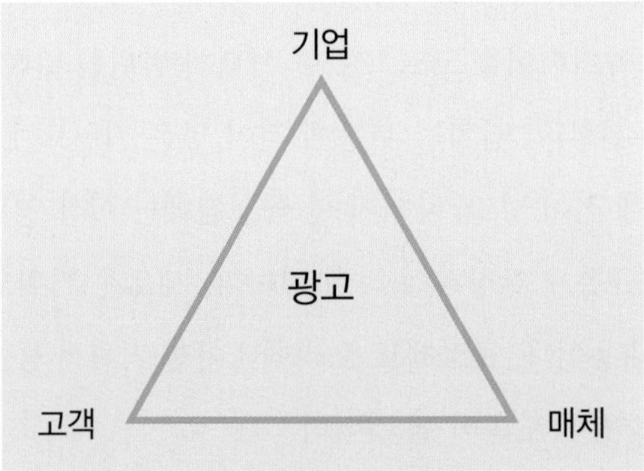

[그림 13-1] **스투파 발상 1단계(개념 조작도)**

다음으로 △(삼각형)의 꼭짓점에 적은 3개의 키워드를 각 ○(원형)안에 적고, ○(원형)이 서로 겹치는 각 부분에 3개의 키워드를 적어 넣는다.

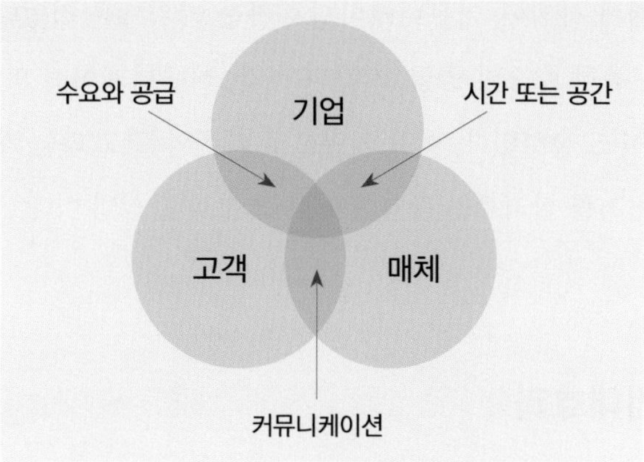

[그림 13-2] **스투파 발상 2단계(개념 조작도)**

두 번째 단계에서 얻어진 3개의 단어와 그 단어들의 공통적인 속성에서 얻어진 1개의 단어를 추가한 총 4개의 단어를 □(사각형)의 각 꼭짓점에 기입하여 통합한 후, 1단계에서 제시한 '기존의 개념'으로부터 '새로운 개념'을 도출하여 적는다.

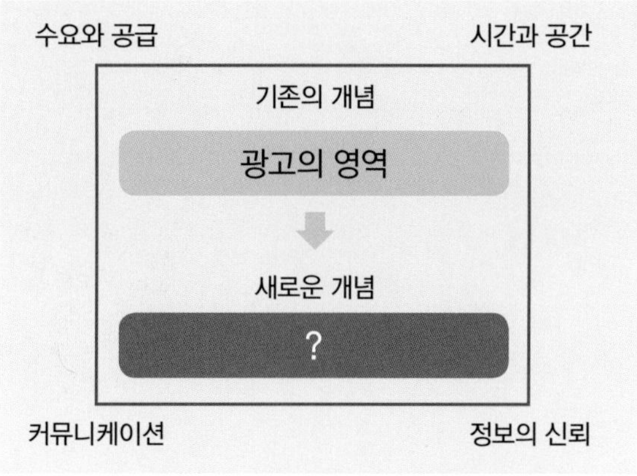

[그림 13-3] **스투파 발상 3단계(개념 조작도)**

책에서는 변화하고 있는 '광고'의 개념에 관하여 스투파를 적용한 사례를 살펴보았다. 즉, 1단계에서는 광고를 구성하는 3개의 키워드로 기업, 고객, 매체를 선정하여 적었고, 2단계에서는 기업과 고객 사이에 '수요와 공급'을, 기업과 매체 사이에 '시간 또는 공간'을, 고객과 매체 사이에 '커뮤니케이션'이라는 키워드를 적었다. 마지막 3단계에서는 2단계에서 도출한 수요와 공급, 시간과 공간, 커뮤니케이션 외에 '정보의 신뢰'라는 새로운 키워드를 도출하였다. 이를 기반으로 기존의 '광고'라는 개념이 어떤 새로운 개념으로 탄생하는지를 살펴보는 작업이 바로 '스투파 발상법'이다.

4. 특징 및 기대효과

스투파 발상법은 앞서 개요에서 언급했듯이 익숙한 콘셉트를 다른 관점에서 바라볼 필요가 있을 때 권장하는 발상법이다. 따라서 새로운 관점이나 신선한 돌파구가 필요할 때 메인 아이데이션의 어시스턴트 역할을 해 주기에 충분하다. 아이데이션과 아이데이션 사이에 잠시 머리를 식히는 정도의 시간을 할애하여 활용하면 기대 이상의 성과를 얻을 수 있는 '샌드위치식 발상법'이다.

5. 실습

관심 주제(키워드) 하나를 설정하고, 그 주제(키워드)에 대한 △○□를 활용한 3단계 스투파 발상을 실시해 보자.

〈발상 1단계〉

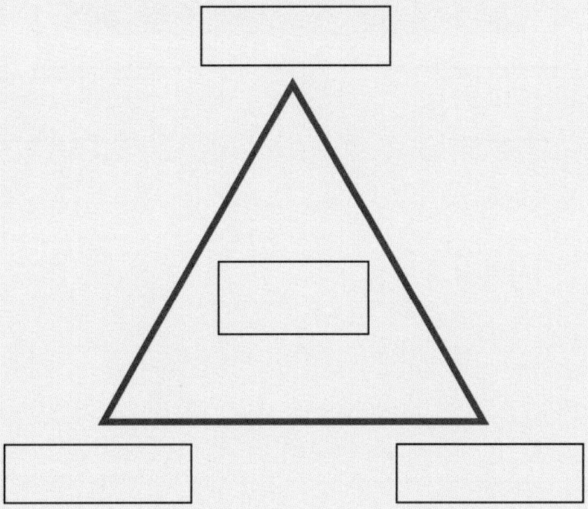

〈발상 2단계〉

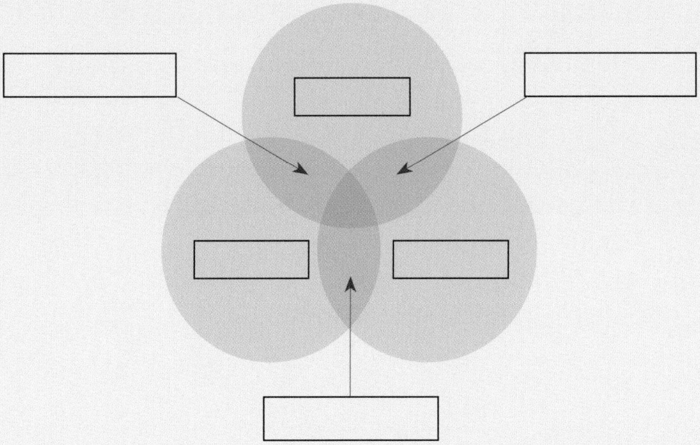

〈발상 3단계〉

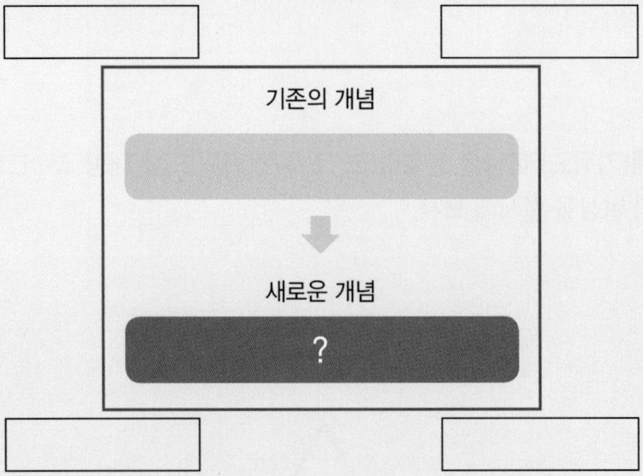

BIG
IDEA
THINKING
31

14. 시와 문학의 발상

"비누가 나를 씻어 준다고 믿었는데
나도 비누를 씻어 주고 있었다."

준비물

- 시, 수필, 소설, 시나리오, 대중음악의 가사 등 다양한 문학 작품

참여인원

- 개인

소요시간

- Case by Case

기대효과

- 문학적 표현을 위한 발상 방법을 다양한 콘텐츠 발상에 접목하여 활용 가능

1. 개요

데이비드 오길비(D. Ogilvy)는 광고를 과학적 마케팅이라고 규정하면서 이성적 접근의 필요성을 강조하였다. 반면, 윌리엄 번벅(W. Bernbach)는 광고를 예술적 커뮤니케이션이라고 규정하면서 감성적 접근의 필요성을 강조하였다. 때문에, 오길비는 광고의 전략을 번벅은 광고의 크리에이티브를 솔루션의 중점에 두고 있다. 이 장에서는 광고를 보는 관점. 즉, 광고는 '이성이 중요한가?' '감성이 중요한가?' 또는 광고는 '과학이어야 하는가?' '예술이어야 하는가?'를 논하기보다는 시와 문학이라는 예술적 범주에 있는 창작물들이 탄생하는 과정 속에서 다양한 도구와 방법과 과정을 살펴보고 이를 통해 문학 이외의 다양한 콘텐츠 발상에 활용할 가치를 찾아보는 데 의의를 두고자 한다. 물론, 시나 문학을 전공하는 독자라면 본인의 예술적 창의성의 깊이를 더할 수 있는 발상의 힌트를 얻을 수 있다.

2. 새로운 것을 탄생시키는 관찰

비누가

나를 씻어 준다고 믿었는데

그렇게 믿고서 살아왔는데

나도 비누를 씻어 주고 있다는 걸

알게 되었다.

– 정진규의 「비누」 중에서 –

저자는 학부에서 국문학을 전공하고 광고회사에서 카피라이터의 길을 걸으면서 문학의 글쓰기와 광고의 글쓰기가 얼마나 다른지를 경험한 바 있다. 오길비(D. Ogilvy)와 번벅(W. Bernbach)이 갑론을박했듯이 문학은 예술이고 광고는 상업이니 그 글쓰기나 아이디어의 근본적 태생과 목적하는 바가 다르다. 그럼에도 불구하고 문학적 발상 작업은 기타 다른 콘텐츠에서 적용 가능한 유사점들을 발견할 수 있으며, 설사 다소 다른 방법이나 절차를 통해서도 많은 부분에서 매우 기초적이고 신선한 자극과 도움을 줄 수 있다. 이러한 이유로 문학을 포함한 다양한 인문학적 독서의 경험 가운데 광고의 현업 또는 학생들의 아이디어 발상 수업에 도움을 줄 수 있는 몇 가지를 선택하여 소개하고자 한다. 그리고 원문의 내용에 본인의 이론과 실무적 경험을 바탕으로 한 다소의 재해석을 가감하였다는 점은 미리 독자들의 양해를 구한다.

문학의 시(詩)뿐만이 아니라 광고에 있어서도 '관찰'은 발상의 가장 기본적인 작업이다. 어떤 광고인은 크리에이티브한 사고의 출발은 '남들이 다 보는 것에서 아무도 보지 못했던 것을 발견해 내는 것'이라고 했다. 즉, 아이디어 발상을 위한 관찰은 '그냥 보는 것'이 아니라, '남다른 무엇을 찾아내는 일'이다. 그리고 관찰을 위해서는 '시선'이 아닌 '관점'의 중요성을 강조한다. 즉, 관찰하고자 하는 의도와 목적성을 명확히 해야 한다는 것이다.

일반적으로 '시인은 상상력이 풍부하다.'라고 한다. 그렇다면 시인들은 어떻게 관찰하고 어떻게 상상할까? 일반적으로 크게 다음의 세 가지 방법을 사용한다고 한다.

첫째, 전체에서 부분으로 관점 옮기기
둘째, 남들이 보지 못한 것 보기
셋째, 당연한 것에 의문 갖기

물론, 아이디어 발상 작업은 지극히 개인적인 능력과 성향이 많은 부분을 차지하는 작업이라 이 외에도 다양한 개별적 방법이 있을 수 있음을 전제로 한다.

1) 전체에서 부분으로 관점 옮기기

문학적 시각에서 '부분을 깊이 있게 관찰하는 것'이 아닌, '전체에서 부분으로 관점을 옮기는 작업'을 추천하는 이유는 관찰하고자 하는 '사물에 대한 편견'을 없애기 위함이다. 즉, 전체를 보는 확장된 시야 없이 세부적인 부분을 관찰하다 보면 '부분을 전체로 오인'하는 결정적 오류를 범할 수밖에 없다. 우리가 우화를 통해 많이 들어 왔던 '장님 코끼리 만지기' 이야기가 이를 설명하는 아주 쉬운 사례가 될 것이다. 코끼리의 전체적인 모습을 파악하지 못하고 '코끼리의 코'만 만져 본다거나, '코끼리의 다리'만 만져보고서 코끼리의 모습을 제대로 관찰하고 파악할 수 없다.

시인들이 시 창작 작업을 할 때도 마찬가지다. 시인들은 일반인들이 쭉 훑어보고 아무 생각 없이 넘겨버릴 법한 일이나 사물들도 똑같이 스쳐 지나가는 것이 아니라, 전체 속에서 아주 세세한 부분까지 깊게 관찰하는 능력을 보이는 것이다. 예를 들면, 사물의 전체적인 상황을 시의 앞부분에서 표현한 후에 세세한 부분에 집중하여 내용을 표현하기도 하고, 구제척이고 세세한 부분을 여러 편의 시로 나누어 쓰고 각 부분을 묶어 전체를 표현하기도 한다.

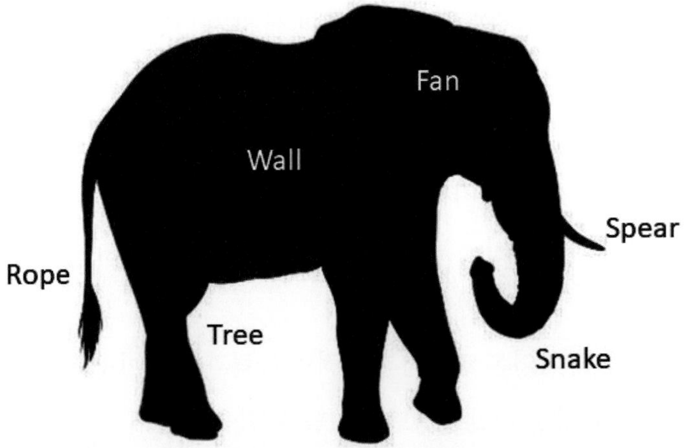

[그림 14-1] **맹인모상**(The Blind Men and Elephant)

너희들 속으로 내가 걸어가야 할 길이 있구나
저 산에 들에 저절로 돋아나 한 세상을 이룬
유월 푸른 새 잎들처럼, 싱싱한
한 잎 한 잎의 무게로 햇살을 퉁기며
건강한 잎맥으로 돋아나는 길이 여기 있구나
…… (중략) ……
나는 바다가 보이는 교실 창가에 서서
너희들 착한 눈망울 속을 조용히 들여다보노라면
점마다 고운 빛깔과 향기의 이름으로
거듭나는 별, 별들
저 신생의 별들이 살아 비출 우리나라가 보인다
내 아이들아, 너희들 모두의 이름을 불러 손잡으며
걷고 싶어라 첫새벽 맨발로 걷고 싶어라
너희들 속으로 내가 걸어가야 할 길이 있고
내가 걷고 걸어 가 닿아야 할 그 나라가 있구나

—바다가 보이는 교실(1) '우리 반 내 아이들에게'—

참 맑아라
겨우 제 이름밖에 쓸 줄 모르는
열이, 열이가 착하게 닦아놓은
유리창 한 장면 해안선과 다정한 형제섬
그냥 그대로 눈이 시린
가을 바다 한 장
열이의 착한 마음으로 그려놓은
아아, 참으로 맑은 세상 저기 있으니

—바다가 보이는 교실(10) '유리창 청소'—

정일근이 바다가 보이는 교실에 싣고 있는 '우리 반 내 아이들에게'와 '유리창 청소'라는 시다. 시인은 근무하고 있는 학교의 교실을 시의 제재로 하여 10편이 넘는 시를 시리즈로 창작해 소개하고 있는데, 이러한 기법은 한 편의 시에서 전체적인 배경이나 시의 상황을 설명한 후에 세부적인 표현에 들어가는 방법이 아닌, 각 편의 시들이 전체 시의 배경과 상황을 설명하는 방법을 택한 것이다. 즉, 10편이 넘는 시들이 모두 '바다가 보이는 교실'이라는 시재를 다양한 시각에서 바라보고 있다는 것을 알 수 있다. 1편은 '교사가 아이들을 바라보는 입장'이고, 10편은 '유리창 청소를 하는 아이들의 마음'에서 시의 내용이 창작되고 있음을 볼 수 있다. 특히, 10편은 '열이'라는 아이가 닦아 놓은 유리창을 소재로 하여 시인의 시선이 따뜻하게 이동하고 있는 것을 발견할 수 있다.

- 시선의 이동: 유리창 안에서 밖으로 이동
- 선경후정: 대상을 먼저 그리고 그 느낌을 뒤에서 설명하여 표현
- 시각적 심상 위주: 심리적 상황보다는 시각적 심상을 중심으로 발상

물론, 각 편의 창작물들이 모이면 작가가 '바다가 보이는 교실'이라는 전체 시 제목에서 전달하고자 하는 '교실'의 이미지를 효과적으로 전달하는 역할을 해야 한다.

2) 남들이 보지 못한 것 보기

광고 크리에이티브에서 빅 아이디어를 판단하는 몇 가지 기준 가운데 하나는 그 광고를 보는 순간 그 명쾌하고 창의적인 힘에 자존심이 상하고 '나는 왜 저런 아이디어를 내지 못했을까?' 하는 속된 말로 보는 이의 뚜껑이 열리는 아이디어는 대부분 빅 아이디어이다. 그런데 또 한 가지 재미있는 것은 대부분 이런 빅 아이디어는 어렵고 복잡한 것이 아니라 쉽고 심플한 구도를 지니고 있다는 것이다. 바꾸어 말하면, 매일 똑같은 일상을 살면서도 누군가는 그 일상에서 내가 보지 못한 부분들을 쉽게 발견하는 것이

다. 이러한 남다른 관찰의 힘을 기르기 위해서는 두 가지 방법을 추천한다. 첫 번째 방법은 남들보다 더 깊이 관찰하는 것이고, 두 번째 방법은 남들이 사소하게 흘려 넘기는 것에도 집중하는 것이다.

- 남들보다 깊이 관찰하기
- 사소한 것에도 집중하기

똑같은 사물이나 현상을 보고도 남들이 보지 못한 것을 발견해 내기 위해서는 첫 번째, 남들보다 깊이 있게 관찰하는 노력이 필요하다.

한 사물을 1분 동안 가만히 지켜보고, 그 사물에 대한 생각을 글로 적어 보자. 그리고 잠시 후 같은 사물을 2분 동안 바라보고, 또 그 사물에 대한 생각을 글로 적어 보자. 그리고 4분, 8분, 16분…… 한 사물을 집중하여 깊이 있게 보면 볼수록 그 사물에 대하여 남들이 보지 못하는 새로운 모습을 발견하게 된다. 이것은 사물뿐만이 아니라 사고(思考)나 현상(現狀)도 마찬가지다.

소개팅으로 이성을 만나는 자리를 생각해 보자. 약속 장소에 나가 상대가 오기를 기다리고 있다. 차를 마시고, 스마트폰을 만지작거리고, 창밖으로 시선을 돌리고 애써 관심을 쓰지 않으려고 하지만 사실 온 신경은 사람들이 들어오는 문 쪽으로 향해 있다. 들어오는 사람들의 모습들이 순식간에 스캔이 되어 뇌로 전달이 된다. 물론 첫인상의 중요성은 두 말할 필요가 없다. 그러나 지금 이야기하고자 하는 것은 그 첫인상의 이성을 1분 동안 지켜보고, 10분 동안 이야기를 하고, 10일 동안 만나 보고, 한 달 동안 이야기를 나누어 보면 그 사랑에 대해 처음에는 발견하지 못했던 새로운 매력들을 발견하게 된다는 것이다. 물론, 그 반대의 경우도 발생할 수 있다. 따라서 다른 사람들 모두가 첫인상에서 발견하는 것이 아닌, 그 대상에 대한 나만의 의미와 가치를 발견하기 위해서는 남들보다 깊이 있는 관찰을 하려는 노력이 선행되어야 한다.

포크로 찍으면

돛단배 같아요.

돛단배를 먹자.

냠!

냠!

냠!

–유치원생 류선일의 시 '배'–

한 유치원 어린이가 학예회에서 발표한 '배'라는 제목의 시이다. 우리는 일반적으로 '먹는 배'와 '타는 배'와 '신체의 배'를 대표적인 '동음이의어' 정도로 쉽게 생각하곤 했기 때문에 어쩌면 이 시의 발상이 별로 특별해 보이지 않을 수도 있다. 하지만 자세히 살펴보면 이제 갓 다섯 살이 지난 아이의 순수한 관찰력이 잘 드러나 보이는 발상이라고 볼 수 있다. 왜냐하면 그것은 단순한 언어적 유희가 아니기 때문이다. 엄마가 접시에 초승달처럼 시원하게 깎아 놓은 '배 한 조각' 그 배에 예쁜 포크를 찍어 놓은 모습을 관찰하면서 '돛단배'를 연상해 낸 것이다. 어쩌면 기성 시인들도 상상하지 못할 관찰력과 상상력의 발현이 아닌가?

배(pear) = 배(ship)

포크(fork) = 돛(sail)

포크가 꽂힌 배 = 돛단배

관찰의 힘을 기르는 두 번째 방법은 남들이 관심을 갖지 않는 사소한 것에도 집중하여 관심을 갖는 것이다. 1930년대 초 미국의 한 보험회사 관리자였던 H. W. 하인리히는 자신의 고객들을 상담하고 그들의 사고를 분석한 결과 '1대 29대 300'의 법칙이 있다는 사실을 발견하게 된다. 즉, 대부분 1번의 대형사고가 발생할 경우 이미 사전에 이와 유사한 29번의 경미한 사고가 있었고, 그 주변에서 300번 이상의 이상 징후가 감지되었다는 것이다. 이 법칙을 '하인리히의 법칙'이라고 한다. 실제로 10년 간 우리나라의 교통사고를 분석해 보니 1회의 사망사고에 35~40회 정도의 중경상 사고가 발생했다고 한다. 뿐만 아니라 수백 건의 위험한 교통법규 위반사례가 적발되었다고 한다. 예를 들면, 한 상품에서 치명적인 결함이 발견되었다면 약 29회의 고객 불만이 접수되었을 것이고, 고객이든 사원이든 300회 이상 그 제품에서 '이상하다?'라는 징후를 느꼈을 것이다. 따라서 사소하다고 여겨지는 징후를 미리 예민하게 포착해야만 대형사고를 예방할 수 있는 것이다.

사소한 것에 대한 관찰은 사고를 예방하는 데만 활용되지 않는다. 이를 긍정적으로 활용한다면 남들이 관심을 갖지 못하는 것에 관심을 갖게 되면서 전혀 새로운 아이디어를 창출해 내기도 하는 것이다. 로저 마틴(Roger Martin)은 저서 『디자인 싱킹(The Design of Business)』에서 자폐 스펙트럼 장애(Autism Spectrum Disorder: ASD) 연구의 선두주자 중 한 명인 스티븐 셰러(Stephen Scherer) 박사의 '쓰레기통 모형(garbage can approach)'을 소개하고 있다. 스티븐 셰러 박사는 자폐증 연구처럼 비교적 신생분야의 연구이고, 아직 검증되지 못한 다양한 분야로 흩어져 있는 연구에서는 증상에 영향을 주었을지도 모르는 모든 가능성을 고려해야만 한다고 했다. 이는 충분한 근거 없이 배제된 요인이 만에 하나 지금까지의 미스터리를 해결하는 핵심적인 열쇠가 될 수도 있기 때문이다. 이러한 경우, 연구자들의 전형적인 작업 방법은 무질서 속에서 '일정한 패턴'을 찾아내고 그것을 깊이 있게 연구하여 해답을 찾는 것이다. 셰러 박사의 방법은 달랐다. 그러나 성공적이었다. 스티븐 셰러 박사는 다른 연구자들이 문제의 핵심과 무관한 것이라고 판단해 '배제한 데이터'에서 패턴을 찾아내는 데 집중했다. 한마디로 쓰레기 같은 데이터에서 금을 발견해 내는 것이다. 이 방식이 바로 '쓰레기통 모형(garbage can approach)'이라 불리는 연구방법이다. 그는 자폐 스펙트럼 장애에 관한 자신의 연구가 돌파구를 찾은 것은 다른 연구자들이 휴지통에 던져 버리는 데이터에 집중한 덕분이라는 것이다. 미스터리를 푸는 해답은 종종 '예외적인 값(outlier)'을 갖는 것으로 보이는 데이터, 즉 기존의 연구자들이 개발한 이론에 잘 들어맞지 않는 데이터에서 찾을 수 있다고 믿었다. 결국 셰러는 20년 연구 끝에 미세한 차이로부터 패턴을 발견할 수 있었고, 사고의 논리적 비약을 통해 경험규칙을 만들어 냈다. 자폐아에게 발견되는 복제수변이(copy number variation) 해석이 열쇠였다. 그는 유전자 변형이 자폐아로 하여금 숫자 패턴이나 물체의 배열 같은 외부세계의 특정한 측면을 반복적으로 과잉 분석토록 하는 행위성향을 만들어 낼지 모른다고 추론했고 아웃라이어 데이터를 통해 이를 증명했다. 스티븐 셰러(Scherer)는 자신이 말하고자 하는 것을 보여 주기 위해서 간단한 산포도 그래프(scatter plot)를 그린 다음 대다수의 점이 모여 있는 주위에 커다란 원을 그렸다. 그리고 그 많은 점이 모여 있는 원으로부터 가장 멀리 떨어져 있는 몇몇 점을 가리키며 말했다.

"바로 이 점들이 가장 흥미로운 데이터입니다."

"우리는 이 점들을 연구합니다."

진화과정은 불필요한 부분을 오랫동안 내버려 두지 않는다. 따라서 모든 데이터, 심지어 예외적으로 발견되는 현상마저도 고려할 필요가 있다. 즉, 셰러가 원했던 것은 신뢰도가 높은 결과, 반복해서 얻을 수 있는 결과가 아니라 타당한 결과였다. 이런 면에서 신뢰성과 타당성의 차이는 혁신을 추구할 때 부딪히는 딜레마의 핵심이다.

창의적인 아이디어의 결과를 증명해 보이라고 재촉하는 것이 얼마나 우매한 행위임을 입증하는 사례라고 볼 수 있다. 창의적인 아이디어를 발상하기 위해 지금까지 많은 사람이 생각하고 있는 고정관념, 관습, 상식과 공식 등 산포도 그래프(scatter plot)에서 점들의 밀도가 높은 곳으로부터 과감하게 벗어날 필요가 있다. 물론 탈관습적 · 비상식적 점(dot)에서 아이디어의 타당성을 이끌어 내는 일이 관습적이고 상식적인 아이디어를 만들어 내는 일보다 어렵고 힘든 일임에는 틀림이 없다. 그러나 이것이 우리가 누누

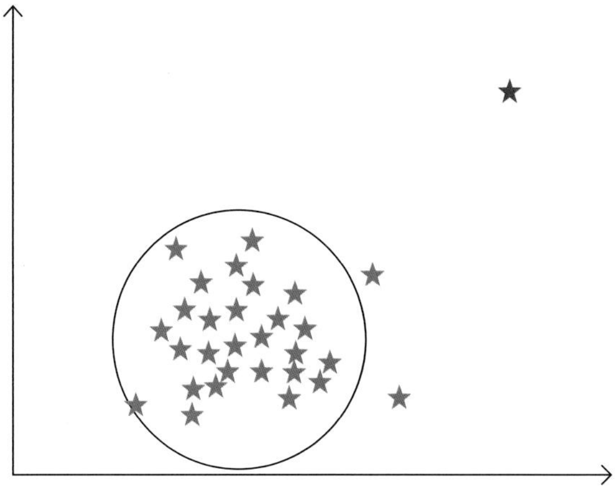

[그림 14-2] **산포도 그래프(scatter plot)**

이 강조하는 차별화이고 경쟁력이 아니겠는가?

3) 당연한 것에 의문 갖기

눈(雪, Snow)을 소재로 한 시(詩)를 써 보도록 하자. 95%의 학생들이 '땅에 쌓인 눈'을 묘사했고, 나머지 학생들은 '내리고 있는 눈'을 묘사했다. 사람들은 왜 '내리는 눈'과 '쌓인 눈'에만 관심을 가질까? 다른 관찰 방법은 없을까? 그러던 중 한 학생이 '하늘에 있는 구름에서 눈이 만들어진다.'라는 사실에 주목하기 시작했다. 다른 학생들과는 조금 다른 관점에서 생각의 출발을 이룬 것이다. 뿐만 아니라 학생은 이런 시구를 창작해 냈다.

"구름을 출발한 눈이
세상을 향해
쏜살같이 내달리기 시작했다."

시인은 그 학생의 시구에 대해서 이런 질문을 시작했다.

"눈이 구름에서 만들어졌으니 구름은 눈이 태어난 곳이군!"

"그럼 학생은 어디서 태어났지?"

시인의 질문에 학생이 대답했다.

"대구에서 태어났습니다."

시인이 다시 학생에게 물었다.

"그러면 학생에게 대구는 어떤 의미인가?"

학생이 대답했다.

"고향이지요!"

시인이 다시 학생에게 말했다.

"그러면 구름은 눈이 태어난 '고향'이네"

"구름이라는 단어 대신에 '고향'이라는 단어를 시에 넣으면 어떨까?"

"고향을 출발한 눈이

세상을 향해

쏜살같이 내달리기 시작했다."

구름 → 눈이 만들어진(태어난) 곳 → 고향

관점이 다르면 남다른 관찰이 가능해진다. 관찰을 잘하려면 '왜 이렇게 생겼을까?' '왜 이런 맛이 날까?' 창의적인 아이디어 발상을 위해서는 모두 당연하다고 여기는 것에 적극적으로 의문을 가질 필요가 있다. 그래야 다른 관점에서의 관찰이 가능해진다.

"컴퓨터를 사용할 때 쓰는 '마우스(mouse)'의 이름은 왜 '마우스(mouse)'일까?"

마우스(mouse)는 더글러스 엥겔벨트라는 사람이 발견한 개념을 제록스사에서 발전시켜 만든 제품이다. 마우스라는 이름은 그 생김새가 쥐와 비슷해서 붙여졌다는 설과 '커서(cursor)'의 움직임과 '클릭(click)' 소리가 쥐가 빨빨거리고 움직이는 모양이나 찍찍거리는 소리를 닮아서 붙여진 이름이라는 설이 있다. 어쨌든 마우스는 '쥐의 외형이나 동작 또는 소리'에서 아이디어가 얻어진 것이라고 볼 수 있다. 여기에서 우리는 두 번째 질문을 던져 볼 필요가 있다.

"그럼, '마우스(mouse)'는 왜 하필이면 '쥐' 모양으로 만들었을까?"

한 조사에 따르면 1시간 수업을 진행하는 동안 교사는 학생들에게 평균 80번의 질문을 하고, 학생들은 교사에게 평균 2번의 질문을 하는 데 그친다고 한다. 학생들이 교사에게 최소한 80번의 질문을 해야 정상 아닌가? 지금부터라도 '당연한 것에 의문 갖기' 훈련을 시작하자.

2. 통찰로 이어지는 생각법

황인원은 그의 저서 『시에서 아이디어를 얻다』에서 시인들이 일반적으로 어떤 문제에 답을 찾기 위해 시도하는 방법으로 의인화 생각법, 의미부여 생각법, 단순 생각법 등을 제시하고 있다. 물론 이 역시도 시인의 개성과 창작 작업의 성향에 따라 충분히 다를 수 있다. 다양한 생각법을 활용해 통찰력과 발상 능력을 키우는 기회를 얻길 바란다.

1) 의인화 생각법

나는 사람들이 어떻게 하면 인성과 지성의 깊이를 소유할 수 있느냐고 물으면 크게 두 가지 방법을 추천한다. 첫 번째는 독서고 두 번째는 대화다. 독서의 가치는 이미 수천 년 전부터 선조들이 강조해 온 부분이다. 『리딩으로 리드하라』의 저자 이지성은 심지어 '지배계급'과 '피지배계급'의 근본적인 차이를 다름 아닌 '독서'에 두고 있다. 카네기, 워런 버핏, 이병철, 정주영이 황금 손이 될 수 있었던 밑바탕은 무엇일까? 알렉산더, 세종과 정조 등 희대의 국가 경영자들의 공통점은? 아인슈타인, 뉴턴, 처칠, 에디슨이 사고뭉치에서 위대한 천재로 탈바꿈한 비결은? 작가는 그 비밀이 모두 인문고전 독서에 있다고 말하며, '인문고전 읽기'를 통해 미래를 바꾸는 힘을 강조했다. 인성과 지성을 쌓을 수 있는 두 번째 길은 대화(對話)에 있다고 본다. 독서 역시도 어떻게 보면 세상의 수많은 지식인과의 대화이다. 독서야말로 주변의 많은 다양한 사람과 진지하고 깊이 있는 대화를 적극적으로 실천하는 일이다. 그리고 그 대화는 꼭 사람과 사람의 대화로 국한할 필요도 없다. 동물과의 대화, 자연과의 대화, 사물과의 대화 그리고 자기 자신과의 대화를 꾸준히 실천하면서 인성의 깊이를 만들어 갈 수 있다.

지인 중에 한 분은 가끔 해결하기 힘든 어려운 프로젝트나 문제에 봉착했을 때 끊임없이 그 대상을 의인화하여 대화를 시도한다고 한다. 만약에 본인이 해결해야 할 문제의 제품이 '커피 잔'이라면 식탁에서 '커피 잔'을 손에 들고 마치 친구나 사랑하는 사람을 쓰다듬으면서 이야기하는 것처럼 대화를 나눈다고 한다.

"너는 왜 여기에 있니?"

"너는 왜 귀가 하나밖에 안 달렸지?"

"너는 좋겠다. 겨울에도 사람들이 두 손으로 항상 따뜻하게 감싸 주니까……."

"너는 참 착한 것 같아!"

"항상 네 몸에 따뜻한 차를 담아 나를 따뜻하게 해 주니까……."

"그런데 혹시 나한테 하고 싶은 말은 없니?"

이상하게 보일 수도 있지만 이렇게 사물과 허물없이 대화를 나누다 보면 그 사물이 마치 사람의 인성을 지닌 것처럼 느껴지고, 그때서야 비로소 재미있고 공감이 가는 아이디어가 나온다는 것이다. 모든 사물을 사람으로 만들어 생각하라!

"의자의 다리를 왜 '다리'라고 부를까?"

"주전자에서 물이 나오는 부분을 우리는 왜 '주둥이'라고 부를까?"

"비가 내리는 것을 우리는 '하늘이 운다'고 표현하고,

자동차 기름이 다 떨어져 가면 '밥 좀 주고 가자'라고 말을 한다."

시 속에서도 우리는 사물에 대한 의인화 기법을 종종 보게 된다. 다음의 시는 박상천 시인의 시집 『낮술 한 잔을 권하다』(2013)에 실린 '나팔꽃'의 한 부분이다. 아파트 앞마당에 심어진 나팔꽃, 그 나팔꽃 넝쿨이 잘 뻗어가도록 걸어 둔 줄 하나, 그 줄을 붙잡고 온 몸을 꼬아가며 사랑의 길을 오르는 나팔꽃의 모습을 애절하고 허무하게 의인화하여 표현하고 있다.

길이 끝난 곳에 이르자 마침내

고개를 빳빳이 쳐들고

이곳저곳을 두리번거리지만

더 이상 붙잡을 끈이 없다는 걸

알아차린 그는 이내 시들어간다.

나는 서울과 대구를 오가면서 주차장에 차를 주차하고 올라가다 보면 가끔 자동차가 마치 나의 가장 친한 친구인 것 같은 생각이 들곤 한다. 특히, 매우 바쁜 일정을 소화하

고 난 후에는 나를 위해 수고해 준 애마(愛馬)가 무척이나 고맙고, 폭우가 내리는 길을 헤치고 왔다든가, 추운 겨울 혼자 주차장에 세워 놓고 갈 때면 미안하고 안타까운 마음이 들어 가끔 엉덩이(뒤 트렁크 부분)를 손으로 툭툭 치며 "수고했어~!"라고 혼잣말을 해 주곤 한다. 우리 주위에 보이는 많은 사물이 친구라고 생각하고 말을 걸어 보자. 그 안에 생각을 넣고, 인성을 부여해 보자. 지금보다 훨씬 재미있는 발상들이 떠오를 것이다.

2) 의미부여 생각법

의미부여란 어떤 사물이나 사건에 가치(value)나 의의(meaning)를 불어 넣는 일이다. 세상의 모든 존재는 이미 자신만의 의미를 가지고 있다. 그리고 그런 이미 존재하는 의미에 새로운 의미나 가치를 부여하는 것이 '통찰'이다. 시 창작에서 활용되는 세 가지 의미부여 생각법으로는 새로운 호칭 찾기와 치환과 재해석이 있다.

(1) 새로운 호칭 찾기

새로운 호칭 찾기의 가장 좋은 예가 '게토레이'다. 게토레이의 태생은 '이온음료'다. 그런데 여러분들이 다 아는 것처럼 당시 이온음료는 '포카리스웨트'라는 제품이 국내 최초로 만들어져 엄청난 인기를 끌고 있었다. 그리고 어떤 경쟁 제품도 포카리스웨트가 선점한 '이온음료'의 인식의 아성을 뚫지 못했다. 그 와중에 게토레이는 '이온음료'와는 다른 카테고리의 개념을 찾기 시작했다. 그것이 바로 '갈증해소 음료'다. 즉, 제품이 가지고 있는 '성분'의 가치에서 '필요'의 가치로 의미의 중요성을 전환시킨 것이다. 결과는 대성공이었다. 지금까지도 우리는 포카리스웨트는 '일상음료'로 게토레이는 '운동음료'로 인식하고 있다.

(2) 치환

치환(置換)은 '입장 바꿔 생각하기'다. "내게 그런 핑계대지 마 입장 바꿔 생각을 해

봐.” “네가 지금 나라면 넌 웃을 수 있니?” 가수 김건모의 ‘핑계’라는 노래 가사처럼 말이다. 1989년 제작된 미국의 코미디 영화 〈마이키 이야기(Look Who’s Talking)〉가 1990년 한국에 처음 개봉되었을 때 그야말로 신선한 충격이었다. 그 몇 가지 이유 중의 하나는 그때까지 대부분의 영화는 아이가 등장하더라도 어른의 생각이나 시야에서 스토리가 진행되곤 했는데 이 영화는 아예 카메라 앵글이 갓난아기의 시각(eye level)에서 시작되고, 아직 말도 못하는 아이의 생각이 내레이션으로 등장하면서 재미있는 스토리를 이끌어 갔기 때문이다. 내 기억으로는 그 인기를 등에 업고 당시 많은 광고가 〈마이키 이야기〉를 패러디하여 만들어지곤 했다. 1995년에 제작되어 1996년 1월에 한국에 개봉한 〈꼬마돼지 베이브(Babe)〉도 마찬가지다. 농장 주인(하겟)이 마을 축제에서 경품으로 받아 온 ‘꼬마 돼지(베이브)’는 주인의 농장에서 양치는 방법을 배우고, 그 후로 양치기 개 경진대회에서 우승을 한다. 얼마나 황당한 이야기인가? 그러나 이 영화 역시 당대 공전의 히트를 친다.

사실, 이 치환(置換)은 광고 커뮤니케이션의 가장 기본적인 사고 자세이다. 즉, 제품을 만들거나 광고를 만드는 사람의 입장이 아닌, 제품을 구입하여 사용하는 소비자의 입장에서 카피를 쓰고, 모델을 선정하고, 매체를 사용하라는 이론을 수도 없이 들었음에도 불구하고 현업에 들어서면 가장 쉽게 헤어나지 못하는 것이 바로 객관적 시각이고, 고객중심 마인드이다. 시 쓰기에서 ‘치환’은 광고에서 다름 아닌 ‘고객중심 마인드’이다.

(3) 재해석

재해석은 원래의 기능이나 의미는 존재하면서 또 다른 의미가 플러스되는 것이다.

- 진심이 짓는다.
- 합격사과
- 나이는 숫자에 불과합니다.

• 양말도 옷이다
• 침대는 가구가 아닙니다. 과학입니다.
• 우유는 사랑입니다

이처럼 '재해석 생각법'은 원래의 기능은 유지시키면서 마치 먹물이 화선지에 번져 나가는 것처럼 의미가 플러스되어 확장해 나가는 것이다.

3) 단순화 생각법

시 창작에서 이야기하는 단순화는 크게 '제거의 단순화'와 '통합의 단순화'로 구분된다. 그리고 이러한 '단순화 생각법'은 광고 아이디어 발상에 있어서도 빅 아이디어를 창출하는 하나의 가이드라인이 되고는 한다.

'Simple is Best!'

개인적으로는 소설을 쓰는 작업보다 시를 쓰는 작업이 더욱 힘들다고 생각한다. 광고 카피라이팅에 있어서도 바디카피(bodycopy) 작업에 20% 정도의 노력을 할애한다면, 헤드라인(headline) 작업에는 80% 정도의 시간과 노력을 할애해야 한다. 생각의 가지가 많아지면 본질을 볼 수 없다. 무능한 광고주는 주어진 시간과 공간에 하고 싶은 이야기를 빽빽하게 다 넣어 주기를 바라고, 유능한 광고주는 시각과 청각에 여백을 활용하는 묘미를 안다. 광고가 나가는 15초 동안 내내 떠들어 댄다고 해서 시청자가 그 메시지를 다 청취하고 기억해 주리라고 생각하는 것은 참으로 순진하다 못해 우둔한 바람이다. 그 많은 이야기를 제거하거나 통합하여 '단 한마디'의 글이나 말로 표현할 수 있다면 그것이 가장 힘 있는 메시지가 될 것이다. 그래서 우리는 '한 목소리를 내는 것'이 중요하다. 제거든 통합이든 무엇인가를 단순하게 만들수록 단단해지고 메시지의 본질을 전달하는 데 유용하다.

3. 창조성을 빛내는 상상법

현실에서는 만날 수 없는 존재를 서로 만나게 하거나, 작가가 꿈꾸고 원하는 일들이 눈앞에서 나타나게 하고 싶을 때 시인은 '상상'을 활용한다. 따라서 시에서 활용되는 대부분의 상상은 어느 날 갑자기 떠오르는 바람 같은 것이 아니라 의도적인 노력으로 만들어지는 '접목을 위한 의도적 사고'이다.

1) 상상력을 키우는 '접목'

커피의 종류는 매우 다양하다. 아메리카노, 카푸치노, 카페라떼, 카페모카, 마키야또……. 이렇게 많은 커피의 종류에는 하나의 공통적인 공식이 있다. 그것은 바로 '에스프레소'에 무엇을 '접목'하여 새로운 커피의 모습으로 변신한다는 것이다. 요즘 많이 거론되고 있는 '창조적 융합'의 기본이 바로 전혀 다른 종류의 것을 묶어 새로운 것을 만들어 내는 것이다.

- 에스프레소 + 뜨거운 물 = 아메리카노
- 에스프레소 + 우유거품 + 계피가루 = 카푸치노
- 에스프레소 + 스팀밀크 = 카페라떼
- 에스프레소 + 스팀밀크 + 초코시럽 = 카페모카
- 에스프레소 + 스팀밀크 + 우유거품 = 마끼아또
- 에스프레소 + 휘핑크림 = 에스프레소 콘 파나
- 에스프레소 + 아이스크림 = 에스프레소 아포가토

이처럼 자신(에스프레소)이 중심이 돼 다른 물질들을 의도적으로 끌어들이는 접목을 '에스프레소형 접목'이라고 한다.

이와는 조금 다른 접목의 형태로 '감초형 접목'이 있다. 에스프레소는 다른 물질과 접목하여 '제3의 커피'를 만들어 내지만, 감초는 맛이 쓰고 독성이 있는 한약의 성질을 부드럽게 하는 역할을 한다. 따라서 '감초형 접목'은 남의 중심 속으로 들어가서 다른 사물을 도와주는 역할을 하는 접목의 형태로 자신을 희생해 다른 사물을 변화시킨다.

〈표 14-1〉 **접목 방법에 따른 차이점**

	에스프레소형	감초형
차이점	세계의 자아화	자아의 세계화
	초대수요형	방문공급형
	하드웨어의 변화	소프트웨어의 변화

이렇듯 접목의 방법을 '에스프레소형'과 '감초형'으로 나누는 이유는 '자아'와 '세계'의 일체화 방식 때문이다. 일체화하는 과정에는 자아가 시의 소재를 끌어 들여 하나로 접목하는 '세계의 자아화'와 자아가 세계 속으로 들어가 접목되는 '자아의 세계화'가 있다.

2) 상상력의 한계를 깨는 '직유'

시에서 직유는 대게 두 가지 방법으로 유사점을 찾는다.

첫째는 'ㄱ'이라는 대상의 특징을 'ㄴ'으로 옮겨가 'ㄱ'과 'ㄴ'을 유사하게 만드는 방법이다. 이러한 방식은 상식적으로도 두 사물 간에 유사점이 눈에 보일 때 주로 사용한다.

- 바다(ㄱ)처럼 넓은 마음(ㄴ)
- 하늘(ㄱ)같이 높은 이상(ㄴ)

'바다처럼 넓은 마음'이라고 했을 때, '바다(ㄱ)'의 특징을 의도적으로 '넓은 마음(ㄴ)'으로 옮겨가게 해서 '배려가 많고 아량이 넓은 사람'을 표현하게 한다.

둘째는 'ㄱ'과 'ㄴ'에 유사점이 없다고 느껴질 때다. 이럴 때는 강제적인 의도성이 필요한데, 두 사물의 의미를 강제적으로 하나로 묶어 주는 방법이다.

• 슬픈 짐승(ㄱ)처럼 놓여 있던 피아노(ㄴ) 한 대

즉, 일반적으로는 전혀 유사점이 없는 '슬픈 짐승(ㄱ)'과 '피아노(ㄴ)'를 강제적 직유로 묶어 '슬픈 피아노(ㄷ)'라는 새로운 결과를 만들어 낸 것이다. 이러한 방법을 '직유 상상법'이라고 한다.

• 슬픈 짐승(ㄱ) + 피아노(ㄴ) = 슬픈 피아노(ㄷ)

우리가 시인처럼 직유라는 방법을 아이디어 발상에 접목해 보면 스스로 상상력의 한계를 깨고 마음껏 자유롭게 날아다닐 수 있는 시야를 갖게 된다.

3) 아이디어의 재발견 '은유'

문학적으로 '은유'라고 하는 것은 비유법의 하나로 행동, 개념, 물체 등을 그와 유사한 성질을 지닌 다른 말로 대체하는 일을 말한다. 은유는 대상을 간접적이며 암시적으로 나타낼 수 있기 때문에 상대에게 대상을 낯설게 하고 강렬한 인상으로 전달할 수 있다. 하지만 상투적인 표현을 반복할 경우에는 이 같은 특징이 줄어들 수 있다. 이러한 '은유'를 활용하는 은유법(隱喩法)은 원관념과 보조 관념 사이의 유사성에 기반을 두고, 사물의 상태나 움직임을 암시적으로 나타내는 수사법이다. 다음은 천상병 시인의 '귀천(歸天)'이라는 시다.

나 하늘로 돌아가리라
새벽빛 와 닿으면 스러지는
이슬 더불어 손에 손을 잡고

나 하늘로 돌아가리라
노을빛 함께 단 둘이서
기슭에서 놀다가 구름 손짓하면은,

나 하늘로 돌아가리라
아름다운 이 세상 소풍 끝내는 날,
가서, 아름다웠다고 말하리라……

세상 → 소풍 = 아름다운 귀천(歸天)

'세상'을 '소풍'으로 상상하고 이를 통해 '아름다운 귀천'까지 시적 표현을 발전시킬 수 있었던 것은 '은유 상상법'의 힘이다.

난
도마뱀같이
너를
지울 수 없었다

넌
태초가 낳은
속세의 장남

우린

이 악물린 인연

야누스의 화신

빨치산 같이 동리로 나리고

겨드랑이 같이 숨었다

난

도마뱀같이

너를

지울 수 없었다

1990년 『내가 그린 기린 그림』 이라는 시집에 실린 「그림자(태초의 하루)」 라는 제목의 필자의 시다. 이 시의 둘째 연에서도 '은유 상상법'이 활용되고 있음을 발견할 수 있다.

그림자 → 속세의 장남 = 태초가 낳은 밤(原罪)

이처럼 서로 유사성이 없거나 상식을 뛰어넘는 대상을 접목하는 '은유 상상법'을 아이디어 발상에 활용하면 세상을 변화시킬 만한 새로운 아이디어들을 얻게 될 것이다.

4) 연관 없는 것들의 '기이한 접목'

대개의 접목에는 이유가 있다. 그것은 목적이 있기 때문이다. 따라서 어떤 목적을 지니고 있는지를 보면 그 접목의 이유를 알 수 있다. 'PC는 TV다'라는 은유 속에는 왜 PC를 TV라고 하는지에 대한 설명이 들어 있다. 우리는 이것을 논리라고 할 수 있고, 그 논리를 따라 가다 보면 '은유 상상법'을 이해할 수 있게 된다. 그러나 전혀 연관 없는 것들의 '기이한 접목', 즉 초현실주의 접목은 어떤 목적을 가지고 있는지가 이해되지 않고 설명도 없는 경우가 대부분이다. 그리고 그 접목의 대상이 동종이던 이종이던 가리지 않는다. 이것이 '은유 상상법'과의 차이다.

5) 역발상의 원칙 '모순의 접목'

말과 글에는 나름의 정해진 '언어의 질서'가 있다. 우리는 그것을 '문법'이라고 한다. 따라서 언어가 혼란 없이 통용되려면 그 개념이나 순서를 정해 놓고 이를 지키려고 노력해야 한다.

- 한국어 : 주어 + 목적어 + 동사
- 영국어 : 주어 + 동사 + 목적어

그런데 문학에서는 이러한 문법뿐만 아니라 내용에 있어서도 일부러 비정상적인 단어의 접목으로 전달하고자 하는 의미를 강화하는 경우가 있다. '역설'이 그것이다.

- 필요악
- 소리 없는 아우성
- 사랑하기 때문에 헤어져야 한다.

흥미로운 것은 이러한 비정상적인 접목의 상상이 새로움을 창조하는 초행길이 된다는 사실이다. 이는 비정상과 비상식이 고정관념을 깨는 역발상의 역할을 하기 때문이다.

오늘 광화문에서 만난
너는 꽃잎 같고
너무 고요해
귀가 떨어질 것만 같고

아니 번쩍이는 물고기 같고
물이 철철 흐르는 물병 같고
혹은 깊은 밤
문득 변하는 날씨 같고

바람은 불지 않는데
바람만 하루 종일 불고
너를 만난 시간은
봄날 같다 아아 기적 같다

얼음이 풀리고 다시 어는
봄날 같다 형편없이 시든
육체로 너를 만난 시간은
꽃이 피는 들판 같고

그래서 하나도 보이지 않는
너의 가슴 나의 얼굴
오늘 광화문에서 만난
이 조그만 사랑

이승훈의 '어느 조그만 사랑'이라는 제목의 시다. 사랑은 어느 날 문득 폭풍처럼 다녀가기도 한다. 실제 '바람은 불지 않는데' 마음의 '바람만 하루 종일 불고' 있을 수 있다. 이것이 바로 얼음이 풀리고 봄날이 찾아오는 행복인 것이다. 시인은 '조그만 사랑이 주는 행복'을 강조하기 위해 언어의 기존 질서를 깨고 '역설'이라는 '모순의 접목'을 시도하고 있다.

그렇다면 무조건 모든 현상을 반대로 뒤집으면 된다는 것인가? 그렇지 않다. 역설적 상상에는 새로움을 추구하는 논리와 타당성이 있어야 한다. 그리고 '모순의 접목'을 이용한 역설이 위대한 창조로 이어질 수 있는 이유는 누구도 생각하지 못한 상상을 할 수 있다는 데 있다.

롯데에서 나온 '자일리톨 껌'은 '자기 전에 씹는 껌'이라고 공공연하게 광고하고 있다. 광고에서 사용하고 있는 대표적인 '모순의 접목'이다.

- 모순 : '껌은 치아 건강에 좋지 않다'에서 '자기 전에 씹는 껌'으로
- 논리 : 충치 예방에 탁월한 '후노란(해조 추출물)' 성분 함유

역발상은 창조를 낳는다. 역발상은 기존 언어질서를 바꾸는 '역설'이라는 수사법과 접목 방법이 같다. 이는 상상법이 같음을 의미한다. '모순의 접목'을 알면 역발상 아이디어는 쉽게 실행할 수 있다.

4. 발상 실습

주변의 사물을 의인화하여 대화를 시도해 보자.

- 연필과 대화하기
- 지우개와 대화하기
- 운동화와 대화하기
- 엄지손가락과 대화하기
- 형광등과 대화하기
- 스마트폰과 대화하기
- 앞 사람의 뒤통수와 대화하기

신체 일부를 소재로 하여 '은유 상상법'을 발휘해 보자.

- 눈

- 코

- 입

- 귀

- 손

지금까지의 상식으로는 어울리지 않는 '모순의 접목'을 실시해 보자.

•

•

•

•

•

BIG IDEA THINKING 31

15. 식스 햇츠

"창의성은 마치 장독대 같아서 다양한 모양의 항아리에서 다양한 아이디어가 익어 간다."

준비물

- 6 Hats 시트
- 필기구

참여인원

- 개인 또는 2~4명(내외)

소요시간

- 60분(내외)

기대효과

- 여섯 가지 사고를 통한 다각적 평가
- 부정적인 측면에 잠재된 긍정적인 측면의 발견

1. 개요

'식스 햇츠(6 Hats)'는 『수평사고』의 저자인 에드워드 드 보노(Adward de Bono)가 1980년대 초에 고안한 아이디어 평가방법이다. 식스 햇츠에서 말하는 '6개의 모자'는 '여섯 가지 사고 모드'를 뜻하며, 각각 다른 색과 다른 사고 유형으로 구분하여 활용된다. 즉, 흰색은 '객관적 사고', 빨간색은 '직감적 사고', 검은색은 '부정적 사고', 노란색은 '긍정적 사고', 초록색은 '창조적 사고', 파란색은 '프로세스 사고'로 구분된다.

〈표 15-1〉 **여섯 가지 사고 모드**

컬러	사고 모드	사고 내용
WHITE	객관적 사고: 숫자, 정보, 데이터 바탕의 발상	• 무엇이 사실인가? • 어떻게 데이터를 입수할 수 있나? • 입수된 기초정보를 살펴보기
RED	직감적 사고: 직감이나 감정 바탕의 발상	• 어떻게 느낌일까? • 느낌이나 직감에 솔직해지기 • 논리에 얽매이지 않기
BLACK	부정적 사고: 네거티브 태도 바탕의 발상	• 최악의 경우를 상상하기 • 주의해야 할 부분 생각하기
YELLOW	긍정적 사고: 포지티브 태도 바탕의 발상	• 최상의 경우를 상상하기 • 긍정적인 부분 찾기
GREEN	창의적 사고: 창조와 쇄신 바탕의 발상	• 새로운 발상하기 • 어린이라면 어떻게 할까? • 상식에 얽매이지 않기
BLUE	프로세스 사고: 사고 프로세스 관리 바탕의 발상	• 무엇을 해결하고자 하는가? • 어떤 사고법을 취해야 할까? • 논리의 진행방식 살펴보기

2. 식스 햇츠의 역할

식스 햇츠는 여섯 가지 유형의 사고 모드를 활용하여 아이디어나 프로젝트를 다각적인 관점에서 평가하는 데 목적을 둔다. 따라서 객관적이고 다양한 시각에서의 평가를 실시할 필요가 있다고 판단될 때 활용성이 크다. 또한 보노(Adward de Bono)의 사고 구분은 인간의 두뇌활용 방식의 분류로도 잘 정리되어 있다. 여섯 가지 사고 유형 가운데 가장 마지막에 있는 '프로세스 사고'는 발상 과정의 상황을 관리하는 '체크리스트 사고'를 가리킨다. 예를 들면, '지금 너무 객관적이고 사실 중심의 아이데이션이 진행되고 있으니 직감적이고 창조적인 사고를 상대적으로 늘릴 필요가 있다.'처럼 아이데이션 진행 과정에서 최종적으로 균형을 잡아 주는 역할을 한다.

〈표 15-2〉 **식스 햇츠(6 HATS) 작성 사례**

<table>
<tr><th colspan="2">6 HATS</th></tr>
<tr><td rowspan="2" colspan="1">6 HATS Theme (평가 대상): 2030 KOSAC 캠페인 전략</td><td>작성일 : 2029. 10. 09.</td></tr>
<tr><td>작성자 : 김 계 명</td></tr>
<tr><td>컬러
(사고 모드)</td><td>내용</td></tr>
<tr><td>WHITE
(객관적 사고)</td><td>• 양식 및 분량
• 주제에 대한 적절성 여부
• 문제의 발견과 해결에 일관성이 있는가?</td></tr>
<tr><td>RED
(직감적 사고)</td><td>• 주제나 콘셉트가 차별화되고 경쟁력이 있는가?
• PPT가 보기 쉽게 잘 정리되었나?
• 빅 아이디어(big idea)라는 확신이 있는가?</td></tr>
<tr><td>BLACK
(부정적 사고)</td><td>• 뻔한 이야기는 아닌가?
• 누구나 생각할 수 있는 아이디어는 아닌가?
• 전략과 솔루션이 용두사미는 아닌가?</td></tr>
</table>

YELLOW (긍정적 사고)	• 팀의 전략과 아이디어에 자신감이 있음 • 팀원 각자의 역할에 최선을 다했음 • 교수님 리뷰에서 칭찬을 받았음
GREEN (창의적 사고)	• 표지 타이틀(title)이 매우 창의적임 • 타깃(target)과 콘셉트(concept)에서부터 매우 창의적으로 접근 • 지금까지 볼 수 없었던 형식으로 접근
BLUE (프로세스 사고)	• 주제나 콘셉트의 적절성 여부 최종 확인 • 전략의 확정과 크리에이티브 발상을 위한 적절한 시간 배분 • 최종 리뷰 및 제출 타이밍 확정
	Sheet No. 1

3. 진행 단계

1) 1단계: 평가 대상의 선정과 평가(30분)

HATS의 1단계는 여섯 가지 사고 모드를 각 5분 정도의 시간을 할애하여 평가한다. 평가의 순서는 HATS Sheet에 기록된 순서(WHITE → RED → BLACK → YELLOW → GREEN → BLUE)로 진행하는 것이 일반적이다. 그룹으로 평가를 진행할 경우에는 진행자(facilitator)를 우선 선정하여 그룹의 구성원들끼리 다른 사람의 시점이나 의견을 공유하기 위한 자연스러운 대화를 시작으로 활발한 의견 공유가 가능하도록 하는 것이 좋다. 그리고 가능하면 참여자들이 같은 색(사고 모드)에 해당하는 아이데이션을 진행하는 것이 효과적이다.

2) 2단계: 정보의 정리(15분)

여섯 가지 사고 모드에 해당하는 아이데이션을 마치면 각각에서 얻어진 의견들을 그룹별로 분류하는 등의 작업을 통해 평가의 내용을 이해하고 정리하는 작업을 실시한다.

3) 3단계: 아이디어의 개선(15분)

그룹별로 정리된 아이디어를 바탕으로 각 아이디어에 새로운 시점이나 관점을 부여하거나, 융합과 발전 과정을 통해 아이디어를 개선하고 발전시킨다. 아이디어가 스케치 형태로 제시된 경우 이를 구체화하는 작업 등이 이에 해당된다.

4. 특징 및 기대효과

식스 햇츠의 가장 강력한 장점은 다양한 유형의 사고 모드를 활용하여 아이디어를 정의하고 평가한다는 데 있다. 즉, 객관적이고 직감적 사고, 부정적이고 긍정적 사고, 창조적 사고와 프로세스 사고를 하나의 발상법에서 구현하는 것이다. 때문에 하나의 주제나 제품에 관한 매우 객관적이고 다양한 시각의 파악과 평가가 가능해진다. 이런 점에서 보면 식스 햇츠는 단순한 아이디어의 발상뿐 아니라 신규 사업의 아이템이나 발전 방안을 논의하는 데 적용하여도 손색이 없을 것이다

5. 발상 실습

새로운 주제나 제품을 선정하여 컬러(사고)별 식스 햇츠 평가를 실시해 보자.

〈표 15-3〉 식스 햇츠(6 HATS) Sheet

6 HATS		
6 HATS Theme (평가 대상):		작성일:
		작성자:
색 (사고 모드)	내용	
WHITE (객관적 사고)		
RED (직감적 사고)		
BLACK (부정적 사고)		
YELLOW (긍정적 사고)		
GREEN (창의적 사고)		
BLUE (프로세스 사고)		
		Sheet No.

BIG
IDEA
THINKING
31

16.
약점 열거법

"위기는
위험과 기회라는 두 단어의 합이다."

준비물

- 필기구
- 스케치 카드
- 약점 열거 시트

참여인원

- 개인 또는 그룹

소요시간

- 30분(내외)

기대효과

- 브랜드나 제품에 대한 객관적인 이해와 문제의 발견
- 문제에 대한 구체적이고 실질적인 해결 방안의 도출

1. 개요

'약점 열거법(Weaknesses Listing Method)'은 GE(General Electric Company)의 계열사인 Hotpoint사에서 개발한 발상법이다. 이 발상법은 우리가 종종 활용하는 '스와트(SWOT) 분석'의 네 가지 요소 가운데 '약점(weakness)'을 중점적으로 체크하고 발견하여 이를 통해 아이디어를 발전시키는 방법이다. 이슈가 명확하기 때문에 발상의 방법이 상대적으로 쉽고 명확하다. '강점(strength)'이 아닌 '약점(weakness)'을 거론하여 아이디어를 도출한다는 것이 아이러니할 수도 있지만 실제로 적지 않은 브랜드들이 약점으로부터 출발한 마케팅 전략으로 성공한 사례를 가지고 있다.

- 아이비스(Avis)의 No.2 캠페인
  "We're No.2 in a rent cars. So why go with us?"
- 환타 "흔들어 주세요!" 캠페인
- 7Up "우리는 콜라가 아닙니다!" 캠페인

다양한 관점에서 약점을 발견해 내기 위해서는 개인보다는 그룹(5~6명 정도) 발상을 실시하는 것이 바람직하다.

2. 발상 단계 및 방법

- 1단계: 과제 설정

약점 열거법을 시작하는 첫 단계는 약점을 열거할 과제(소재 또는 주제)를 설정하는 단계다. 진행하고자 하는 캠페인의 브랜드, 제품, 서비스 등 또는 진행하는 프로젝트를 발상 과제로 선정하고 발상에 참여하는 구성원들에게 안내한다.

• 2단계: 정보 수집

두 번째 단계는 발상 과제에 관련된 정보들을 충분히 수집하는 단계다. 물론, 다양한 주제 가운데 '약점(weakness)'을 중점적으로 찾아내는 작업을 실시한다. 약점에 관련한 정보들은 표면적으로 나타나는 '물리적 정보'뿐 아니라 사용자나 고객의 마음속에 내재되어 있는 '심리적 정보'까지 포함하여야 한다. 정보 수집 단계의 핵심은 많은 양의 약점을 다양한 루트를 통해 수집하는 것이기 때문에 정보의 중요성을 스스로 판단하여 줄이거나 거르는 일이 없어야 한다.

• 3단계: 약점 열거

세 번째 단계는 수집된 정보들을 열거하는 단계다. 많은 양의 정보를 효과적으로 열거하는 방법은 정보들을 나름의 카테고리별로 나누어 그루핑(grouping)하는 방법이다. 3단계에서도 역시 수집된 정보들을 어떤 기준으로 나누어 정리하는가가 최종 아이디어를 정리하고 도출하는 데 영향을 미치기 때문에 신중하게 구분할 필요가 있다.

프리미엄 카페 브랜드 입점을 위한 약점 열거		
브랜드	교통	입지
브랜드 인지도 부족 기존 프리미엄 제품 존재 기타 프리미엄 대안 충분	대중교통 인접성 취약 주차시설 불충분 승용차 외 이동 수단 접근성 확충 필요	신도시라 다소 어색 주변 편의시설 부족 주변 이동인구 부족

• 4단계: 아이디어 스케치

마지막 단계는 앞서 수집되고 열거된 결점들을 개선하기 위한 아이디어 스케치를 그리는 단계다. 물론 발상 단계에서의 솔루션 아이디어가 완벽할 수는 없다. 다소 단순하고 평범한 솔루션이라 하더라도 향후 업그레이드 단계를 감안하여 꼼꼼하게 작성하는 것이 좋다. 앞서 수집된 약점들이 아이디어 스케치 단계에서 한꺼번에 해결될 수는 없더라도, 중요하고 시급한 약점들을 우선하여 해결해 나갈 수 있는 초석으로서의 역할을 기대한다.

3. 특징 및 기대 효과

'약점 열거법'의 가장 큰 특징은 '강점'이 아닌 '약점'에서 출발하는 아이디어 발상이라는 점이다. 이것은 단순한 것 같지만 단순하지 않다. 때로는 우리가 쉽게 생각할 수 없는 매우 창의적이고 도전적인 아이디어를 발견하는 데 도움을 준다. 사용이 불편하거나, 접근성이 멀거나, 가격이 비싸거나, 배송이 빠르지 않는 등의 약점을 강점으로 전환시킬 수 있다면 클라이언트 입장에서는 얼마나 놀랍고 고마운 일인가?

때로는 자사 제품이 가지고 있지 않은 타사 제품의 특장점이 자사의 마케팅이나 커뮤니케이션에 도움을 주기도 한다. 타사 제품의 장점을 잘 찾아 이를 우리의 마케팅에 활용할 수 있는 창의적인 방법을 생각해 보자.

사실, 세상에서 가장 뛰어난 제품이라면 광고나 홍보를 하지 않더라도 제품을 판매하는 데 큰 문제가 없을 것이다. 경쟁 제품 대비 강점과 장점만을 가진 제품이라면 마케팅 전략을 수립하기가 얼마나 쉽겠는가? 특장점이 많지 않고, 경쟁 제품 대비 약점이 많은 제품일수록 창의성의 힘이 필요하다. 이 시점이 크리에이티브의 힘을 보여 줄 절호의 기회다.

4. 실습

과제(주제)를 성정하여 약점을 6개의 카테고리로 나누어 열거해 보자.

약점 열거(표)		
Theme :		Date : 년 월 일
• Category	• Category	• Category
• Category	• Category	• Category

BIG IDEA THINKING 31

17.
양자택일 또는 삼자선택

"인생은 탄생(Birth)과 죽음(Death) 사이의
끊임없는 선택(Choice)이다."

준비물

• 카드 또는 포스트잇

참여인원

• 개인 또는 그룹

소요시간

• Case by Case

기대효과

• 아이디어를 체계적으로 좁혀 나가는 과정에 역할
• 해당 프로젝트에 대한 다양하고 깊이 있는 정보 수집 가능
• 각 아이디어 간의 상관관계 파악에 도움

1. 양자택일

'양자택일(A or B Test)' 방법은 두 가지 아이디어나 디자인 중에서 어느 쪽이 캠페인 콘셉트나 사업 목표에 부합하는지를 비교하면서 최적화된 최종안을 만들어 내는 데 활용하는 방법이다. 즉, 서로 다른 사람들에게 A안과 B안을 무작위로 경험하게 한 후 상대적으로 어느 안에 더 좋은 반응을 보이는지를 체크하는 것이다. 물론, 통계적으로 의미 있는 표본의 양을 얻는 것이 중요하지만, 간이 테스트로 의견을 조율하는 과정에 활용하는 것도 좋은 방법이다.

1) 활용 방법

'양자택일' 방법은 말 그대로 둘 중에서 하나를 고르는 것이다. 예를 들면, '긴 카피와 짧은 카피'를 보여 주고 어떤 카피가 마음에 드는지를 선택하게 하는 것, '남자 모델과 여자 모델'을 보여 주고 제품에 맞는 모델을 선택하게 하는 것, '두 개의 다른 컬러의 로고나 패키지 시안'을 보여 주고 마음에 드는 안을 고르게 하는 것과 같은 작업이다.

이러한 '양자택일' 방법은 거의 최종 단계까지 발전된 두 개의 시안이나 아이디어를 놓고 조사를 실시하는 것이 일반적이지만, 초기 단계에서 폭넓게 시작하여 전략이나 아이디어를 좁혀 나가는 데 활용하는 것도 좋은 방법으로 추천한다. 전자는 안을 선택하는 단계에서 활용하는 방법이라고 할 수 있고, 후자는 아이디어가 만들어지는 과정에서 활용되는 방법이라고 볼 수 있다.

(1) 결과선택에 활용되는 양자택일

'결과선택을 위한 양자택일' 방법은 앞서 소개한대로 아이데이션 과정을 거쳐 최종 시안으로 살아남은 2종의 시안(A안과 B안)을 가지고 선택하게 하는 방법이다. 즉, 다수의 참여자에게 2종의 시안을 보여 주고 고르게 하는 것이다. 따라서 시안을 보고 선택하는 참여자가 많을수록 의미 있는 결과가 나온다. 5명에게 조사를 실시하여 3:2의 결과를 얻거나 9명에게 조사를 실시하여 5:4의 결과를 얻어 내는 것은 큰 의미가 없다. 일정이나 사정상 소수의 전문가들의 깊이 있는 검토를 통해 나온 결과물이라 하더라도 그 의견의 비중이 의미 있을 정도의 차이를 보여야 한다. '이베이(eBay)' 사례가 좋은 예이다. 2010년 '이베이(eBay)'에서는 브라우저 안에 보이는 사진의 크기가 큰 것과 작은 것 중에서 어떤 경우가 더 효과적인지를 조사하였다. 이를 통해 사진의 크기가 큰 것이 더 효과적일 것이라는 예상을 깨고, 사진을 작게 하고 한 브라우저 안에서 볼 수 있는 사진의 개수를 늘려 다음 페이지로 넘어가는 횟수를 최소화했을 때 더 많은 사람이 편리하게 웹사이트를 활용한다는 사실을 발견했다.

- 시안: A안/B안
- 조사: A그룹, B그룹, C그룹, D그룹, E그룹……

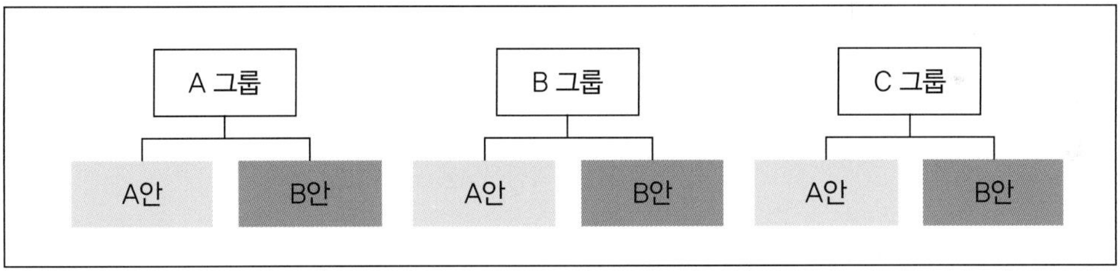

[그림 17-1] **양자택일(결과선택용)**

(2) 과정선택에 활용되는 양자택일

'과정선택을 위한 양자택일' 방법은 시안이나 아이디어를 만들어 가는 초기나 중기 단계에서 의견을 좁혀 나가는 데 활용하고자 하는 방법이다. '결과선택을 위한 양자택일'과는 반대로 다수의 제안을 다수 또는 소수의 참여자에게 지속적으로 보여 주면서 방향이나 아이디어를 좁혀 나가는 방법이다. 예를 들면, H그룹의 TV광고 모델을 결정하는 과정에서 첫 번째 질문으로 '유명모델이 좋은가?' '무명모델이 좋은가?'를 양자택일 방법으로 결정하고, 두 번째 질문으로 '남자모델이 좋은가?' '여자모델이 좋은가?'를 결정하고, 마지막 단계에서 '조인성이 좋은가?' '한석규가 좋은가?'를 선택하는 형식으로 좁혀 가는 방법이다. 제품의 패키지 컬러를 결정하거나 로고 컬러를 결정하는 과정에서도 활용할 수 있다. 첫 번째 단계에서 '따뜻한 톤(warm tone)의 컬러를 쓸 것인가?' '차가운 톤(cool tone)의 컬러를 쓸 것인가?'를 고민하고, 두 번째 단계에서 '그린(green) 컬러를 활용할 것인가?' '오렌지(orange) 컬러를 활용할 것인가?'를 선택하고, 마지막 단계에서 해당 컬러의 최종 채도나 명도 등을 결정하는 것이다.

- 시안: A안/B안, A−1안/A−2안, A−1−1안/A−1−2안
- 조사: A그룹 또는 A그룹, B그룹, C그룹, D그룹, E그룹……

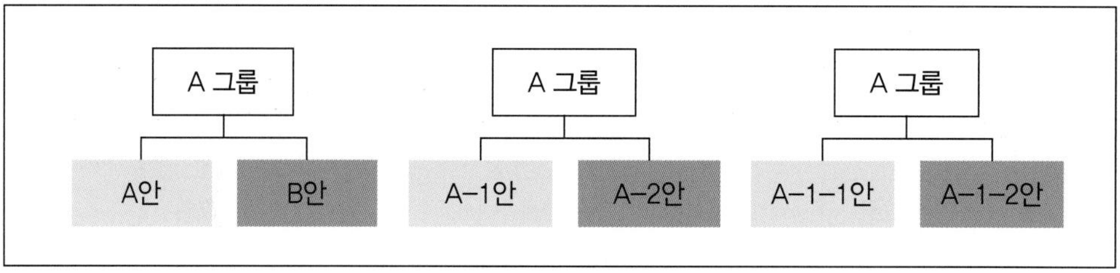

[그림 17−2] **양자택일(과정선택용/단수그룹)**

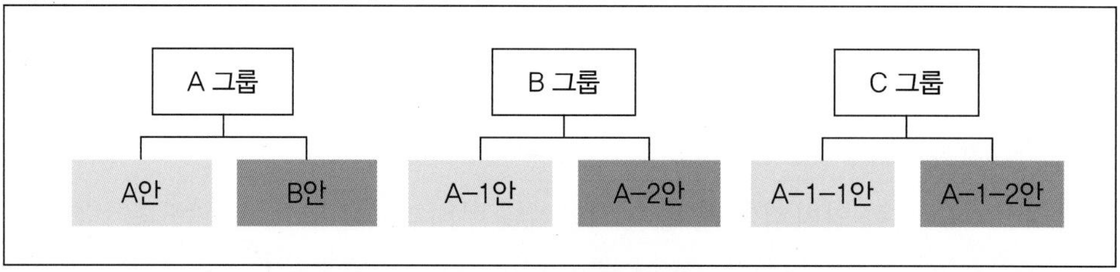

[그림 17−3] **양자택일(과정선택용/복수그룹)**

2) 장단점

이러한 '양자택일' 방법은 테스트를 통해 어떤 안의 선택이 합당한지를 파악할 수는 있지만, 사람들이 왜 그 시안이나 아이디어를 좋아하고 선택했는지에 대한 이유나 원인을 알 수 없다는 데 한계가 있다. 따라서 브랜드나 제품선택의 이유를 깊이 있게 들여다보기 위한 '질적(정성) 평가'에 활용하기보다는 쉽고 명료하게 소비자들의 판단을 테스트하기 위한 '양적(정량) 평가' 방법으로 활용하는 것이 합당하다.

2. 세 가지 중 선택하기

'세 가지 중 선택하기' 방법은 제시되는 세 가지 시안이나 아이디어를 '1 vs. 2' 또는 '2 vs. 1'로 구분하고 선택한 '하나의 안' 또는 '두 개의 안'이 나머지 안과 어떻게 다른지를 참여자들로 하여금 의견을 내게 하고 그 내용을 정리하는 방법이다. 따라서 이 방법은 '양자택일' 방법처럼 시안이나 아이디어를 선택하기보다는 브랜드나 상품 또는 서비스에 대한 소비자나 사용자의 내재된 태도, 인식, 느낌 등을 찾아내기 위한 인터뷰에 가깝다고 볼 수 있다. '세 가지 중 선택하기'는 조지 켈리(Kelly George)가 '레퍼토리 그리드(Repertory Grid)'의 한 단계로 제창하였으며, 근본에는 '개인 구상개념 이론'이 바탕이 되고 있다. 조지 켈리의 '개인 구상개념 이론'은 인간은 자신을 둘러싼 세상을 이해하기 위해 주관적인 분류법과 사고구조를 고안해 낸다고 밝히고 있다. 그 이론에 따르면 인간은 비슷한 자극들을 평가하고 판단하기 위해 연속적인 사고개념을 고안하고, 그 연속적인 사고개념은 결과를 예측할 수 있는 수단을 제공하고, 새로운 자극을 접하거나 기존의 사고가 시험을 받게 되면 새로운 의미를 만들어 낸다는 이론이다. 그리고 '레퍼토리 그리드(Repertory Grid)'는 인터뷰 중 연구자의 선입견이나 영향을 최소화하며 참가자의 개인적인 사고와 개념 체계를 도출하기 위해 고안된 방법이다.

1) 활용 방법

'세 가지 중 선택하기'의 첫 번째 단계는 연구자가 연구에 활용될 브랜드, 제품 또는 서비스 중 6~10개 정도의 사례를 준비하는 것이다. 이러한 사례들은 그 분야 전체를 아우를 만큼의 대표성을 가진 요소(내용)들이어야 하며, 그 사례들이 연구의 시발점이 된다. 연구목적 자체가 소비자나 사용자가 무엇을 중요하게 생각하는지를 파악하는 것이니만큼 연구자는 인터뷰나 테스트 전에 참여자에게 제시되는 사례에 관해서 자세히 파악하고 있어야 한다. 두 번째 단계는 참여자들로 하여금 좀 더 깊이 있게 이야기하기를 원하는 세 가지를 고르게 하고, 그중 한 가지 또는 두 가지가 다른 것(들)과 어떻게 다른지를 묻고 자유롭게 이야기하도록 한다. 이러한 과정은 여러 번의 실험을 통해 반복될 수 있으며, 선택되는 세 가지 사례는 매번 달라질 수 있다. 이 과정에서 중요한 것은 참가자들이 자신이 의미를 두는 분야나 내용에 관해서 가능한 한 많은 의견을 내는 것이다. 이를 통해 제품이나 서비스에 개인이 의미를 두는 중요한 개념들이 도출되게 되는 것이다.

① 연구자가 연구에 활용될 6~10개 정도의 사례를 준비한다.
② 참여자가 관심 있는 세 가지 요소(내용)를 고른다.
③ 세 가지 요소 중 한 가지나 두 가지가 다른 요소와 다른 점에 관하여 이야기한다.
④ 이를 통해 소비자(사용자)가 의미를 두는 중요 개념을 파악한다.

예를 들면, 소비자가 고른 세 가지 자동차 브랜드들에 대한 차이에 관하여 의견을 나누는 방법 또는 특정 브랜드의 자동차 구매에서 작동하는 중요 요소 가운데 세 가지를 고르고 그에 관하여 의견을 나누는 방법 등이 있을 수 있다.

- M-Benz, BMW, Lexus

• M-Benz의 주행 능력, 디자인, 안전, 승차감, 정숙성, 가격, 연비, A/S

2) 장단점

'세 가지 중 선택하기' 방법을 다수의 그룹에 반복하여 실시하다 보면 해당 분야나 제품에 대한 다양하고 깊이 있는 정보가 수집되고, 소비자(이용자)들의 다양하고 폭넓은 평가나 호불호 의견들을 얻을 수 있게 된다. '세 가지 중 선택하기' 방법은 '양자택일' 방법에 비해 복잡하고 테스트를 통해 수집된 정보나 의견들의 상관관계를 찾기 어렵다는 단점도 있지만 다른 관점에서 보면 폭넓은 통찰과 전혀 예상하지 못했던 의견이나 평가를 끌어낼 수 있다는 장점이 있다. 세 가지의 경쟁 제품군을 놓고 '세 가지 중 선택하기' 방법을 활용한다면 매우 흥미롭고 유용한 자료들을 얻을 수 있을 것이다. 이를 통해 소비자의 마음속에 어떤 제품이 어떻게 자리 잡고 있는지를 파악(positioning)하고, 이를 커뮤니케이션에 효과적으로 활용할 수 있다.

3. 실습

과정선택을 위한 양자택일(단수그룹) 방법으로 '국민화합 공익 캠페인 광고모델'을 선정해 보자.

과정선택을 위한 양자택일(복수그룹) 방법으로 '국민화합 공익 캠페인 광고모델'을 선정해 보자.

BIG
IDEA
THINKING
31

18.
역할놀이

"역할은 몰입이 생명이고
몰입은 이미 현실이다."

준비물

- 역할 연기자
- 기록 담당자
- 역할놀이 공간
- 역할놀이 상황을 기록할 수 있는 장치

참여인원

- 그룹(필요인원)

소요시간

- Case by Case

기대효과

- 사회과학 분야를 포함한 다양한 카테고리에서 적용 가능
- 사실적 역할연기에 따른 깊이 있는 공감대 형성 가능

1. 개요

'역할놀이(role playing)'는 놀이의 참가자가 실제 사용자처럼 주어진 상황에 몰입하여 연기함으로써 사용자의 사용상황이나 만족 및 불만족 상황을 깊이 있게 파악하고 공감할 수 있는 발상법이라는 점에서 매우 사실적이고 현실적이다.

물론 이 부분은 역할놀이 참여자가 어느 정도 주어진 시나리오에 따라 연기를 진행하는 방법도 있지만 주제나 상황의 키워드만을 제시하고 나머지 부분을 역할을 맡은 놀이 참가자에게 일임한다면 더욱 사실적이고 친밀한 놀이 결과를 얻을 수 있다.

2. 진행방법 및 활용법

'역할놀이'는 다른 관점에서 보면 그 브랜드나 제품에 대한 '체험놀이'와 다르지 않다. 역할이 주어진 참가자가 그 제품이나 서비스에 대한 체험이나 경험을 바탕으로 현실에서의 상황처럼 연기해야 하기 때문이다. 물론, 아무리 자연스러운 역할 연기를 추구한다고 하더라도 그 연기를 통해 상대에게 불쾌한 감정을 주거나 무리한 신체적 접촉 등의 불상사가 발생하지 않도록 주의할 필요는 있다.

그리고 일반적으로는 특별히 준비해야 하는 장비나 장치보다는 역할놀이를 할 수 있는 공간 정도의 확보가 전부이지만, 주제나 프로젝트에 따라서 다소 디테일한 장비나 상황 연출이 필요한 상황도 있을 수 있다. 예를 들면, 지하철 안에서의 공공질서에 대한 역할놀이라면 간단하게 지하철 공간을 연상할 수 있는 세트를 준비한다든가, 승용차 안에서의 에티켓에 관련한 역할놀이라면 운전석과 조수석과 뒷좌석 정도가 갖추어진 공간에서 연기하는 것이 훨씬 현실성과 몰입감에 도움을 줄 것이다.

역할놀이를 진행하기 전에 간단하게라도 놀이 참가자들에게 역할놀이 주제에 관한 오리엔테이션을 실시한다. 그리고 놀이에 참여할 연기자들을 자발적으로 선정한다. 연기의 자연스러움과 몰입을 위해서 억지로 역할을 맡기기보다는 자발적인 의지로 참여하는 것이 중요하다. 특히, 해당 제품이나 서비스를 이용한 경험이 있는 소비자가 참여한다면 더욱 좋다.

역할놀이의 진행자는 가능한 한 놀이에 참여하는 연기자가 자신의 역할에 몰입할 수 있도록 다른 상황의 개입을 최대한 막아 주어야 한다. 어색한 연기에 대한 웃음이나 조롱, 연기에 대한 지나친 관심 등은 금물이다. 역할 참여자는 전문적인 연기자가 아니기 때문에 연기의 수준은 중요하지 않다. 중요한 것은 얼마나 자신의 생각이나 감정을 솔직하게 표현하는가이다.

진행자와는 별도로 관찰자는 역할놀이의 진행과정을 사진이나 녹음 또는 영상자료로 빠짐없이 기록하여야 한다. 그리고 역할놀이가 끝난 다음에 참가자와 함께 기록물을 보면서 아이데이션을 진행하면 매우 흥미롭고 현실적인 솔루션을 얻을 수 있다.

- 1단계: 역할놀이 주제에 대한 오리엔테이션
- 2단계: 역할 연기자를 자발적으로 선정
- 3단계: 최대한 자연스러운 환경에서 역할 연기
- 4단계: 역할 연기 상황 공유 및 아이데이션
- 5단계: 최종 솔루션 도출

3. 특징 및 기대효과

'역할놀이'는 특정한 프로젝트 상황을 연출하여 목적하는 결과를 도출하기 위해 실시되기도 하지만, 프레젠테이션 등에서 청중으로 하여금 보다 현실적이고 설득력 있는 상황을 연출해 보이기 위해 활용되기도 한다. 즉, 놀이 참여자가 프레젠터(presenter)의 일원으로 참여하는 것이다.

용도야 어떻든 '역할놀이'는 참여자의 순수한 몰입을 소비자나 예상 고객의 심리상태나 태도를 유추할 수 있는 도구로 활용한다는 데 의미가 있다. 이는 단순히 페이퍼를 통한 설문에서 자신의 의견을 기술하거나 인터뷰나 FGI에 참여하는 것과는 다른 차원의 현실적인 역할을 한다. 왜냐하면, 피설문자나 FGI 참여자는 이미 본인의 생각을 글로 옮기거나 질문에 대답하는 과정에서 자신도 모르는 필터를 거칠 가능성을 배제할 수 없기 때문이다. 어쨌든 '역할놀이'는 현실적으로 매우 유용하고 가치가 있다.

4. 발상 실습

교수와 학생의 역할놀이

내용: 흥미롭고 효과적인 수업과 지루하고 비효율적인 수업의 형태를 파악하기 위해 '역할놀이(role playing)'를 실시해 보자.

판매자와 구매자의 역할놀이

내용: 생명보험 판매자와 생명보험 구매(예정)자의 역할을 나누어 신규 상품 판매를 위한 '역할놀이(role playing)'를 실시해 보자.

BIG
IDEA
THINKING
31

19.
13가지 생각도구

"천재와 일반인의 차이는 타고난 재능이 아닌
남과 다른 나만의 '창조적인 사고'를 기르는 데 있다."

준비물

- 개인의 생각이나 아이디어를 정리하고 기록할 수 있는 도구
- 개인의 생각이나 아이디어를 대중에게 공유할 수 있는 도구

참여인원

- 개인 또는 그룹

소요시간

- Case by Case

기대효과

- 직관적이거나 추상적인 발상의 병용
- 시각적이거나 언어적인 발상의 병용
- 일차원적이거나 다차원적인 아이디어 발상의 혼용

1. 개요

로버트 루트번스타인(Robert Root-Bernstein)은 그의 저서 『생각의 탄생(Spark of Genius)』에서 '한 분야의 창조적 사고를 배운다는 것은 다른 분야에서 창조적 사고를 할 수 있는 문을 여는 것과 같다.'라고 했다. 지식의 파편화와 업무의 전문화가 가속되면서 현대인은 너무 많은 정보를 수용하고 있지만 정작 그 지식이나 정보의 기원이나 의미가 무엇인지, 그리고 그 정보를 어디에 어떻게 활용해야 하는지에 대한 인식이 부족한 것 같다. 20세기가 전문가의 시대라면 21세기는 통합의 시대이다. 창작이 이루어지려면 새로운 아이디어의 발견도 중요하지만 그 아이디어를 현실화하는 능력이 뒷받침되어야 한다.

역사 속에서 가장 창조적인 사람들은 실재와 환상을 결합하기 위해 '상상력을 학습하는 열세 가지 생각의 도구'를 이용했다. 이 도구들은 관찰, 형상화, 추상화, 패턴인식, 패턴형성, 유추, 몸으로 생각하기, 감정이입, 차원적 사고, 모형 만들기, 놀이, 변형 그리고 통합이다.

상대성이론을 나타내는 아인슈타인의 방정식을 수학적으로는 풀 수 있겠지만 이 방정식을 실생활에 적용시킬 수 있는 사람은 몇 명이나 될까? 이와 같은 학교에서 배운 지식과 생활 속에서의 경험 간의 단절은 오늘날 대부분의 나라에서 겪고 있는 교육의 문제다. 그리고 그 문제는 비단 수학이나 과학에 국한된 문제가 아니라 인문학이나 사회과학 분야에서도 이론이나 분석에 치우친 교육을 실시하여 자칫 실상과 실재에서 멀어지는 정신적 불구를 양산해 내기도 한다.

피카소는 상상이 사실보다 진실하다고 믿었다. 알기와 이해하기, 그리고 환상과 실재를 분리시키는 교육은 인재들의 총명한 머리를 한쪽만 쓰게 만드는 결과를 초래한다. 사실을 습득하고 그 사실의 의미를 발견하고 상상하게 하는 교육과 학습이 필요하다. 상상할 수 없다면 창조할 수 없다.

"존재하지 않는 것을 상상할 수 없다면
새로운 것을 만들어 낼 수 없으며,
자신만의 세계를 창조해 내지 못하면
다른 사람이 묘사하고 있는 세계에 머무를 수밖에 없다."

–폴 호건(Paul Horgan)–

창의적인 작업을 위해서는 지식도 중요하고 상상력도 중요하다. 그리고 상상력을 잘 발휘할 수 있도록 하는 방법이나 지식을 아는 것도 중요하다. 상상력과 지식은 빅 아이디어(Big Idea)를 내는 '들문'이기도 하고 '날문'이기도 하다. 그리고 그 문을 열고 들어가면 당신이 상상했던 것보다 훨씬 새롭고 놀라운 세상이 펼쳐진다.

루트번스타인이 제안하는 '13가지 생각의 도구'는 다음과 같다.

생각도구 01. 관찰
생각도구 02. 형상화
생각도구 03. 추상화
생각도구 04. 패턴인식
생각도구 05. 패턴형성
생각도구 06. 유추
생각도구 07. 몸으로 생각하기
생각도구 08. 감정이입
생각도구 09. 차원적 사고
생각도구 10. 모형 만들기
생각도구 11. 놀이
생각도구 12. 변형

2. 생각의 도구를 활용하는 방법

1) 관찰

모든 지식은 '관찰'에서 시작된다. 여기서 이야기하는 관찰은 '수동적인 보기'가 아니라 '적극적인 관찰'이다. 관찰은 행동의 패턴을 구분하고, 원리를 추출하고, 사물이 가진 유사성을 끌어내고, 효과적인 혁신을 창출해 낸다.

"음악은 우리에게 '그냥 듣는 것'과 '주의 깊게 듣는 것'을 구분하게 만들어 준다."
—이고르 스트라빈스키(Igor Stravinsky), 러시아 작곡가—

대부분 예술가의 명작이나 과학자의 발명품은 '적극적인 관찰'의 산물이다. 앙리 마티스(Henri Matisse)는 행인들의 움직임과 특징을 순간적으로 파악하기 위해 파리 거리를 지나다니는 사람들의 실루엣을 몇 초 안에 그리는 연습을 했다. 반 고흐(Vincent van Gogh)는 뭔가를 써 내려가듯 쉽게 뭔가를 그릴 수 있기를 원했다. 소설 『인간의 굴레』 작가 서머싯 몸(Somerset Maugham)은 사람을 끊임없이 탐구하는 것이 작가의 필수적인 자세라고 했는데, 그 탐구의 대상은 사람의 외관뿐만 아니라 대화나 행동과 같은 전반적인 태도를 적극적으로 관찰해야 한다는 뜻이다. 곤충학자 칼 폰 프리시(Karl von Frisch)는 자신의 관찰 능력은 단지 움직이지 않고 돌 틈에서 몇 시간 동안 누운 채로 생물을 끈질기게 주시하는 일뿐이라고 했다. 곤충의 세계는 참을성 많은 관찰자에게 놀라운 모습을 드러낸다. 끈질긴 관찰의 힘 덕분에 그는 벌이 추는 춤을 언어로 보고 해독하는 성과를 얻어냈다. 관찰의 감각은 시각에만 그치지 않는다. 뉴기니의 빽빽한 밀림 속에서 눈으로는 새를 볼 수 없어도 청각만으로 새소리를 구분해 낼 수 있어야 한다. 생물학자 다이아몬드(Jared Mason Diamond)는 어느 날 아침 열대우림에 들어가서 다음 날 새벽까지 총 57종의 새소리를 듣고 무슨 새인지를 알아냈다. 한 감각기관이 마비되면(또는 필요 없게 되면) 다른 감각기관의 의존도가 상대적으로 높아질 수밖에 없다. 여기서 또 하나의 발견은, 우리가 흔히 무시해 왔던 감각의 자극을 새롭게 이용한다면 더욱 새롭고 훌륭한 통찰을 얻어 낼 수 있다는 것이다.

'그냥 보기'와 '주목하기', '흘려듣기'와 '경청하기'의 관계는 행위예술에서 '수동적인 움직임'과 '예술적인 동작'의 차이와 같다.

유레카(Eureka)의 유래로 유명한 수학자 아르키메데스(Archimedes)는 욕조에 자신의 몸을 담그면서 물의 비중이 배수량과 관련이 있음을 관찰을 통해 발견했다. 피타고라스(Pythagoras)는 대장장이의 망치질 소리를 주의 깊게 듣다가 물체의 길이가 음의 높낮이와 관련이 있음을 발견했다. 물리학자 존 틴달(John Tyndall)은 대기 중의 먼지와 같은 입자들이 서로 부딪쳐 산란하는 빛에 의해 하늘의 색이 푸르게 보인다는 것을 입증했다. 뉴욕의 앙데팡당(Independant)전에 〈샘, Fontaine〉이라는 작품을 전시해서 큰 논란을 일으킨 마르셀 뒤샹(Marcel Duchamp)은 '충격적인 미술의 재관찰'을 일구어 낸 예술가다. 그의 충격적인 오브제들은 청중을 향해 이렇게 이야기한다. "당신이 보고 있는 것들에 대해 생각해 보라. 당신이 가장 생각하지 않는 것들에 대해 가장 많이 생각해 보라." 조각가 베벌리 페퍼(Beverly Pepper)는 "어떤 것을 그릴 수 있다고 해서 그리는 행위가 당신을 화가로 만들어 주는 것은 아니다. 예술은 당신 머릿속에 있는 것이고 그것은 당신이 무엇을 어떻게 생각하느냐의 문제다."라고 말하고 있다. 생화학자 스젠트 기요르기는 이와 비슷한 내용으로 "발견은 모든 사람들이 보는 것을 보고, 아무도 생각하지 않은 것을 생각하는 것이다."라고 했다.

관찰을 위해서는 마음의 훈련이 필요하다. 그렇다면 이런 마음의 훈련은 어떻게 할 것인가?

추리작가 아서 코난 도일(Arthur Conan Doyle)을 비롯한 많은 예술가와 학자는 '미술'

이 관찰기술을 숙달시킨다는 의견을 내고 있다. 재스퍼 존스 같은 현대미술가도 "미술 행위 속에는 수련이 포함되는데, 이는 미술적 재능을 계속해서 살아 있도록 만든다. 수련의 대상은 마음과 귀 등 무엇이든 가능하다. 그것들을 단련시킴으로써 감각은 우리의 삶에서 일어나는 어떤 것들도 감응할 수 있게 된다."고 했다. 수많은 시인과 소설가들이 시각예술을 공부한 것은 결코 우연이 아니다. 화가인 파울 클레(Paul Klee)는 "미술은 보이는 것을 표현하는 것이 아니라, 어떤 것을 보이게 만드는 것이다."라고 했다. 우리가 의학 분야에서 만나는 임상 역시, 눈앞에 드러난 증상의 표층을 뚫고 들어가 그 안에서 무엇이 환자를 괴롭히고 있는지를 파악하는 것이다.

관찰은 음악을 통해서도 키울 수 있다. 재레드 다이아몬드(Jared Mason Diamond)가 수많은 새소리를 식별해 낼 수 있었던 것은 음악공부 덕분이었다. 보기 위해서 눈을 훈련시켜야 하는 것처럼 제대로 듣기 위해서는 귀를 정교하게 훈련시켜야 한다. 수많은 음악 연주자의 음악을 듣고 비교하는 것만이 일급 연주자와 평범한 연주자를 구분하는 기준을 갖게 만든다. 음악에 대한 뛰어난 관찰과 식견은 선천적으로 타고나기도 하지만, 부단한 후천적 노력에 의해서도 가질 수 있다.

다시 광고로 돌아가면, 광고를 하는 사람이 광고를 보고 관찰하지 않고서는 광고에 대한 식견을 가질 수 없을 뿐 아니라, 좋은 광고 캠페인을 만들 수도 없다. 이는 마치 외과 의사가 실제로 환자의 배를 메스로 갈라 보지 않고 의사의 직업을 갖는 것과 다를 바가 없다. TV를 통해 광고를 보고 신문이나 잡지를 눈여겨 관찰하라. 컴퓨터나 스마트폰 모니터를 통해 다양한 광고 메시지를 심도 있게 관찰하라. 다시 한번 이야기하지만, 광고를 관찰하지 않고는 결코 좋은 광고를 만들 수 없다.

2) 형상화

형상화(imaging)라는 것은 현상을 그대로 재현하는 것에서부터 추상 능력과 감각적인 연상에 이르기까지 다양하다. 형상화는 시각, 청각, 후각, 미각은 물론, 몸의 모든 감각기관을 동원하여 이루어지기 때문에 우리는 내면의 눈, 내면의 귀, 내면의 코, 내면의 촉각과 감각을 사용할 구실과 기회를 만들어야 한다. 뿐만 아니라, 형상화할 때 마음에 떠오르는 모든 이미지는 다른 전달수단으로 변환할 수 있어야 하는데, 그 전달수단은 언어, 음악, 동작, 모형, 회화, 도형, 영화, 조각, 수학, 논문 등 매우 다양하다.

"이미지를 만든다는 것은 그 자체로 시의 생명이자 정점이다."

–존 드라이든(John Dryden), 영국 시인–

심리학자들은 시각형 사고자(visual thinker)를 세 가지 유형으로 나눈다. 그 유형을 알아보기 전에 먼저 머릿속에 삼각형 하나를 상상해 보자. 어떤 사람은 종이에 직접 그림으로 그려야 삼각형 모양을 떠올릴 수 있고, 어떤 사람은 눈을 감고 마음의 눈으로 삼각형을 그려 낼 수 있다. 드물게는 눈을 뜬 채로 삼각형의 모습을 떠올리는 사람도 있다. 그들은 삼각형을 빙빙 돌리거나, 위로 떠오르게 하거나, 다른 도형의 상들을 뚫고 지나가게 할 수도 있다. 다음 문제들이 제시하는 3차원 영상을 상상해 보자.

• 도형을 활용한 시각형 사고 테스트(일반 레벨)

A. 위에서 볼 때와 측면에서 볼 때 원 모양인 물체는 무엇인가?

B. 위에서 볼 때와 모든 측면에서 볼 때 정사각형인 물체는 무엇인가?

C. 모든 측면에서 볼 때 삼각형인 물체는 무엇인가?

D. 위에서 볼 때는 원모양, 모든 측면에서 볼 때는 정사각형인 물체는 무엇인가?

E. 위에서 볼 때는 정사각형, 모든 측면에서 볼 때는 삼각형인 물체는 무엇인가?

F. 위에서 볼 때는 삼각형, 모든 측면에서 볼 때는 정사각형인 물체는 무엇인가?

G. 위에서 볼 때는 원모양, 모든 측면에서 볼 때는 삼각형인 물체는 무엇인가?

• 도형을 활용한 시각형 사고 테스트(상위 레벨)

H. 위에서 볼 때는 원모양이고, 한 측면에서 보면 원모양, 다른 측면에서 보면 사각형인 물체는 무엇인가?

I. 위에서 볼 때는 삼각형, 다른 모든 측면에서 보면 원모양인 물체는 무엇인가?

J. 위에서 볼 때는 원모양, 한 측면에서 보면 삼각형, 나머지 측면에서 보면 사각형인 물체는 무엇인가?

이런 물체들이 정말 존재할 수 있을까? 혹시, 처음 몇 개를 제외하고는 너무 어렵다고 생각해도 낙담할 필요는 없다. 극히 소수만이 뛰어난 형상화 능력을 타고나며, 대부분의 사람은 연습을 통해서 그 능력이 키워지기 때문이다.

형상화는 심리학자나 과학자뿐 아니라 작가 사이에서도 중요한 생각의 도구 역할을 한다. 시인 스티븐 스펜더(Stephen Harold Spender)는 시 창작을 가리켜 '이미지들의 논리'라고 표현한다. 그에게 시는 매우 생생한 '시각적 기억'에서부터 시작된다. 그리고

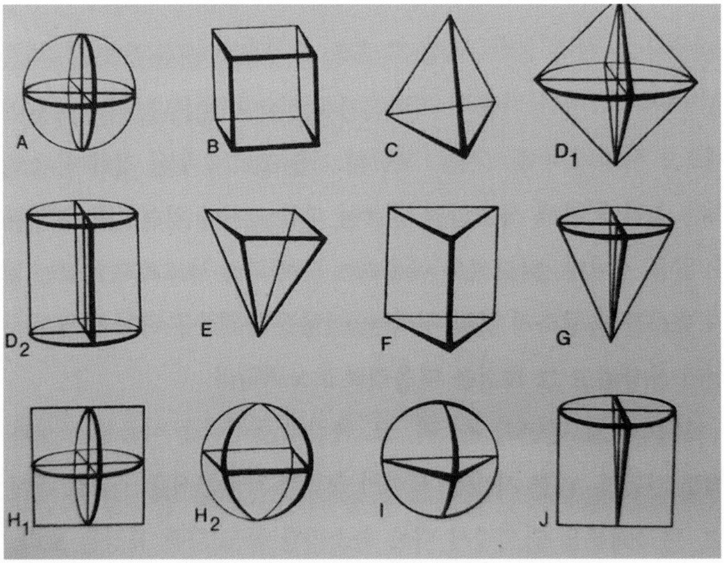

[그림 19–1] **시각형 사고 테스트의 정답**

그 기억은 풍부한 표현력을 가진 문어(文語)로 형상화된다.

사람들은 일을 하면서 매우 다양한 이미지를 사용하지만 그럼에도 불구하고 비시각적인 형상화 능력, 특히 냄새나 맛과 관련한 연구는 거의 없다. 블라디미르 나보코프(Vladimir Nabokov)도 그랬지만, 어떤 작가들은 소설의 아이디어가 혓바닥에서 녹고 있는 비스킷이나 발 아래 느껴지는 울퉁불퉁한 자갈 포장도로처럼 '살아 있는 감각'으로부터 튀어나온다고 한다. 냄새나 맛에 의한 형상화 사례가 빈약한 것은 우리가 관찰하고 상상할 때 시각을 상대적으로 많이 활용하기 때문이다. 본인의 창의적 능력을 끌어올리기 위해, 마음속에 품고 있는 아이디어들을 수시로 스크린에 투사하듯 시각화하는 연습을 해 보자.

3) 추상화

추상이란 어떤 대상의 전체를 재현하는 것이 아니라, 눈에 덜 띄는 한두 가지의 특성만을 나타내는 작업이다. 추상화는 필요 없는 부분을 걸러내고 단순화하는 작업이다. 과학자, 화가, 시인들은 복잡한 체계에서 하나만을 제외하고 모든 변수를 제거함으로써 '핵심적 이미지'를 발견하려고 애쓴다. 현실이란 모든 추상의 종합이다. 즉, 진정한 의미에서 추상화란 현실에서 출발하되 불필요한 부분을 도려내 가면서 사물의 놀라운 본질을 드러나게 하는 과정이라고 할 수 있다. 그러므로 우리가 궁극적으로 할 일은 추상 자체의 본질을 파악하고 찾는 일이다.

"피카소는 눈에 보이는 것이 아니라

마음으로 본 것을 그렸다."

윈스턴 처칠(Winston Churchill)은 "5분짜리 이야기 거리를 가지고 하루 종일 떠들 수는 있지만, 나에게 말할 시간이 5분밖에 주어지지 않는다면 그것을 위해 꼬박 하루를 준비해야 한다."고 말했다. 즉, 걸러내기를 잘하기 위해서는 정리되지 않은 상태의 현상이나 생각을 '정리'하고, 강조할 만한 '핵심'을 끌어내며, 꼭 필요한 요소들을 '조합'하는 과정을 거쳐야 한다.

4) 패턴 인식

'패턴(pattern)'을 인식하는 것은 다양한 분야에서 미래를 예측하는 데 유용하게 활용된다. 모든 제품이나 브랜드에도 도입기에서 쇠퇴기에 이르는 라이프 사이클이 있고, 주식투자나 부동산 경기에도 일정 주기별로 어느 정도의 패턴을 유지하는 것을 볼 수 있다. 스티브 잡스(Steve Jobs)가 생전에 스탠퍼드 대학교(Stanford University) 졸업식에서 한 연설의 몇 가지 키워드 가운데 하나는 'Connect the Dots'이다. 즉, 과거의 점들과 현재의 점을 이으면 어느 정도 미래의 점이 찍힐 위치를 예견할 수 있다는 것이다. 어떻게 보면 이 또한 '패턴(pattern)'에 대한 이해에서 나온 말이다. 다음에 어떤 일이 일어날지를 미리 알기 위해서는 '패턴 인식'이 필요하다.

"우리는 미래의 점을 미리 찍을 수는 없습니다.
오직 과거의 점을 보면서 이을 뿐입니다.
따라서 여러분들은 지금 보이는 점들이 미래의 어떤 시점에서는
서로 연결될 것이라는 믿음을 가져야 합니다."

-스티브 잡스(Steve Jobs, 1955~2011)-

패턴 인식에 대한 대표적인 사례를 수학자 칼 프리드리히 가우스(Carl Friedrich Gauss)가 보여 주고 있다. '1부터 100까지의 숫자를 모두 더하면 얼마일까?' 라는 문제를 모두 끙끙거리며 풀고 있을 때 소년 가우스는 단 몇 초 만에 정답을 제출했다. 그의 비결은 '계산 능력'이 아니라 '패턴 인식'이었다. 즉, '100+0=100' '99+1=100' '98+2=100'

…… '51+49=100'이고 오직 '50'만 짝이 없다는 패턴을 발견한 것이다. 즉, 숫자의 계산에 앞서 이 패턴을 적용하면 '두 숫자의 합이 100이 되는 50쌍의 숫자의 합이 5,000'에 '짝이 없는 숫자 50'을 더하면 '1부터 100까지의 숫자를 모두 더한 합은 5,050'이 되는 것이다.

이런 패턴 인식은 요즘 소위 말하는 '큰 그림(big picture)'에도 적용이 된다. 다니엘 핑크(Daniel Pink)는 부분의 합을 뛰어 넘는 전체의 구도를 이해하기 위해서는 '개별적 이해'를 뛰어 넘는 '초월적 사고' 혹은 '전체적 사고'를 해야 한다고 주장하면서 이를 '큰 그림 그리기'로 명명하였다. 특히, 하나의 조직을 이끌어 가는 리더의 경우 조직을 아우르는 전체적인 시각에서 문제를 발견하고 풀어 나갈 수 있는 능력이 필요하다. 이렇듯 큰 그림을 그릴 수 있는 '패턴 인식' 능력의 소유 여부는 조직에서 핵심 인재를 키우는 중요한 기준이 된다.

5) 패턴 형성

'패턴 형성'은 둘 이상의 구조적 요소나 기능적 작용을 결합하는 것을 말한다. 이러한 패턴은 예술분야에서는 의외성이나 다양성이 발휘되지만 일반적인 분야에서는 단순하고 일정한 패턴이 형성되기 마련이다. 따라서 과학이나 사회과학 분야의 연구에서 창의적인 패턴을 도출하고자 할 때에는 예술적인 접근에서의 패턴 형성을 위한 노력이 필요하다.

"열 명의 작사가에게 같은 악보를 주고 곡을 쓰라고 하면
열 개의 다른 가사가 나오고,
열 명의 과학자에게 같은 문제를 주면
열 개의 같은 답이 나온다."

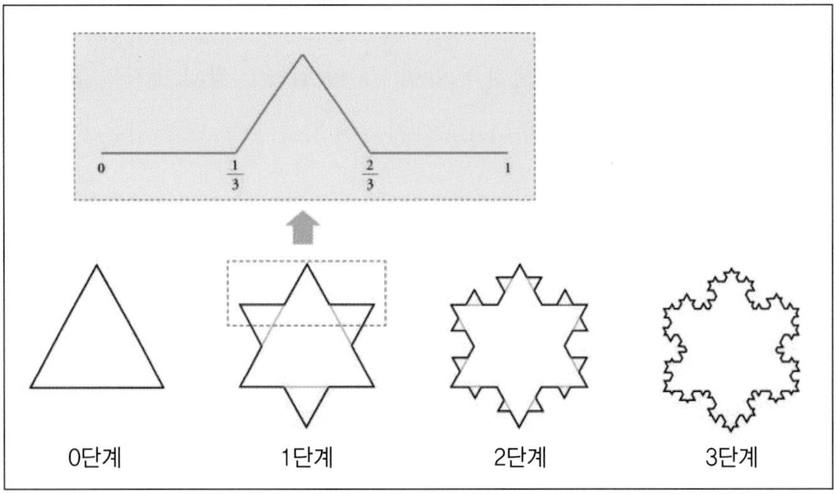

[그림 19-2] **코흐 곡선(Koch curve) 설명도**

패턴 형성을 설명하기 위한 몇 가지 좋은 사례가 있다. 그 첫 번째는 '아프리카 원주민들의 음악'이다. 이들은 전문적인 음악교육을 받지 않았음에도 불구하고 구조적으로 매우 복잡한 음악의 구성들을 매우 정교하게 그리고 반복적인 패턴으로 연주해 내고 있다는 것을 발견할 수 있다. 중앙아프리카 음악 전문가인 시마 아론(Simha Aron)은 아프리카 음악에는 일정한 패턴의 박자가 반복되는데, 그 주기가 엄격하기 때문에 그 박자와 음을 숙지하고 습득하면 복잡하고 정교한 패턴의 소화가 가능하다고 해석하고 있다. 패턴 형성의 또 하나의 예는 '코흐 곡선(Koch curve)'이다. 코흐 곡선은 스웨덴의 수학자 헬게 폰 코흐(Helge von Koch)가 개발한 별 모양을 띤 곡선을 일컫는 말로, 단순한 작업을 통해 복잡한 패턴을 만들어 내는 것을 말한다. [그림 19-2]에서 보는 것처럼 0단계의 삼각형을 1단계, 2단계, 3단계로 단계별로 반복하다 보면 복잡하지만 일정한 패턴을 가진 모양의 '코흐 곡선'이 만들어지게 된다. 코흐 곡선은 '유한한 면적'과 '무한한 둘레'라는 독특한 특성을 가지고 있다.

6) 유추

'유추'는 복수의 사물이나 현상 사이에서 '기능적 유사성'이나 '내적 관련성'을 찾아내는 작업을 말한다. 병원에서 상처를 봉합하는 데 활용하는 '스테이플러(stapler)'는 개미가 음식물을 물어 나르는 모습에서 유추되었다고 한다. 우리가 흔히 '찍찍이'라고 부르는 '벨크로(velcro)'는 옷에 달라붙는 작은 도꼬마리(cocklebur) 열매에서 유추하여 아이디어를 얻었고, 영국의 타워브리지(Tower Bridge)처럼 큰 배가 자유롭게 지나다닐 수 있도록 위로 열리는 '도개교(drawbridge)'는 사람의 눈꺼풀에서 유추한 아이디어라고 한다. 이렇듯 우리가 일상 속에서 만나고 볼 수 있는 자연이나 사물들 속에서 다양한 유추가 가능하다. 이러한 유추 능력을 소유하고 강화하는 노력은 분야와 무관하게 본인과 조직의 경쟁력을 강화하는 기회가 될 것이다.

[그림 19-3] **도개교(영국 런던의 타워 브리지)**

7) 신체 감각 사고

"우리가 만나는 모든 달인의 '동물적인 감각'은
책이나 교실에서 배운 지식이 아니라
현장에서 반복되는 연습과 훈련으로 얻은 노력의 결과이다."

'신체 감각 사고'는 몸의 근육이나 자세, 균형 등의 각종 감각을 생각과 사고에 활용하는 것을 말한다. 전문가들의 '동물적 감각'이 여기에 속하는데, 이는 타고나기도 하지만 대부분은 상당히 오랜 기간 반복되는 연습과 훈련을 통해서 얻어지는 결과라고 할 수 있다. 예를 들면, 초밥을 만드는 달인이 손으로 일정한 분량의 밥알을 집는 경우, 야구 경기에서 타자가 투수의 강속구에 동물적으로 반응하여 안타를 날리는 경우, 축구 경기의 골키퍼가 페널티킥에서 공을 막아 내는 경우, 자동차 정비공이 차의 엔진을 한 번 걸어 보고 고장부위를 어느 정도 알아내는 경우, 한의원에서 한의사가 환자의 맥을 짚는 일, 골프 선수가 그린 위에서 양발을 벌리고 서 보는 것만으로 경사를 감지하는 것과 같은 일들이다. 이러한 감각은 책을 통해 이론으로 학습하기보다는 현장에서의 수많은 노력과 반복되는 경험으로 본인의 신체적 감각을 키워 오지 않으면 불가능한 능력이다.

8) 감정이입

"당신의 상상력이 원하는 곳이나 역할로 심하게 감정이입을 해 볼 필요가 있다."

철학자 칼 포퍼(Karl Popper)는 새로운 이해를 얻을 수 있는 가장 유용한 방법으로 '감정이입'을 추천했다. 감정이입은 타인이 몸과 마음에서 색다른 세계를 자각하는 것이다. 즉, 감정이입을 통해 다른 사람의 상황으로 들어가서 자신이 그 핵심적인 문제의 일부가 되어 보는 것이다. 예를 들면, 영화나 연극을 보면서 극에 출연하는 배우의 상황에 심하게 감정이입 되는 경험을 누구나 해 봤을 것이다. 또는 기업의 사장이 1일 점원이 되어 사원들의 일상을 경험해 보는 경우, 판매원이 고객의 입장에 서 보는 경우, 취업 준비생이 기업의 CEO 입장에서 자기소개서를 작성하는 경우는 감정이입을 직간접적으로 경험할 수 있는 좋은 방법이다.

실제 가상환경이나 우리가 오감으로 느끼며 집중하는 것을 '내적 주의력'이라고 하고, 자신의 외부에 있는 사람이나 환경에 집중하는 것을 '외적 주의력'이라고 하는데, 효율적인 감정이입을 위해서는 '외적 주의력'을 집중적으로 키울 필요가 있다.

9) 차원적 사고

"A4 한 장도
측면으로 놓고 보면 선(線)이고,
정면으로 놓고 보면 면(面)이고,
동그랗게 구겨놓고 보면 구(球)가 된다."

'차원적 사고'란 공간이나 시간을 입체적으로 생각하는 것을 말한다. 어릴 적 풍경화를 그리다 보면 처음에는 대부분 1차원적으로 평면적인 그림을 그리다가 미술에서의 원근법이나 투영법 같은 기법을 이해하게 되면 점차로 2차원적인 그림에서 3차원적인 그림으로 발전하게 된다. 이러한 차원적 사고의 발전은 공간적 차원뿐 아니라 시간적 차원에도 적용이 된다. 본인이 하고 싶은 일에 몰두하다 보면 시간이 언제 이렇게 많이 흘렀는지 모를 때가 있다. 반대로 지루한 자리에 있을 때는 1시간이 하루 같을 것이다. 여기서 우리가 이야기하고자 하는 것은 그것이 공간이든 시간이든 하나의 차원에 있던 것이 다른 차원으로 이동했을 때 어떻게 변화하고 어떤 상황이 발생할지를 예측하고 상상하는 능력을 키우는 일이 중요하다는 것이다.

10) 모형 만들기

"모형이 가지는 가장 큰 가치는
새로운 생각이 태어나는 과정에 참여하는 것이다."

–라이너스 폴링(Linus Pauling)–

'모형'은 사람들이 그 물체를 보고 어떤 것을 즉각적으로 인식할 수 있도록 실제를 축약해서 만든 것을 말한다. 이러한 모형에는 물체의 기본적인 개념을 구현하는 '연구적 모형', 물체의 특성을 나타내는 '물리적 모형', 물질이나 기구의 본질적인 기능이나 작용을 나타내는 '기능적 모형', 우리가 직접 관찰할 수 없는 대상을 보기 위해 고안된 '가상적 모형'이 있다. 물론, 이 네 가지를 필요에 따라 복합한 모형을 만들기도 한다. 과학에서도 '모델링'은 새로운 아이디어의 검증이나 이론의 진전, 실험에 의한 입증 등을 위해 많이 활용된다. 과학 모형 제작자 라이너스 폴링(Linus Pauling)은 "모형이 가지는 가장 큰 가치는 새로운 생각이 태어나는 과정에 참여하는 것이다."라고 하였다. 차원은 다르지만 어떻게 보면 완성된 TV 광고의 모습을 어느 정도 미리 알 수 있도록 하는 촬영 콘티나, 인쇄광고의 아이디어 스케치 그리고 공중위생의 중요성이나 전염병의 경로를 알기 쉽게 설명하기 위한 시뮬레이션 프로그램을 만드는 것도 일종의 '모형 만들기'라고 볼 수 있다.

11) 놀이

노벨 의학상을 수상한 영국의 미생물학자 알렉산더 플레밍(Alexander Fleming)은 박테리아를 염색하는 일명 '박테리아 놀이'를 활용하여 '푸른곰팡이(페니실리움, penicillium)'이라는 곰팡이 균에서 인류 최초의 항생제인 '페니실린(penicillin)'을 추출해 냈다. 또 미국의 물리학자 리처드 파인만(Richard Feynman)은 구내식당에서 코넬대학의 붉은 상징이 새겨진 접시가 빙글빙글 돌면서 날아다니는 것을 보고 회전하는 접시의 움직임에 대한 궁금증을 갖기 시작했고 이후 양자전기역학 연구에 심취하여 전자 궤도를 연구하게 된다.

"자신의 일을 놀이라고 생각할 수 있는 것은
큰 축복이다."

이렇듯 놀이를 통해 아이디어 발상에 도움을 받는 방법은 크게 세 가지로 나누어 볼 수 있다. 첫 번째는 '실습놀이'로 실습을 통해 기술을 향상시켜 생각의 도구를 연마하는 것이고, 두 번째는 '상징놀이'로 어떤 하나가 다른 것을 상징하는 가상이 세계를 만들어 유추, 모형, 감정이입 같은 생각의 도구를 키워 내는 것이고, 세 번째는 '게임놀이'로 일정한 규칙을 만들어 특정한 상황에서 사고하고 행동하도록 하는 것이다. 아이디어 발상에 이런 놀이를 활용함으로써 발상에 대한 부담이나 책임을 줄여 과제에 몰두하게 하는 장점이 있다.

12) 변형

"하나의 문제를 해결하기 위한 방법은
하나가 아니다."

이번 장에서 함께 살펴본 다양한 생각의 도구를 연속적으로 또는 동시에 활용하여 서로 영향력을 주고받도록 하는 것을 '변형적 사고'라고 한다. 이는 다양한 관점에서 하나의 문제를 관찰하고 해결하려고 노력한다는 점에서 매우 바람직하다. 해결하고자 하는 하나의 문제를 놓고 팀원들이 각기 다른 방법으로 생각해 보거나, 한 사람이 하나의 문제에 대해 다른 다양한 방법으로 풀어 보려는 노력을 해 보는 것이다. 아이디어 발상에서 자주 언급하는 것은 '하나의 문제를 해결하기 위한 방법은 하나가 아니다.'라는 것이다. 그리고 그 해결책은 유일하지 않을 뿐 아니라 최선의 것이라고 확신해서는 안 된다. 따라서 다양한 관점에서 살펴보고 적용해 보는 작업은 더 효율적인 솔루션을 찾아내기 위한 매우 바람직한 시도이고 노력이다.

13) 통합

"우리가 만나는 모든 달인의 '동물적인 감각'은
책이나 교실에서 배운 지식이 아니라
현장에서 반복되는 연습과 훈련으로 얻은 노력의 결과이다."

'통합적 사고'의 세계는 단순한 지식이나 경험의 일반적인 범위를 넘어선다. 즉, 통합적 사고는 지식, 기억, 감각, 느낌 등을 패턴이나 모형, 유추 등 고차원적인 형태로 구축하여 기억 속에 저장하고, 이를 추상적인 지식과 함께 아우르는 것이다. '공감각'이라는 말이 이에 해당한다고 볼 수 있다. 붉은 색을 맵다고 느끼는 것, 김이나 연기가 나면 따뜻하거나 뜨겁다고 느끼는 것, 맑은 새소리를 들려주면 아침을 상상하는 것처럼 '통합적 사고'는 지금까지 개인이 습득하거나 경험한 모든 공감각적 요소를 통합하여 활용함으로써 상상의 시너지를 극대화하는 역할을 한다.

3. 특징 및 기대효과

'한 분야의 창조적 사고를 배운다는 것은 다른 분야에서 창조적 사고를 할 수 있는 문을 여는 것과 같다.'라는 루트번스타인의 주장은 업무의 전문화와 지식의 파편화와 정보의 다량화 속에서 경쟁해야 하는 현대인들이 매우 귀담아들어야 할 부분이 있다. 현대인은 너무 많은 정보를 수용하고 있지만 정작 그 지식이나 정보의 기원이나 의미가 무엇인지, 그리고 그 정보를 어디에 어떻게 활용해야 하는지에 대한 인식이 부족하다. 앞서 개요에서 언급한대로 통합의 시대인 21세기에 경쟁력 있는 창작이 이루어지려면 새로운 아이디어의 발견도 중요하지만 그 아이디어를 현실화하는 능력이 뒷받침되어야 한다. 이것이 '아는 것'에서 '이해하는 것'으로의 발전을 이끌고, 사실이나 현상의 의미를 발견하게 하는 힌트를 준다. 이 부분에서 루트번스타인의 '13가지 생각의 도구'는 열리 사고와 통합의 아이디어를 도출하는 데 많은 도움을 줄 것으로 기대한다.

4. 발상 실습

우리의 주변에서 로버트 루트번스타인의 '13가지 생각의 도구'를 적용시킬 수 있는 다양한 성공 사례들을 찾아 소개하고 공유하자.

- 01. 관찰(사례)
- 02. 형상화(사례)
- 03. 추상화(사례)
- 04. 패턴인식(사례)
- 05. 패턴형성(사례)
- 06. 유추(사례)
- 07. 몸으로 생각하기(사례)
- 08. 감정이입(사례)
- 09. 차원적 사고(사례)
- 10. 모형 만들기(사례)
- 11. 놀이(사례)
- 12. 변형(사례)
- 13. 통합(사례)

BIG
IDEA
THINKING
31

20.
워드 다이아몬드

"단어(word)라는 재료로
콘셉트(concept)라는 집을 짓다."

준비물

- 필기구
- 워드 다이아몬드 시트
- 아이디어 스케치 카드

참여인원

- 개인 또는 그룹(4명 정도)

소요시간

- 30분(내외)

기대효과

- 단어 연상을 통한 체계적인 아이디어 도출과 조합 가능

1. 개요

'워드 다이아몬드(word diamond)법'은 오클라호마 대학의 아서(Arthur) 교수가 개발한 '단어 조합'을 통해 아이디어를 도출하는 발상법으로, 말 그대로 4개의 단어(word)를 다이아몬드 형태로 배치하면서 새로운 콘셉트(concept)나 아이디어(idea)를 창출하는 발상법이다.

개인 발상은 물론 그룹(4명 내외) 발상이 가능하며, 그룹 발상을 실시할 경우 키워드 발상 및 조합의 작업을 개인별로 실시한 후, 같은 과정으로 그룹 발상을 별도로 실시하여 아이디어의 폭을 넓힐 수 있다.

2. 발상 단계 및 방법

• 1단계: 과제 선정(3분)

워드 다이아몬드 발상을 시작하는 첫 단계는 단어의 조합에 사용할 발상 과제를 사전에 선정하는 일이다. 과제는 단어를 조합해 보고 싶은 대상이면 무엇이든 가능하다. 단, 너무 모호한 과제보다는 목적이나 대상이 명확한 형태로 제시하는 것이 효율적이다.

• 2단계: 스케치 키워드 선정(7분)

조합하고 싶은 스케치나 단어를 선택한다. 조합에 활용할 단어의 개수에는 제한이 없지만 조합의 수가 너무 많아지면 발상에 소요되는 시간적인 제약이 따르므로 처음 시작하는 단계에서는 네 가지 정도의 조합을 추천한다.

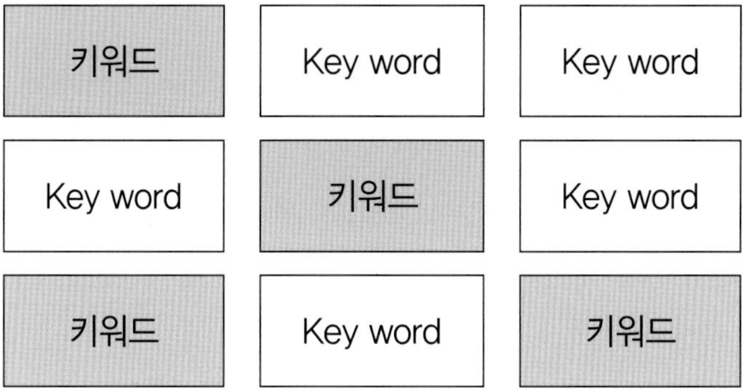

[그림 20-1] **키워드 선정**

- 3단계: 워드 다이아몬드 표 작성

2단계에서 선정된 단어나 스케치를 활용하여 워드 다이아몬드의 네 곳에 적어 넣는다. 가능하면 여유 있는 공간에서 큰 용지(A1 용지/4명)를 활용하면 정보의 공유나 아이디어 메모 등에서 효율적이다.

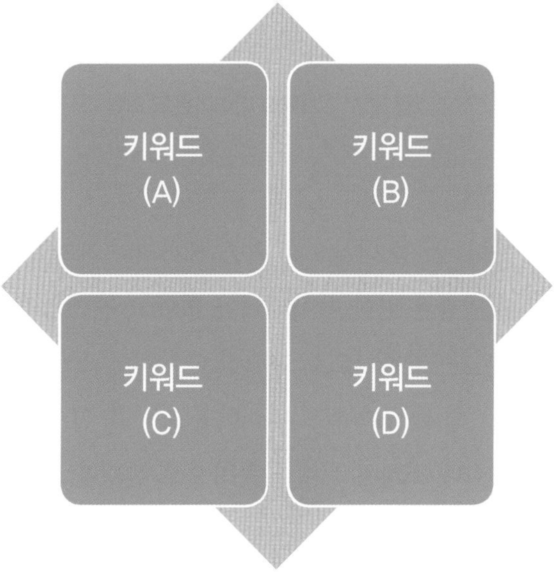

[그림 20-2] **키워드 다이아몬드**

• 4단계: 2개의 아이디어 스케치 조합(구성)

3단계에서 선정한 단어 또는 스케치를 연결하고 조합하여 스케치 카드에 작성한다. 이 과정은 개인이 진행할 수도 있고, 같은 방법으로 그룹별로 진행하여 발상을 마친 후 서로 공유하는 방법도 있다. 이 과정에서 필요로 하는 것은 '아이디어의 확산과 증폭'이므로 브레인스토밍 차원의 시너지를 이루는 아이데이션을 추천한다.

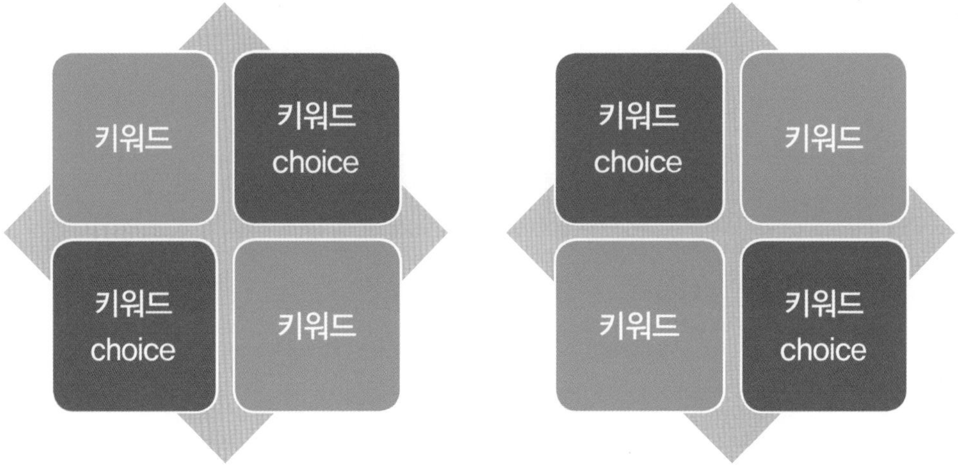

[그림 20-3] **키워드 다이아몬드 조합**

• 5단계 : 아이디어 공유

4단계까지 작성된 아이디어를 대상으로 최종 아이디어 제안을 위한 수렴작업을 진행한다. 수렴 과정에서 만족할 만한 아이디어가 없다고 판단되면 키워드를 교체하여 조합 작업을 반복해도 된다. 최종적으로 그려진 아이디어 스케치에 대한 정보는 팀원이 함께 공유한다. 키워드를 활용한 워드 다이아몬드는 꼭 워드를 사용한 단어나 문장일 필요는 없으며, 그림이나 스케치 형태에 문장으로 설명을 가미한 형태의 것이어도 무방하다.

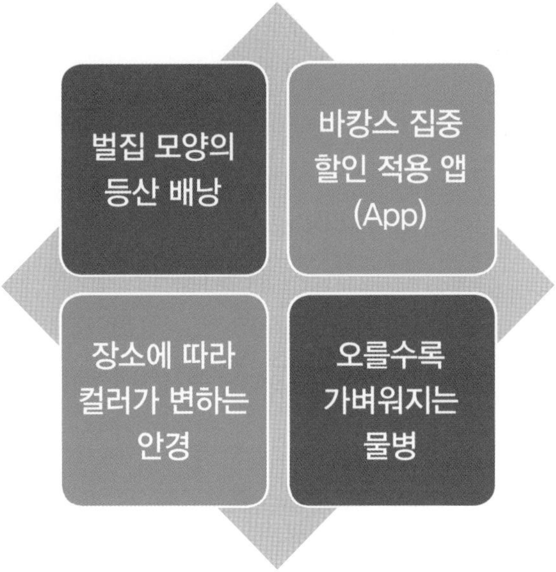

[그림 20-4] **워드 다이아몬드**

3. 특징 및 기대 효과

'워드 다이아몬드(word diamond)'는 '워드 트리(word tree) 발상법'처럼 단어나 키워드를 발상에 활용한다는 점이 유사하다. 단, '워드 트리'는 단어 간의 연관성을 순서적으로 활용하여 아이디어를 연결시켜 나가는 데 중점을 둔다면, '워드 다이아몬드'는 두 단어 간의 조합을 통해 아이디어를 도출하고 발전시켜 나간다는 데 차이가 있다. 다시 말하면, '워드 다이아몬드' 발상은 '워드 트리 발상법'에 비해 상대적으로 발상과 연관성의 폭이 넓다. 즉, 전혀 예상 밖의 아이디어가 도출될 가능성이 높다고 할 수 있다. 따라서 보다 창의적이고 기상천외한 아이디어가 필요한 작업이라면 기대 이상의 결과물을 얻을 수도 있다.

4. 발상 실습

워드 다이아몬드 시트를 활용하여 발상 스케치를 완성해 보자.

Word Diamond Sheet
Theme:

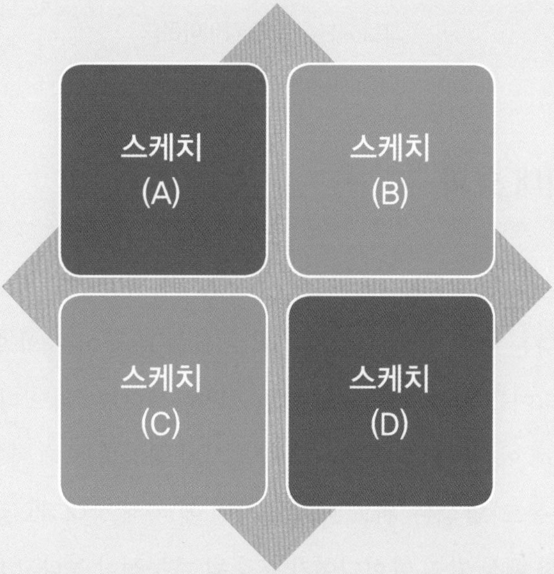

BIG
IDEA
THINKING
31

21.
201가지 발상법

"201번째 아이디어 발상법은
이상의 모든 방법을 결합하는 것"

준비물

• 필기구(인원수)

참여인원

• 개인 또는 그룹

소요시간

• Case by Case

기대효과

• 폭넓은 주제와 상황에 따른 다양한 발상 적용

1. 개요

손흥민 선수가 골대를 향해서 프리킥을 차는 방법에는 몇 가지가 있을까? 류현진 선수가 마운드에서 포수를 향해 공을 던지는 기술은 몇 가지나 될까? 박인비 선수가 그린의 컨디션에 따라 대처하는 퍼팅 방법은 몇 가지나 될까? 아마도 경우와 상황에 따라 그 수는 셀 수도 없이 많을 것이다. 이것은 스포츠뿐 아니라 광고에서 빅 아이디어를 창출하기 위한 발상의 방법 역시 몇 가지로 제한하여 규정할 수 없는 것과 크게 다르지 않다.

스테판 베이커(Stephen Baker)의 '201가지 아이디어 발상법'은 이렇듯 광고 아이디어를 접하는 다양한 경우의 수를 모두 아우를 정도로 다양한 발상의 방법을 제시한다.

- 제품(특징, 가격, 용도 등)에 따라
- 타깃(성별, 나이, 성향 등)에 따라
- 경쟁 제품에 따라
- 매체 환경에 따라
- 광고 비용에 따라
- 시장 규모에 따라
- 기업 문화에 따라
- 사회 · 문화 · 시대적 상황에 따라

다음에서는 그 201가지 방법을 일일이 소개하고자 한다. 몇몇의 방법은 실제로 제작된 광고 아이디어를 적용하여 이해를 돕고, 또 몇몇의 방법은 각자의 아이디어로 직접 광고 아이디어를 발상해 보는 시간을 갖도록 하자.

2. 201가지 발상법

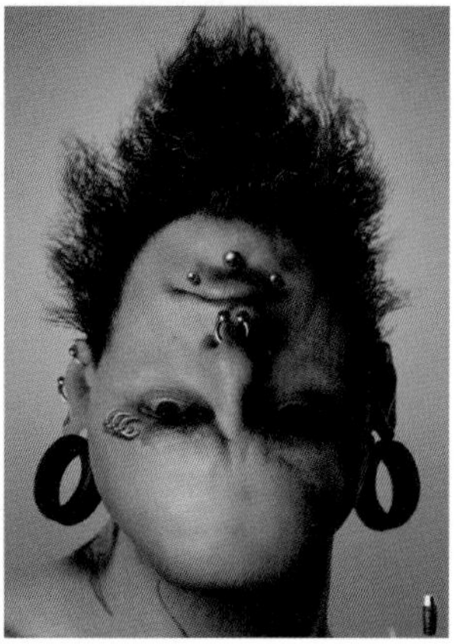

01. 뒤집어 보라(turn upside down).
02. 늘려 보라.
03. 줄여 보라.
04. 색을 바꿔 보라.
05. 더 크게 표현해 보라.
06. 더 작게 표현해 보라.
07. 둥글게 표현해 보라.
08. 네모로 표현해 보라.
09. 더 길게 표현해 보라.
10. 더 짧게 표현해 보라.

11. 시각적으로 표현해 보라.
12. 여건을 벗어나 보라.
13. 글로 써 보라.
14. 음악으로 표현해 보라.
15. 말과 음악을 붙여 보라.
16. 말과 음악과 그림을 붙여 보라.
17. 그림과 음악을 붙여 보라.
18. 말을 없애 보라.
19. 그림을 없애 보라.
20. 소리를 낮춰 보라.

21. 반복해 보라.

22. 삼차원으로 표현해 보라.

23. 이차원으로 표현해 보라.

24. 모양을 바꿔 보라.

25. 일부분을 바꿔 보라.

26. 세트로 표현해 보라.

27. 수집가의 품목으로 표현해 보라.

28. 예약을 받아 판매해 보라.

29. 예약으로만 판매해 보라.

30. 움직임을 주어 보라.

31. 기계처럼 표현해 보라.

32. 충격을 주어 보라.

33. 움직여 보라.

34. 뒤집어 보라(reverse).

35. 뭔가 달라보이도록 해 보라.

36. 짜임새를 주어 보라.

37. 낭만적으로 표현해 보라.

38. 향수소구를 추가해 보라.

39. 구식으로 표현해 보라.

40. 미래의 것처럼 표현해 보라.

41. 뭔가 다른 것으로 표현해 보라.

42. 더 강력하게 표현해 보라.

43. 더 오래 쓰는 것으로 표현해 보라.

44. 상징주의를 활용해 보라.
45. 현실적으로 표현해 보라.
46. 새로운 예술양식을 활용해 보라.
47. 사진으로 바꿔 보라.
48. 삽화로 바꿔 보라.
49. 서체를 바꿔 보라.
50. 사진설명으로 내용을 전달해 보라.

51. 광고를 신문사설처럼 표현해 보라.
52. 신문사설을 광고처럼 표현해 보라.
53. 새로운 광고 미디어를 활용해 보라.
54. 새로운 광고 미디어를 개발해 보라.
55. 더 열렬하게 표현해 보라.
56. 더 차분하게 표현해 보라.
57. 단서를 추가해 보라.
58. 단서를 바꿔 보라.
59. 냄새를 없애 보라.
60. 아이에게 소구해 보라.

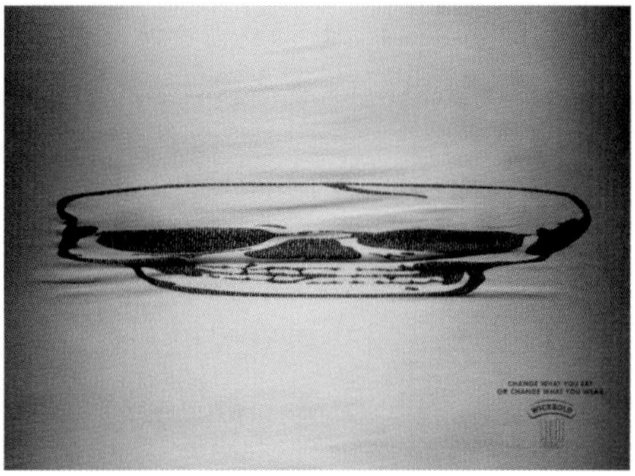

61. 여성에게 소구해 보라.
62. 남성에게 소구해 보라.
63. 가격을 낮춰 보라.
64. 가격을 올려 보라.
65. 성분을 바꿔 보라.
66. 성분을 추가해 보라.

67. 비틀어 보라.
68. 투명하게 표현해 보라.
69. 불투명하게 표현해 보라.
70. 다른 배경을 활용해 보라.

71. 다른 환경을 활용해 보라.
72. 매혹적으로 표현해 보라.
73. 시각효과를 활용해 보라.
74. 다른 요소를 활용해 보라.
75. 인간적 관심사를 추가해 보라.
76. 농도를 바꿔 보라.
77. 다른 용기에 담아 보라.
78. 포장을 바꿔 보라.
79. 아담하게 표현해 보라.
80. 소형화해 보라.

81. 대형화해 보라.
82. 제거해 보라.
83. 휴대용으로 표현해 보라.
84. 접이용으로 표현해 보라.
85. 극단적으로 표현해 보라.
86. 요약해 보라.
87. 방한장치를 해 보라.
88. 의인화해 보라.
89. 어둡게 표현해 보라.

90. 조명을 비춰 보라.

91. 밝게 표현해 보라.

92. 어른거리게 표현해 보라.
93. 번쩍거리게 표현해 보라.
94. 환하게 표현해 보라.
95. 산뜻하게 표현해 보라.
96. 장중하게 표현해 보라.
97. 경쾌하게 표현해 보라.
98. 판촉활동과 연계해 보라.
99. 경연대회를 해 보라.
100. 싹쓸이 경쟁을 해 보라.

101. 크기를 작게 해 보라.

102. 키워 보라.
103. 쪼개 보라.
104. 말을 줄여 보라.
105. 과장해 보라.
106. 대체품으로 판매해 보라.
107. 다른 용도를 찾아보라.
108. 빼 보라.
109. 나눠 보라.
110. 합쳐 보라.

111. 분명하게 해 보라.

112. 요소를 재배치해 보라.

113. 낮춰 보라.

114. 높여 보라.

115. 분리해 보라.

116. 섞어 보라.

117. 번역해 보라.

118. 박차를 가해 보라.

119. 점점 낮춰 보라.

120. 날려 보라.

121. 띄워 보라.

122. 굴려 보라.

123. 분쇄해 보라.

124. 조각내 보라.

125. 성적으로 소구해 보라.

126. 응축해 보라.

127. 구부려 보라.

128. 맞춰 보라.

129. 기울여 보라.

130. 매달아 보라.

131. 똑바로 세워 보라.

132. 속을 뒤집어 활용해 보라.

133. 옆으로 돌려 보라.

134. 꼬아 보라.

135. 가려 보라.

136. 균형을 맞춰 보라.

137. 균형을 깨뜨려 보라.

138. 분할해 보라.

139. 경쟁시켜 보라.

140. 뾰쪽하게 해 보라.

141. 윤곽선을 바꿔 보라.

142. 둘러싸 보라.

143. 태를 둘러 보라.

144. 둘둘 감아 보라.

145. 꽉 채워 보라.

146. 텅 비워 보라.

147. 열어 보라.

148. 철자를 잘못 써 보라.

149. 별명을 붙여 보라.

150. 검인해 보라.

151. 변형시켜 보라.

152. 포장해 보라.

153. 집중시켜 보라.

154. 펼쳐 보라.

155. 교체해 보라.

156. 굳혀 보라.

157. 녹여 보라.

158. 젤리처럼 해 보라.

159. 부드럽게 해 보라.

160. 딱딱하게 해 보라.

161. 증발시켜 보라.

162. 읊어 보라.

163. 좁혀 보라.

164. 넓혀 보라.

165. 웃기게 해 보라.

166. 풍자해 보라.

167. 짧은 카피를 써 보라.

168. 긴 카피를 써 보라.

169. 설명서를 덧붙여 보라.

170. 다른 용도를 찾아보라.

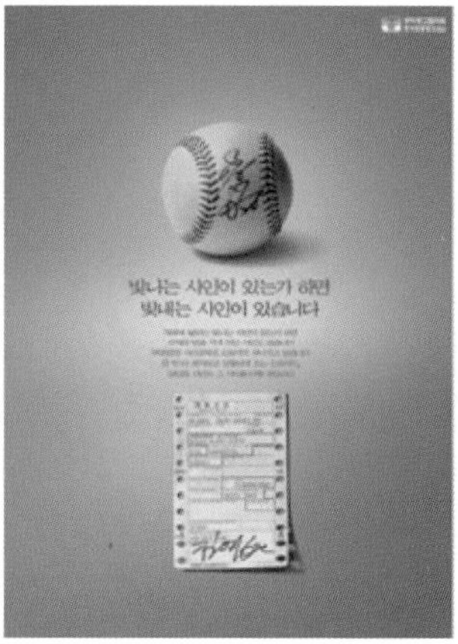

171. 조립품으로 만들어 보라.

172. 한 벌로 판매해 보라.

173. 정화해 보라.

174. 소독해 보라.

175. 더 풍부하게 해 보라.

176. 병에 넣어 보라.

177. 캔에 넣어 보라.

178. 상자에 넣어 보라.

179. 항아리에 넣어 보라.

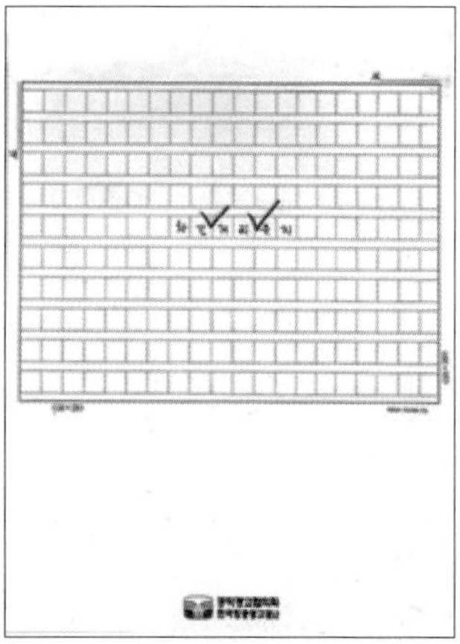

180. 단지에 넣어 보라.

181. 감싸 보라.
182. 접어 보라.
183. 펼쳐 보라.
184. 외상판매를 연장해 보라.
185. 공짜로 제공해 보라.
186. 원가에 제공해 보라.
187. 특가에 제공해 보라.
188. 안락함을 더해 보라.
189. 보호물을 제공해 보라.
190. 바탕을 바꿔 보라.

191. 유쾌하게 해 보라.
192. 불쾌하게 해 보라.
193. 젖어있게 해 보라.
194. 건조하게 해 보라.
195. 볼품없이 해 보라.
196. 오싹하게 해 보라.
197. 투사해 보라.
198. 부드럽게 해 보라.
199. 더 자극적으로 표현해 보라.
200. 단순화해 보라.

201. 이상의 무엇이든 결합해 보라.

3. 특징 및 기대효과

스테판 베이커(Stephen Baker)의 '201가지 발상법'은 사실 아이디어 발상에서 언급할 수 있는 모든 경우의 수를 거론한 것이라고 볼 수 있다. 특별한 발상의 방법을 제공하기보다는 하나의 제품이나 주제를 보는 관점을 폭넓고 다양하게 바꾸어 적용해 본다는 데 의미를 둔다. 따라서 책의 사례에서는 광고 비주얼 중심으로 소개하고 있으나 201가지 발상의 방법을 제품의 다자인이나 카피 또는 전략의 콘셉트를 설정하는 데도 효과적으로 활용할 수 있다.

4. 실습

'더 길게' 표현해서 더 재미있어지는 제품이나 상황을 그림으로 표현해 보자.

'없애거나 생략'하여 더 명확해지는 광고 카피를 작성해 보자.

'정지'되어 있는 물체나 상황에 '움직임'을 주어 흥미롭게 주목을 끌 수 있는 상황을 연출해 보자.

어떤 제품의 성능이 더 강력해지면 발생할 수 있는 상황을 과장하여 표현해 보자.

201가지 발상법 가운데 2~3가지를 결합(적용)하여 상상할 수 있는 다양한 표현 시도해 보자.

BIG
IDEA
THINKING
31

22.
잭 포스터 발상법

"아이디어는 성을 쌓는 작업이 아니라
길을 내는 작업이다."

준비물

- 메모지
- 필기구
- 판서도구

참여인원

- 개인 또는 그룹

소요시간

- Case by Case

기대효과

- 정보 수집에서 아이디어 발상까지 체계적인 접근 및 경험 가능
- 지금까지의 관점에서 벗어나는 새롭고 창의적인 발상 가능

1. 개요

잭 포스터(Jack poster)는 미국의 현대광고를 대표하는 인물이다. 그는 40여 년간 광고 카피라이터와 크리에이티브 디렉터로 일하면서 미국 LA Creative Club에서 '올해의 광고인'으로 선정되기도 하였으며, 아이디어 발상과정과 아이디어를 내는 과정에서의 마인드 컨트롤 연구에 관심을 갖고 대학에서 광고창작과 관련한 강의를 하였다.

잭 포스터의 아이디어 발상 과정과 잠자는 아이디어를 깨우는 방법 그리고 창의적인 발상을 위한 마인드 컨트롤은 똑같은 재료를 가지고 음식을 만든다 하더라도 만드는 사람의 방식과 절차 그리고 마인드에 따라 얼마나 다른 요리가 탄생되는지를 일깨워 준다.

2. 발상과정

1) 문제의 정의

아이디어 발상과정에서 '문제의 정의'는 매우 중요하다. 우리가 시험문제의 출제 의도를 잘 파악하는 것도 그렇고, 친구와 다투어 화해를 하고자 할 때도 마찬가지다. '무엇이 문제인지'에 대한 핵심을 정확하게 이해하지 못하면 그 문제를 해결할 수 있는 정확한 답을 찾아낼 수 없기 때문이다. 즉, 모든 아이디어 발상의 첫 단계는 우리가 아이디어를 통해 풀어내야 하는 문제가 무엇인지를 정확하게 아는 것이다.

지금 우리의 생활 주변을 살펴보면 인간의 생활을 바꿔 놓은 대부분의 아이디어의 첫 시작은 핵심 문제(problem)에 대한 정확한 파악과 정의에서 출발했음을 발견할 수 있다. 생활의 불편함이나 불합리함을 편리함이나 합리적인 것으로 바꾸기 위해 고민하고 노력한 흔적의 결과가 바로 창의적인 아이디어로 나타나는 것이다.

2) 정보의 수집

아이디어를 만들어 내는 데 정보는 왜 필요할까? 아이디어는 무에서 유를 창조해 내는 것이 아니라, 지금까지 있었던 다양한 사실을 새롭게 발견하고 조합하는 것이기 때문이다. 좋은 아이디어를 발상하기 위해서는 다양한 정보의 수집이 필요하다. J. Walter Thomson의 부사장을 지냈고, 1973년 뉴욕 카피라이터즈 클럽에서 '명예의 전당' 상을 수상한 불세출의 카피라이터 제임스 웹 영(James W. Young)은 광고인은 한 마리의 젖소가 되어야 한다고 했다. 마치 젖소가 풀을 먹어야 우유를 만들어 낼 수 있듯이 광고인도 머릿속에 들어 있는 것이 많을수록 더 좋은 아이디어를 짜낼 수 있다. 즉, 학교에 배운 것, 머릿속에 들어있는 잡다한 상식 그리고 다양한 체험과 경험이 광고인에게는 살이 되고 피가 된다. 그리고 처음부터 정보의 필요 유무를 너무 까다로운 잣대로 구분하는 것보다는 다양하고 폭넓게 수집된 아이디어로부터 점차로 좁혀가면서 접근하는 방법이 효과적이다. 어떤 정보에서 어떤 빅 아이디어가 탄생할지 아직은 아무도 모르기 때문이다.

중요한 것은 '어떤 정보를 얻을 것인가?' '그 정보를 어디에서 구할 것인가?' '어떻게 구할 것인가?'조차도 아이디어 발상 과정에서 매우 경쟁력 있는 능력이다. 즉, 요즘처럼 원하는 정보를 쉽게 찾을 수 있는 시대도 없다. 이제는 클릭 하나면 전 세계의 정보를 안방에서 찾을 수 있다. 거꾸로 정보가 너무 많아 걱정이다. 따라서 아이디어를 얻기 위해 정보를 찾는 단계에서부터 차별화가 이루어지지 않는다면 결국 모든 사람이 비슷한 자료에서 출발하는, 그야말로 아이디어만의 싸움이 될 수밖에 없다. 보다 경쟁력 있는 아이디어와 창의성을 발휘하기를 원한다면 정보수집 단계에서부터 차별화되고 경쟁력을 가질 수 있는 방법에 욕심을 내길 바란다. 내가 정보를 찾는 곳, 내가 정보를 찾는 방법이 남들과 다르다면 내 아이디어가 그만큼 경쟁력을 가지고 시작하는 것이기 때문이다. 자, 지금부터 남들은 모르는 자기만의 '정보의 원천'을 보유하는 자가 승리하는 자다.

3) 아이디어 탐색

아이디어 탐색 단계는 문제의 핵심과 모여진 정보들을 바탕으로 다양한 아이디어를 구성하고 만들어 내는 단계다. 이 단계에서는 아이디어의 좋고 나쁨을 성급하게 판단하려하지 말고, 최대한 많은 아이디어를 만들어 내려는 노력이 필요하다. 그런 후에 그 아이디어들을 결합하고, 비교하고, 종합하고, 나누고, 골라내자. 즉, 수집된 다량의 정보와 생각을 바탕으로 자유롭게 아이디어를 펼치는 단계다. 이 단계에서는 자신의 아이디어가 어떤 기준에 가두어지지 않고 자유롭게 생각하고 발상하는 분위기를 조성해 주는 것이 효과적이다. 그리고 스스로 너무 발전된 아이디어만을 추리려는 '완벽주의'를 추구하지 말고, 다소 정리되지 않은 아이디어도 서로 활발하게 표현하고 공유하는 자세가 필요하다. 가장 대표적으로 우리가 다 아는 '브레인스토밍(brainstorming)' 방법을 활용하는 것이다.

4) 일시적 망각

유명한 발명가나 예술가들을 보면 '우연히 화장실에서' 아이디어 떠올랐다고 하는 경우가 종종 있다. 이것은 아이디어 발상을 완전히 끝낸 단계가 아니라, 골똘한 생각으로부터 잠시 여유와 휴식을 갖는 상태를 말한다. 즉, 생각의 각도를 달리 하거나 아이디어를 내기 위해 잠시 숨을 고르는 단계라고 보는 것이 옳다. 각자 자신은 어떤 형태로 일시적 망각을 활용하는지 생각해 보자.

- 혼자 산책을 한다.
- 차를 마신다.
- 가벼운 내용의 책을 읽는다.
- 어려운 내용의 책을 읽는다.
- 화장실에 간다.
- 수면을 취한다.
- 운전을 한다.
- 영화를 본다.
- 수다를 떤다.
- 멍하게 창밖을 본다.
- 격한 운동을 한다.
- 낙서를 한다.
- 인터넷 서핑을 한다.
- 책상을 정리한다.

브레인스토밍을 할 때, 아이데이션을 할 때, 좋은 아이디어가 급하게 필요할 때 대부분의 아이디어는 어디서 나오는가? 회의실에서? 책상 앞에서? 보통은 회의실이 아닐 때, 책상 앞이 아닌 곳에서 아이디어가 나오는 경우가 대부분이다. 일본의 껌 브랜드 프리스크에서는 당신의 아이디어는 어디서 오나? 라는 주제로 재미있는 광고를 집행하였다. 침대에서 22%, 공원에서 18%, 세면대에서 7%, 변기에서 12%, 욕조에서 29%, 버스에서 17% 등 아이디어는 어느 곳에서나 탄생한다는 것을 발견했다. 아이디어는 압박이 없을 때, 자유로울 때, 일상 속에서 갑자기 나타난다. 지금 아이디어가 안 나와

서 걱정이라면, 책상에서 일어나 공원을 걷고, 맛있는 것을 먹으러 가고, 재미있는 것들을 보러 다니자. 그러면 아이디어는 스스로 당신 앞에 걸어 나올 것이다! 지금 앉아 있는 자리가 너무 편하다면 다소 불편한 자리로 옮기기를 추천한다.

5) 아이디어 실행

'구슬이 서 말이어도 꿰어야 보배'라는 속담이 있다. 아무리 좋은 아이디어라도 그 아이디어가 꿰어지지 못하고 휴지통으로 들어간다면 아무런 가치가 없다. 따라서 실행 가능성이 없는 아이디어는 좋은 아이디어가 아니며, 앞의 단계들을 통해 떠오른 아이디어들이 실제로 광고로 만들어져 소비자의 눈과 귀에 보이고 들려 마음과 행동을 움직이게 만드는 것이 아이디어 발상의 최종 목적이다.

가끔 아이데이션을 진행하다 보면 얼핏 듣기에는 매우 독창적이고 멋진 아이디어인 것 같아 실제로 제작을 진행하다가 이런 저런 많은 문제점에 부딪쳐 현실화되지 못하거나, 실제 제작물로 만들어졌다 하더라도 처음 아이데이션 단계에서 기대했던 것만큼의 창의성이 돋보이지 않는 경우들을 종종 경험하게 된다. 이것은 아이디어의 선택과 세공을 담당하는 CD(Creative Director)가 그 실행의 단계까지 정확하게 내다보고 판단하지 못함의 결과라고 할 수 있다. 즉, 회의 시간에 아무리 좋은 아이디어라도 현실적으로 제작되기 불가능한 아이디어라면 '허황된 망상'에 불과하다. 결국, 아이디어 발상의 모든 단계의 최종 목표는 실행에 있다고 볼 수 있다. 따라서 아이디어를 내거나 아이디어를 선택하여 발전시키는 모든 팀원은 아이디어 자체가 아니라 그 아이디어가 소비자들 앞에 어떤 모습으로 나타나 보일 것인가를 염두에 둔 발상훈련을 할 필요가 있다.

3. 잠자는 아이디어 깨우기

인간은 약 200만 년 전부터 소화기관은 줄어들고 뇌의 크기가 커지기 시작했다. 직립보행을 시작하면서 고작 500cc 남짓했던 뇌는 오스트랄로 피테쿠스(Australopithecus Africanus)에서 호모 엘렉투스(Homo Erectus)와 호모 사피엔스(Homo Sapiens Sapiens)를 거치면서 세 내배에 달하는 크기(평균 1.4kg)로 커져왔다. 물론 두뇌의 크기만 커진 것이 아니라 두뇌가 가진 능력도 그에 비례하면서 진화해 왔다. 그리고 약 3천 년 전 고대 도시국가가 발전하던 시기에 문자와 기록기술이 발전하면서부터 인간의 뇌는 다시 작아지기 시작했다고 한다. 정보의 외장화와 분업화로 더 이상 모든 지식이나 기억을 개인의 머릿속에 저장할 필요가 없어진 것과 유관하다는 해석이다. 어떤 학자들은 인간은 자신의 뇌가 가지고 있는 능력의 10% 정도만 사용할 뿐이라고 하고, 어떤 학자들은

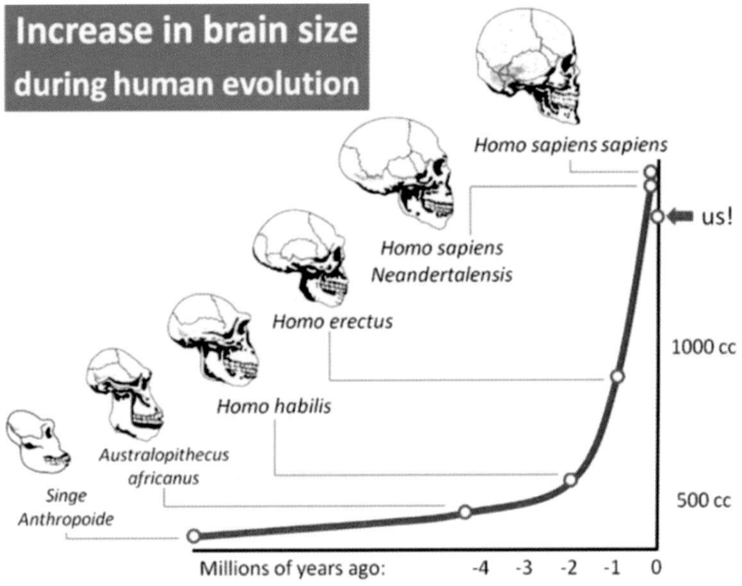

[그림 22-1] **인간의 뇌 크기 변화**

인간의 자신의 뇌가 가진 능력을 활발하게 사용하고 있다고 발표하고 있다. 어쨌든 중요한 것은 인간의 뇌는 자신이 가진 능력을 충분히 완벽하게 사용하지 못하고 있다는 것이다. 그렇다면 어떻게 뇌 속에서 잠자고 있는 아이디어를 깨울 것인가?

1) 틀에서 벗어나라

잠자는 아이디어를 깨우기 위해 잭 포스터가 첫 번째로 제안하는 방법은 지금까지 정답이라고 생각했던 것들 속에서 과감하게 벗어나는 것이다. 좋아하던 메뉴, 편한 의자와 침대, 매일 다니던 산책길, 본인도 모르게 익숙해진 말투나 글의 논조…… 이외에도 수많은 익숙함의 틀에서 과감하게 벗어나는 것이 잠자는 아이디어를 깨우는 첫 번째 방법이다. 고정관념과 정해진 틀에서 벗어나 새로운 시도를 시작하자.

2) 새롭게 보라

'새롭게 보기'는 시와 같은 문학적 발상법에서도 강조하여 다루고 있다. 결국 창의성이란 모두가 보는 것들 속에서 아무도 보지 못하는 의미와 가치를 발견해 내는 작업이다. 매일 출근길에 보던 것들을 다시 새롭게 보고 꼼꼼하게 기록해 보기, 계절에 대한 관점을 새롭게 해 보기, 과거에 읽었던 책을 새롭게 다시 읽어 보기, 이러한 노력들은 무심코 지나쳤던 많은 것을 새로운 모습으로 보이게 할 것이다.

3) 시각적으로 생각하라

'시각적으로 생각하기'는 창의성을 키우는 데 매우 긍정적인 역할을 한다. 특히 카피라이팅 교육 과정에서 눈에 보이고 시각적인 상상을 자극하는 카피를 쓰는 훈련은 좋은 카피를 쓰는 데 도움을 준다. 아인슈타인은 어떤 생각이 그림으로 먼저 떠오르고 이것을 언어나 공식으로 표현했다. 비주얼은 만국 공용어이다. 지금 떠오르는 말이나 글을 그림으로 표현하는 연습을 해 보자.

4) 경계를 만들지 말라 또는 제한을 두라

생각의 경계는 스스로 아이디어의 장벽을 쌓는 일이다. 스스로 아이디어의 함정을 파지 말고 자유롭게 상상해 보자. 상상은 라디오 안에서도 수백만 명의 병사가 말을 타고 달리는 모습을 가능하게 만들기도 하고, 햇병아리 주니어의 아이디어를 세상을 바꾸는 빅 아이디어로 성장시키기도 한다. 그러나 때로는 약간의 제한을 두어 자극하는 것도 좋다. 예를 들면, '10분 안에 열 가지 아이디어 생각하기' 같은 잔인한 방법으로 말이다.

5) 규칙을 깨라

아이디어 발상에 왕도란 없다. 아이디어는 정해진 규칙에서 나오는 것이 아니라 자유로운 환경과 경계를 허무는 상상에서 탄생한다. 피카소의 그림이나 백남준의 작품에서 딱딱한 규칙 따위는 찾아볼 수 없다. 당신만의 아이디어를 내는 규칙이 있는가? 그것은 규칙이 아니라 루틴이다. 아이디어 발상을 위해 필요한 유일한 규칙은 '딱딱한 규칙을 미리 정하지 않는 것'이다.

6) 다른 분야에 관심을 돌려라

창의적인 크리에이터들은 스펀지와 같은 성향을 가지고 있다. 주변에서 일어나는 모든 것들에 관심과 호기심을 가진다. 그리고 폭넓은 분야에서 해박한 지식을 가지고 있다. 유능한 크리에이터일수록 아이디어의 폭은 우리가 생각하는 것보다 매우 넓다. 화장품 광고의 아이디어는 화장품에서만 나오는 것이 아니고, 새로운 자동차 생산의 아이디어는 자동차 안에서만 나오는 것이 아니다. 오늘부터 관심의 폭에 360° 회전카메라를 설치하라. 미술의 아이디어를 음악에서 찾고, 음악의 아이디어를 미술에서 찾으려고 노력하라.

4. 발상을 위한 마인드 컨트롤

똑같은 재료를 가지고 음식을 만든다 하더라도 어떤 요리사가 어떤 마음을 가지고 만드는가에 따라 음식의 맛과 영양은 천차만별이 될 수 있다. 아이디어 발상도 마찬가지다. 아이디어를 내는 사람이 어떤 생각과 마음자세를 가지고 아이디어 발상에 임하는가가 아이디어의 결과에 큰 영향을 미친다. 아이디어 발상을 위한 잭 포스터의 '마인드 컨트롤'에 관해서 살펴보자.

1) 생활을 즐기라

억지로 아이디어를 짜내는 친구와 즐기면서 아이디어를 만드는 친구 가운데 어떤 친구가 더 훌륭하고 재미있는 아이디어를 만들어 낼 수 있을까? 딱딱한 뇌보다는 말랑말랑한 뇌에서 더 신선한 아이디어가 나온다. 즐겁게 게임을 하는 기분으로 아이디어 발상을 즐기자. 이것이 빅 아이디어를 내는 첫 걸음이다.

2) 일단 많은 아이디어의 주인이 되라

수학은 정답이 하나지만 아이디어에 하나의 정답이란 있을 수 없다. 모든 문제에는 수많은 해결책이 있고, 아이디어 역시 많은 아이디어를 어떻게 조합하고 활용하는가에 따라 얼마든지 더 좋은 아이디어가 나올 수 있다. 따라서 평소에 친구들로부터 '아이디어 창고' 라는 별명이 생길 정도로 많은 아이디어를 갖도록 노력하자. 그런 아이디어의 텃밭이 훌륭한 광고를 만드는 빅 아이디어의 초석이 된다.

3) 목표를 정하고 확신하자

아이디어의 목표가 '몇 퍼센트'나 '몇 점짜리'처럼 구체적으로 정해질 수는 없지만, 마음속으로 어느 정도 수준, 어느 정도 분량의 아이디어를 내겠다는 목표를 정하는 것은 발상에 도움을 준다. 또한 스스로 빅 아이디어를 충분히 낼 수 있다고 믿는 마음을 가진 사람들이 좋은 아이디어를 낼 확률이 높다. 명확한 '목표 의식'과 강한 '자기 확신'은 장기적으로 훌륭한 크리에이터로 성장할 수 있는 인재인가 아닌가를 판가름하는 중요한 기준이다.

4) 어린이가 되라

어린이에게는 사물을 있는 그대로 보는 눈이 있다. 어린이에게는 정해진 규칙이 많지 않다. 어린이들은 어른에 비해 자유롭게 관찰하고, 이해하고, 상상한다. 따라서 창의적인 아이디어를 내기 위해서는 어린이의 시각과 생각이 필수적이다.

5) 정보량에 욕심내라

훌륭한 카피라이터는 식욕이 왕성한 젖소와 같다고 했다. 어차피 아이디어는 무(無)에서 탄생하는 것이 아니라, 유(有)에서 새로운 유(有)를 창출해 내는 것이다. 정보의 양에 욕심을 낸다는 말은 빅 아이디어를 내기 위한 욕심이 크다는 것과 같은 말이다. 즉, 크리에이티브의 밭에 뿌릴 많은 씨앗을 가지고 있다는 것은 그만큼 빅 아이디어를 낼 수 있는 가능성이 크다는 것을 의미한다.

6) 자신감을 갖자

아이디어를 내는 사람들은 대부분 예민하다. 그리고 자신의 아이디어에 대해서 다른 사람들이 나쁘게 평가하는 것에 대한 두려움이 있을 수 있다. 그러나 실력 있는 크리에이터는 자신의 아이디어를 동료 선후배들에게 보여 주고 평가받는 것을 두려워하지 않는다. 이 세상에 필요하지 않은 아이디어란 없다. 자신감이 없거나 거꾸로 자존심이 너무 강해서 완벽한 아이디어가 나오기 전까지 아이디어를 내지 않는다면 빅 아이디어를 만들어 낼 수 있는 가능성의 확률을 그만큼 줄이는 꼴이다. 아무리 작은 아이디어라도 그 아이디어가 빅 아이디어의 시금석이 될 수 있다는 생각을 가지고 자신 있게 입을 열길 바란다.

7) 열린 마음으로 생각하고 정리하라

아이디어 발상의 기본적인 자세는 모든 가능성을 열어 두는 것이다. 미리 생각의 틀은 제한하거나 논리에 맞지 않는다고 아이디어를 제거하는 행동은 바람직하지 않다. 천재와 바보가 통하는 점은 우리가 생각하지 못했던 것들을 연결시키는 능력이다. 지금 우리는 천재인가? 바보인가? 『The Design of Business』의 저자 로저 마틴(Roger Martin)은 골치 아픈 문제를 해결하기 위해 우리가 쓸 수 있는 방법으로 '분석'과 '직관'을 이야기하면서, 분석적 사고는 논리적 추론과 계량적 검증을 거치는 반면, 직관적 사고는 순간적 영감과 창조적 직감을 통해 새로운 가능성을 찾아내는 것이라고 규정하고 있다. 그러나 어떤 분야에서든지 창조적 혁신을 달성하기 위해서는 '분석과 직관' 어느 한쪽만 가지고서는 충분하지 않으며, 이 두 가지 방법이 적절하게 조화를 이룰 때 비로소 혁신이 가능하다는 것이다. 창의적인 아이디어 발상을 위해서라면 지금까지 이미

계량적으로 검증되어진 분석적 · 논리적 사고의 틀에서 다소 벗어나는 부분의 생각까지 폭넓게 수용하는 열린 마음이 필요하다.

8) 상상하고 결합하라

잭 포스터는 지금까지의 규칙을 파괴하는 자유로운 상상, 그리고 이러한 상상력들을 조합하는 과정이 아이디어의 발전을 이루어 낸다고 한다. 이것은 스테판 베이커(Stephen Baker)의 '201가지 발상법'에서 마지막 단계인 201번째 방법이 '위의 모든 것을 결합해 보라.'와 일맥상통하는 부분이 있다.

5. 특징과 기대 효과

잭 포스터가 제안하는 첫 번째 발상과정에서는 정보 수집에서 아이디어 발상까지 체계적인 접근 및 경험이 가능하다는 특징을 가지고 있다. 특히, 정보의 수집 단계에서 넘쳐나는 정보 가운데 필요한 정보를 찾아내는 본인만의 노하우나 정보의 창의적 수준의 중요성이 강조된다. 또한, 아이디어를 깨우는 방법과 마인드 컨트롤에서 지금까지의 관점에서 벗어나는 새롭고 창의적인 발상 가능성을 기대할 수 있게 한다.

6. 발상 실습

정보의 수집

대한민국 어린이 '비만 예방 캠페인'을 진행하기 위한 정보를 10분 동안 수집하여 발표하기

○ 수집 방법:

○ 수집 내용:

대한민국 국민 '1인 1년 10권 독서 캠페인'을 진행하기 위한 정보를 10분 동안 수집하여 발표하기

○ 수집 방법:

○ 수집 내용:

틀에서 벗어나기

다음의 항목에 관하여 연습하고 실천하기

항목	연습하기
틀에서 벗어나기	지금까지 단 한 번도 인사를 나누지 못한 동료(선후배)에게 다가가서 눈 맞추며 안부인사하기
새롭게 보기	친한 친구(선후배)의 모습에서 지금까지 보지 못했던 새로운 모습 발견하기
제한 두어 생각하기	3분 동안 3명의 친구 이름으로 3행시 짓기 1) 홍길동 2) 나빛나 3) 왕기쁨

BIG
IDEA
THINKING
31

23. 지그재그

"규칙 같은 건 없다."

준비물

- 백지 한 장
- 필기구

참여인원

- 개인

소요시간

- Case by Case

기대효과

- 주제를 카테고리별로 구분 설정하여 체계적인 아이디어 발상 가능
- 프로젝트의 주제에 따라 적합 '지그재그' 요소를 적용하여 강화하는 훈련 가능
- 광범위한 주제의 경우 착안점을 세분화한 발상 가능

1. 개요

창의성은 우리가 입는 옷, 살고 있는 빌딩, 먹는 음식, 그리고 자동차에 이르기까지

삶을 이루는 수천 가지 것들에 큰 영향을 미친다.

창의성은 우리가 사는 세상을 구성하고, 발전시키고, 완성하고, 설명한다.

우리의 미래가 창의성에 달려 있다는 것은

누구도 부인할 수 없는 현상이다."

– 존 헤가티(John Hegarty) –

존 헤가티(John Hegarty)는 영국의 광고회사 BBH(Bartle Bogle Hegarty)의 창업자로 세계에서 가장 많은 크리에이티브상을 수상한 인물이다. D&AD 영국의 최고의 디자인상인 'President's Award'를 수상했으며, 'New York Art Directors Club' 명예의 전당에 올랐고, 'Cannes Lions Creativity Festival'에서 광고계에 지대한 공헌과 업적을 세운 사람에게 주어지는 '산 마르코 사자상(Lion of St. Mark)'을 첫 번째로 수상했다. 2007년에는 광고계에서 쌓은 업적을 인정받아 영국 여왕으로부터 기사 작위를 받았다. 존 헤가티는 그의 저서 『지그할 때 재그하라』에서 49가지 창의적 생각법(Zig Zag Thinking)을 소개하고 있다.

2. 활용법

1) 백지에 맞서기(the blank page)

백지는 창의적인 사람에게 큰 도전이다. 작가들이 백지를 앞에 두고 무엇을 써야할

지 고민할 때 공포감을 느낀다. 창의력이란 아무것도 없는 데서 무언가를 만들어 내야 하는 것이라 두려울 수 밖에 없다. 그렇다면 어떻게 시작해야 할까? 실패의 두려움과 뭔가 조금 부족한 것 같은 불안을 어떻게 극복할까? 우디 앨런(Woody Allen)은 "나는 글을 쓰는 과정 그 자체를 사랑한다. 그래서 나는 시작을 두려워하지 않는다."라고 했다. 그 비결은 '실패는 없다.'라는 확신이다. 실패의 가능성을 거부하는 것, 이것이 창의적인 생각을 시작하는 첫 번째 열쇠다. 자신감을 가지고 자신의 작품을 즐겨라. 당신이 무언가를 즐길 때 창의적인 에너지로 가득한 흥분된 감정이 당신을 계속 자극할 것이다. 그냥 '놀이'라고 생각하자. 그러한 생각이 당신이 원하는 것을 얻을 수도 있게 하고, 당신이 좋아하는 곳 어디로든 갈 수 있게 만든다.

2) 아이디어와 오리지널(idea & original)

아이디어(idea)는 창의성의 매우 중요한 요소다. 글쓰기부터 영화제작, 그림, 작곡에 이르기까지 모든 것은 아이디어에서부터 시작된다. 아이디어가 없다면 아무것도 가지고 있지 않은 것과 마찬가지다. 아이디어는 정신적인 노력이 만들어 내는 생각이나 계획이라고 정의할 수 있다. 이 말은 실체가 있는 어떤 것을 해냈다는 말이다. 그리고 아이디어를 내는 일은 다른 그 어떤 활동보다 민주적인 활동이다. 특별한 허가나 자격이 필요한 것도 아니고, 언제든, 어디서든, 앉아서도, 서서도, 누워서도 아이디어를 낼 수 있다. 아이디어는 항상 당신을 위해 존재하고 당신이 생각해 주기를 기다리고 있다. 오리지널(original)은 창의성의 사전에서 가장 무의미한 단어다. 세상의 그 어떤 것도 진정한 오리지널은 있을 수 없다. 인간이 만드는 모든 것은 이미 존재하는 것을 바탕으로 한다. 아이디어란 다른 아이디어를 빌리고, 뒤섞고, 뒤엎고, 계발하고, 교환하면서 나오는 새로운 산물이다. 따라서 아이디어의 가치는 우리를 둘러싼 세상으로부터 어떻게 영감을 끌어내고, 새로운 방식으로 그것을 재해석하는가에 있다. 창의성은 세상을 보는 관점에 질문을 던지고, 해석하고, 영감을 주어야 한다. 아이디어의 세상에서는 다름과 대담함이 중요하다. 오리지널은 중요하지 않다.

3) 대담하라(fearlessness)

'어떻게 하면 창의적인 사람이 될 수 있을까요?'라는 질문에 나는 '우리 모두는 창의적입니다. 이 점이 인간을 흥미롭게 만드는 것이지요. 우리 모두는 아이디어를 떠올리고 문제의 해답도 떠올립니다.'라고 답했더니 그가 다시 물어 왔다. '어떻게 하면 당신처럼 창의적인 일을 직업으로 삼을 수 있을까요?' 이 질문은 솔직히 내가 지금까지 단 한 번도 생각해 본 적이 없는 질문이라 당황하면서 '나는 본능으로 살아왔고, 본능은 항상 나에게 창의적인 신념을 따르라고 합니다.'라고 대답했지만 이것으로는 충분하지 않은 것 같아 가만히 그동안 내가 해 왔던 일과 내가 존경하는 사람들을 생각해 보았다. 그리고 무엇보다 내가 소중하게 여기는 한 가지가 있었음을 깨달았다. 그래서 '대담하라.'라고 대답했다. 매일 새로운 아이디어를 가지고 출근하고, 하루에도 수없이 많은 회의론자들 앞에서 프레젠테이션을 해야 하는 광고인에게 '대담함'은 필수 조건이다. 공식에 따라 생산해 내는 아이디어가 무슨 소용이 있을까? 어떻게 해야 공식을 따르지 않고 새로운 것을 만들어 낼 수 있을까? 대담함이 당신을 그 길로 안내할 것이다.

4) 혼돈 vs. 프로세스(chaos vs. process)

창의성을 꽃피울 수 있는 기업문화를 만드는 길에는 본질적으로 두 가지 방식이 있다. '혼돈(chaos)'과 '프로세스(process)'다. 여기서의 혼돈은 형식을 최소화하고, 자유롭게 아이디어를 공유하고, 어느 정도 스케줄이 무시되는 '창의적 혼돈'을 의미한다. 또 하나의 방식은 원활한 아이디어의 계발을 보장해 줄 시스템을 운영하고 창의적인 결과물이 제시간에 나오도록 스케줄을 관리하는 프로세스 시스템이다. 창의적인 작업을 하는 기업이라면 '혼돈'과 '프로세스' 가운데 어떤 방식의 길을 갈 것인지를 결정해야 한다.

5) 모두 예술가(we are all artists)

창의성은 인간의 타고난 본성이지만 모든 사람이 똑같은 창의적 능력을 가지고 있는 것은 아니다. 상대적으로 다른 사람보다 뛰어나게 창의적인 사람은 분명히 존재한다. 우리는 모든 사람이 모든 것을 할 수 있고, 모든 것에 영향을 주어야 한다고 생각하는 세상에 살고 있다. 기술의 발달로 창작을 하거나 자신을 표현하는 일이 예전보다 쉬워졌다고 해서 모두가 탁월한 창의성을 발휘하지는 않는다. '평범한 일'을 멈추고 '쓸모있는 일'을 찾아라. 인생의 중요한 스킬 가운데 하나는 자신의 재능을 알고 존중하는 것이다. 자신을 알면 더 많이 배우게 되고 그에 따른 만족감도 훨씬 커질 것이다.

6) 단순함의 진리(simple truths)

광고에서 말하는 '축소의 힘'이란 복잡한 생각을 줄여 단순하고 강력한 메시지를 만드는 일이다. 복잡한 아이디어는 상대를 당황하게 하고 혼란스럽게 만든다. 사람들의 머릿속에 강력하게 남는 그 무엇의 근본은 '진실함'에 있다. 창의성에 있어서 가장 강력한 힘은 '진실함'이다. 진실을 발견하고 그 진실에 상상력을 구사해 표현하는 것이 당신이 개발해야 할 스킬이다. 그 진실을 단순하게 만드는 것이 역시 가장 강력한 무기다.

7) 머리 vs. 가슴(head vs. heart)

"마음이 오늘 아는 것을 머리는 내일 이해할 것이다." 아일랜드 작가 제임스 스티븐스(James Stephens)의 말이다. 우리는 일반적으로 논리적인 것보다 감성적인 것에 더 많이 반응한다. 크리에이터로서의 생각을 비우고, 제품이나 작품이 자신을 어디로 이끄는지를 관찰하고 파악하는 것은 중요하다. 마음에 귀를 기울이고 감성이 자신을 안내하도록 자극하라. 언제 최고의 아이디어가 나오는가? 많은 사람이 '생각하고 있지 않을 때'라고 답한다.

8) 분노효과(get angry)

때로는 갈등(conflict)이나 분노(angry)가 창의성을 폭발시키는 원동력이 되기도 한다. 대부분의 사람들에게 분노는 스트레스를 유발하지만, 창의적인 작업을 하는 사람들에게 분노는 긍정적인 힘을 발휘할 수 있게 한다. 분노가 작품으로 표현될 때 더욱 심오한 결과를 만들어 내기도 하고, 기대했던 것보다 더 강력한 아이디어를 창출해 내기도 한다. 분노하라. 하지만 분노가 자신을 해치지는 않도록 하라.

9) 간결하게 말하기(words are barrier to communication)

현대인은 과거보다 더 많이 보면서 덜 읽고 있다. 수많은 스크린과 정보 속에서 좀 더 효과적으로 정보를 흡수하는 방법을 찾기 위해 글을 사용하는 문자의 영향은 점점 작아지고 시각 언어의 가치는 커지고 있다. 이미지의 시대는 우리에게 더 짧은 문장, 더 명확한 메시지를 요구한다. 창의성을 상대의 마음속에 파고들어 그 속에서 자리를 잡는 경이에 비유한다면, 예술가들은 자신의 주장을 보다 빨리, 보다 스마트하게, 보다 강력하게 전달하는 데 능숙한 프로가 되어야 한다.

10) 병렬의 힘(juxtaposition)

병렬은 검은색(black)을 더 검게 보이기 위해 옆에 흰색(white)을 배치하는 것처럼, 두 개의 상반된 사물 또는 아이디어를 같이 경쟁적으로 배치하는 것이다. 이 방법은 본성이나 특징이 정반대인 두 개의 제품 또는 아이디어의 대비를 통해 자신이 전달하고자 하는 메시지를 극대화하여 표현하는 데 매우 효과적이다.

11) 지그할 때 재그하라(zig zag)

1982년 리바이스가 Black Jean 출시를 앞두고 집행한 '검은 양' 광고를 기억하는가? 그 캠페인의 카피가 "When The World ZIGS, ZAG"다. 우리의 생각에서 'ZAG'는 어디에 있는가? 항상 반대의 방향을 봄으로써 우리는 새로운 것을 찾을 수 있다.

12) 스토리텔링(storytelling)

왜 스토리텔링이 창의적인 프로세스에서 중요한가? 그것은 당연히 아이디어를 풍부하게 만들기 때문이다. 인간은 이야기를 통해 배우고, 어울리고, 즐거워한다. 이야기는 인간의 가슴에 항상 무언가를 남긴다. 그래서 스토리텔링은 어떤 의사소통의 형태보다 강력하다. 제품이나 브랜드 속에 숨어 있는 강력한 스토리를 찾아서 발전시켜라.

13) 기술은 창의성의 도구(technology)

구텐베르크(Gutenberg)는 인쇄기와 금속활자를 발명했지만 출판 산업을 만들지는 않았다. 루미에르(Lumiere) 형제는 촬영기를 발명했지만 영화 산업을 발전시키지는 못했다. 그들은 창의적인 신기술과 새로운 활용법을 생각해 낸 것이다. 기술을 두려워하지 말라 그리고 무시하지도 말라. 새로운 기술들과 부담 없이 재미있게 즐기라. 기술은 도구에 불과하지만 그 도구가 당신의 창의성을 배가시킨다.

14) 냉소주의(cynicism)

냉소주의는 창의성의 무덤이다. 창의성은 즐거운 것이고, 긍정적인 행위이다. 창의성은 변화시키고, 격려하고, 열정을 불어넣고, 세상을 다르고 흥미롭게 만든다. 당신의 주위에 누군가 냉소주의에 빠져들었다면 재빨리 다른 곳으로 당신의 자리를 옮겨라. 냉소주의자들은 꽃향기를 맡을 때조차도 관을 찾아 두리번거리는 사람들이다.

15) 왜?(why?)

'왜(why)?'라는 호기심과 질문은 창의적인 작업을 할 때 매우 중요한 역할을 한다. 창의성은 끊임없는 탐색이고 발견이다. 계속 질문하라. 창의적인 사람은 어린이 같은 생각으로 모든 것을 궁금해하고 질문을 던진다. 이것을 우리는 '창의적 무지'라고 한다. 모든 사람과 모든 것에 '왜?'라는 질문을 하라. 이 단순한 태도가 세상을 바꾸는 아이디어를 발견하게 하는 지름길이다.

16) 직업이 아닌 몰입(pre-occupation)

창의성은 몰입(immersion)이다. 창의적인 사람들은 하루 종일 무언가를 탐구하고, 무언가에 매료되고, 지식을 쌓고 관여한다. 한 번 무엇인가에 빠지면 멈출 줄을 모른다. 그러나 조심하라. 나는 광고 일을 하지만 광고에만 머물지 않는다. 당신도 자신의 세계에서 자주 벗어나야 한다. 주변을 둘러보고 더 낯설고, 더 놀랍고, 더 폭넓고, 더 새로운 것을 입력할수록 더 흥미로운 결과가 나오기 때문이다.

17) 철학(philosophy)

창의성은 자아의 표현(self-expression)이다. 창작자들은 자신의 야망과 신념, 관심, 개성, 경험과 같은 것들을 작품으로 표현한다. 자신에게 물어보라. '무엇이 나를 흥분시키는가?' '무엇이 나의 창의적인 작업에 원동력이 되는가?' 이 질문에 답을 하지 못한다면 당신의 일은 공허할 것이다. 궁극적으로 생각과 직업의 토대가 되는 철학적 기준이 없다면 당신의 작품은 사람들을 감동시키지 못한다.

18) 헤드폰 벗기(remove your headphones)

하루 종일 헤드폰(이어폰)을 끼고 돌아다니는 직원들을 보면 화가 난다. 왜, 이들은 스스로를 세상과 차단하는 걸까? 창의적인 영감은 우리 주위 곳곳에 있다. 우리가 보고, 듣고, 만지고, 맛보는 세상의 모든 것이 새로운 아이디어의 원천이 된다. 헤드폰은 이러한 영감으로부터 우리를 원천적으로 차단한다. 창의적인 작업을 하면서 헤드셋을 끼고 하루를 보내는가? 설마 아직도 이어폰을 끼고 있는가?

19) 최고와 어울리기(mix with the best)

지금 당신이 가장 자주 어울리는 5명의 수준이 당신의 수준이다. 당신의 주위에 뛰어난 작품이나 사람들이 있다면 당신의 실력도 점차 향상될 것이다. 재능이 많은 사람들은 서로를 알아보고 서로 어울린다. 이는 자신보다 실력이 뛰어난 선수들과 연습경기를 하면 자신의 실력이 느는 것과 마찬가지다. 작가, 화가, 건축가, 디자이너, 카피라이터도 마찬가지다.

20) 경제지 읽기(read the economist)

창의적인 직업을 가진 사람들이 왜 경제지를 읽어야 할까? 첫째, 전혀 다른 소재에서 정보를 찾는 것이 중요하기 때문이다. 당신이 영감을 얻기 위해 다른 크리에이터들과 같이 크리에이티브 잡지를 보고, 미술관에 가고, 똑같은 영화나 공연을 관람한다면 당신은 다른 사람들과 똑같은 생각을 시작할 것이다. 둘째, 당신은 언제든지 금융회사나 금융 관련 기업 또는 사업의 광고 캠페인을 담당할 수 있기 때문이다.

21) 존경하되 숭배하지 않음(respect don't revere)

존경(respect)과 숭배(revere)는 다르다. 훌륭한 작가나 작품의 우수성을 존경하고 배우되 숭배하지는 말아야 한다. 숭배는 위험한 것이다. 자신과 자신의 비전을 믿고 대담하게 남들과 달라져라. 스승을 무작정 숭배하지 말고 위대한 작품을 존경하고 자신의 '타산지석'으로 삼아라. 가장 이상적인 배움의 실천은 '청출어람'이다.

22) 좋은 것은 위대한 것의 적(good is the enemy of great)

이 뜻을 이해한다면 당신을 크게 성공할 것이다. 괜찮은 아이디어, 좋은 아이디어에 만족한다면 절대로 '위대한 아이디어'를 만날 수 없다. 괜찮은 아이디어가 나왔다고 생각될 때, 스스로 그 아이디어에서 한발 벗어나서 다시 한번 질문하라. '이것이 가장 최선이 아이디어인가?' '이것이 정말 위대한 아이디어인가?' 좋은 아이디어에 절대로 적당히 타협하지 말라.

23) 설득(persuasion)

"'설득'이라는 단어는 물건을 팔 때, 특히 원하지 않는 물건을 판매하기 위한 말 같아서 썩 좋은 느낌을 주지 않는다."라는 존 헤가티(John Hegarty)의 말에 전적으로 동감한다. 그럼에도 불구하고 사실상 우리 주변의 대부분의 대화는 일종의 설득과 관련이 있다. 아이들에게 야채를 먹일 때, 당신이 구입한 샤넬 드레스가 비싼 만큼 충분히 가치가 있다는 것을 설명할 때……. 때로는 '설득'이 선한 일을 하기 위한 도구가 되기도 한다. 아니, 되어야 한다.

24) 전문가(specialize)

당신이 진실로 위대한 아이디어를 생각해 내고 싶다면 한 가지 주제나 분야에 집중하는 용기와 결단력이 필요하다. 이것이 성공의 견고한 토대가 되기 때문이다. 한 가지 분야를 깊이 있게 마스터하고 난 뒤에 다른 것을 시도해야 한다. 자신이 선택한 분야에 온전히 헌신해 온 사람들이 결국 자신의 작품을 특별하게 만들어 낸다.

25) 성공을 만드는 연습(practice makes perfect)

말콤 글래드웰(Malcom Gladwell)은 그의 저서 『아웃사이더』에서 '1만 시간의 법칙'을 소개했다. 무엇인가를 뛰어나게 잘 하려면 최소한 1만 시간 이상의 연습이 필요하다는 것이다. 연습하고 또 연습하라. 연습이 당신의 창의성 완벽하게 만들어 줄 것이다. 그리고 연습만큼 중요한 것이 있다. 그것은 연습하고 있는 그것이 무엇이든 완성시키는 것이다.

26) 새로운 페이지를 넘길 때(when to turn over the page)

그림을 그리다가 잘못되었을 때 하지 말아야 할 것은 스케치북을 넘겨 새로운 페이지에서 다시 그림을 그리기 시작하는 것이다. 설사 그림의 시작이 잘못되었더라도 제대로 될 때까지 작업을 계속해야 한다. 다 그리고 나서 한 장을 넘겨 새로운 그림을 시작해야 한다. 우리가 삶을 대하는 태도도 마찬가지다. 당신이 무언가를 고집스럽게 계속하지 않는다면 나중에 자신이 얼마나 훌륭하게 될지 알지 못한다.

27) 협업(collaboration)

협업은 자칫 '의견일치(consensus)'로 변질될 수도 있다. 편안한 의자에 둘러앉아 서로의 아이디어를 기분 좋게 호응해 주는 브레인스토밍(Brainstorming)에서는 자칫 평범한 아이디어에 만족하기 쉽다. 협업이 얼마나 필요한지는 당신이 만들어 내고자 하는 것에 따라 다르다. 피카소가 추상화를 그릴 때 다른 사람의 아이디어가 필요하지는 않을 것이다. 프랭크 게리가 미술관을 디자인할 때에는 아마도 많은 사람의 아이디어나 협업이 필요했을 것이다. 당신이 세운 비전에 따라 언제 누구와 어떻게 협업할지를 알고 실천하는 것이 프로젝트의 성공여부를 결정한다.

28) 파트너십(two's company)

오래전부터 광고는 두 사람이 짝을 지어 작업해 왔다. 그래서 당신의 부족한 부분을 채워 줄 누군가와 같이 일하는 것은 매우 중요하다. 그런데, 이런 파트너십이 효과적이려면 두 사람이 상반된 영역에 있을 필요가 있다. '대체불가능한 능력'을 가지고 '상호보완적인 역할'을 해야만 한다. 이것이 진정한 협업을 만든다. 서로 다른 둘이 같은 방향으로 가는 것이 놀라운 일이다. 기획과 제작, 카피와 아트가 그렇듯이 말이다.

29) 성찰(reflection)

당신이 만든 작품에서 한 걸음 뒤로 물러나 그 가치를 객관적으로 평가하는 능력이 필요하다. 지금의 생각이나 판단에서 잠시 물러서 소위 말하는 '하룻밤 생각하기' 테스트를 해 볼 필요가 있다. 시간은 창의성을 발휘하는 데 있어서 최고의 친구지만, 그 누구도 당신에게 충분한 시간을 주진 않는다. 그래서 당신 스스로 그 시간을 벌어야 한다. 당신의 아이디어가 철저한 검증을 뚫고 살아남을 수 있는 아이디어인지는 스스로 측정하고 성찰한 후 세상에 내보내야 한다.

30) 나쁜 날씨(bad weather)

너무 편안한 환경에서는 창의성의 샘이 흐르지 않는다. 꼭 배고픔이 위대한 아이디어를 창출하는 최상의 자극이라고 말할 수는 없지만 창의적인 작업을 하는 사람에게 약간의 불편함은 그만한 가치가 있다. 나쁜 날씨를 즐겨라. 일기예보를 확인하라. 햇빛이 좋고 날씨가 맑다면, 날씨가 나쁜 곳으로 자리를 옮겨라. 때로는 나쁜 날씨가 창의성의 샘물을 흐르게 만들어 줄 것이다.

31) 에고(ego)

창의적인 사람에게 '에고(ego)'는 친구이자 적이다. 건강한 에고(ago)는 벽을 허무는 작품, 사물을 보는 방식의 변화, 고정관념의 지평을 바꾸는 작품을 만들어 내기도 하지만, 지나친 에고(ago)는 타인과의 접촉을 끊어버리고 당신의 몰락을 초래할 수도 있다. 특히, 창의적인 작업을 하는 크리에이터들에게 에고(ago)와 자만심(self-conceit) 사이의 줄타기는 늘 아슬아슬하고 쉽지 않다.

32) 자만(hubris)

자만은 이기주의의 결과물이고, 창의성의 최대의 적이다. 에고가 '주관적인 나'에 관한 것이라면, 자만은 '사회적인 나'에 관한 모든 것이다. 즉, 자신의 천재성에 대한 믿음이다. 물론 크리에이터에게 자신에 대한 믿음을 필요하지만, 과도한 믿음은 자신을 망가뜨리기도 한다, 진정으로 위대해지려면, 진심으로 진실을 말해 주는 사람의 말에 귀를 기울이고, 겸손하고, 자신의 취약점을 제대로 인식해야 한다. 장담하건데, 그건 분명 쉽지 않은 일이다.

33) 편집(editing)

편집은 아이디어가 불필요하게 복잡한 요소들에 의해 방해받지 않도록 할 뿐 아니라, 제대로 된 아이디어로 작업하고 있는지를 확인하는 일이다. 이는 좋은 아이디어를 내는 일만큼이나 중요하다. 창의적인 작업을 하면서 주관적이면서 객관적이기는 매우 어렵다. 위대한 아이디어는 주관적 관점에서 나오지만, 그것의 현실 가능성은 냉정하게 객관적으로 검토해야만 한다. 이 두 번째 객관적인 단계가 편집의 단계이다.

34) 예측금지(don't second-guess)

창의적인 영감을 주는 것은 문제를 푸는 수학적인 프로세스가 아니다. 자신도 깜짝 놀라고 다른 사람들로 놀라게 해야 한다. 창의성만큼 우연이 많이 적용되는 일도 없을 것이다. 사전에서 '놀라다'라는 말의 뜻을 찾아보면 그 어디에도 '예측'이라는 의미는 없다. '놀라움'이라는 단어와 '예측'이라는 단어처럼 어울리지 않는 단어가 또 있을까? 당신이 무슨 생각을 하고 있는지 예측할 수 없어야 한다.

35) 유행 따르기(beware of fashion)

창의적인 작업을 하면서 유행에 발을 담그는 것은 매우 위험한 일이다. 당신의 예측이 틀릴 수도 있고, 당신의 작품이 완성되었을 때 세상의 유행이 이미 저만큼 지나가 있을 수도 있기 때문이다. 이런 이유에서 유행을 위해 유행을 좇는 것은 대부분 실패로 끝나기 마련이다. 그러면 어떻게 해야 할까? 해답은 도전(challenge)과 혁신(innovation)에 있다. 지금의 대중을 따르지 말고 색다른 것을 시도하라. 그러면 오히려 유행을 선도하게 될 것이다. 세상을 당신 마음대로 움직여 보는 것, 미치도록 신나는 일이다.

36) 타이밍(timing)

어떤 사람들은 인생에서 타이밍이 전부라고 한다. 그렇다면 훌륭한 아이디어는 타이밍을 극복할 수 있는가? 위대한 아이디어는 스스로 타이밍을 만든다. 세상을 지각하고, 느끼고, 열린 마음을 유지하라. 누구도 미래를 예측할 수는 없다. 세상의 타이밍에 맞추려하지 말고, 스스로 타이밍을 만들어라.

37) 프레젠테이션(presentation)

자신의 아이디어를 파는 능력은 좋은 아이디어를 갖는 것만큼이나 중요하다. 좋은 아이디어는 세상과 공유했을 때 진정으로 위대해진다. 자신의 아이디어를 세상과 공유하기 위해서는 자신이 만든 아이디어를 정의할 수 있어야 한다. 광고계에서는 이를 '아이디어 피칭(idea pitching)'이라고 한다. 피칭은 간결하게 만드는 것이 중요하다. 청중이 머릿속에 당신의 아이디어가 펼쳐질 수 있어야 한다. 마음을 사로잡는 강력한 프레젠테이션은 성공과 거절을 가르는 결정적인 역할을 한다.

38) 명성의 힘(the power of fame)

명성에는 힘이 있다. 위대한 창의성은 타깃을 초월하여 폭넓게 대중을 사로잡는 생명력이 있다. 그래서 '아이콘(icon)'이 되는 것이다. 사람들의 눈에 띄고 강력한 영향력을 발휘한다. 이 정도의 위치에 도달하게 되면 모든 것의 기준이 되고 사물을 보는 다른 방식을 제시한다. 하지만, 명성에는 함정도 있다. 배우들의 배역이 그렇듯이 뭔가 한 분야에서 명성을 얻으면 다른 것에 도전하기가 점점 더 어려워진다는 것이다. 명성을 얻는 것도 중요하지만, 명성을 떨쳐 버리고 새로운 것에 도전하는 용기도 필요하다.

39) 실패(failures)

과거의 실패한 경험을 곱씹지 마라. 실패에 대한 의심은 결국 자신의 아이디어를 의심하는 일로 화를 키운다. 의심은 당신을 의기소침하게 만들 것이다. 자신의 아이디어가 상대에게 먹히지 않을 가능성이 있다고 하더라도 위대한 작품을 만들어 내기 위해서는 감수해야 할 위험이다. 실패하지 않았다는 것은 시도도 하지 않은 것이다. 시도하고 실패를 계획하라. 만약 실패했다면 구태여 곱씹어 쓴물을 마시지 말라.

40) 돈, 돈, 돈(money, money, money)

기억하라! 돈은 도구이지 철학이 될 수 없다. 당신이 창의적인 작업을 하면서 돈이 유일한 목적이 된다면 십중팔구 당신의 커리어는 짧게 끝날 것이다. 부자가 되는 최상의 방법은 세상이 원하고 감탄하는 것을 만드는 일이다. 당신이 사랑하고 사고 싶어 할 것을 만들어 보라. 그것이 앞으로 나가는 최상의 방법이다.

41) 비평을 이기는 법(don't read about yourself)

당신이 논란이 될 만한 어떤 것을 만들어 냈다면 어떤 비평가들은 당신 작품에 대한 비방을 쏟아 낼 것이다. 신경 쓰지 마라. 무관심만큼 비평가들을 화나게 만드는 것은 없다. 비평이든 냉소든 비방이든 그들이 말에 산소를 공급하지 마라. 그들의 비평을 읽지 않음으로써 당신이 얻는 보너스는 '화나지 않는 것' 그리고 '부정적인 것에 소중한 에너지를 쓰지 않는 것'이다.

42) 기교(craft)

여러 사람이 똑같은 농담을 해도 유독 한 사람의 농담에 당신이 웃었다면, 그 사람은 이야기의 타이밍과 리듬을 이해하고 활용하는 방법을 알기 때문이다. 이것이 '기교'이다. 빨리 하는 것과 잘하는 것은 다르다. 기술은 우리의 표현의 폭은 확장시키고, 창의의 깊이는 가리고 있다. 매체에 맞는 기교를 알고, 최고의 효과를 내기 위한 방법을 이해하는 것이 성공을 좌우한다. 아이디어와 실행 사이에서 적절하게 균형을 잘 잡는 것이 매우 중요하다.

43) 자리 바꾸기(swap seats)

타성은 창의성을 방해한다. 지금 당신이 앉아 있는 자리를 바꿔라. 새롭고 신선한 아이디어를 떠올리고 싶다면 타성에 젖은 일상에서 과감하게 벗어나라. 하루하루가 똑같다면 어떻게 새로운 아이디어를 만들어 낼 수 있는가? 단지 자리를 바꿔 앉는 것만으로도 관점이 달라지고 생각이 달라지는 것을 경험할 것이다.

44) 매카트니 신드롬(the McCarthey syndrome)

탁월한 아이디어를 이끌어 내는 핵심은 진실함이다. 'Yes'라고 말하기 위해 온 사람들만 있다면 좋은 아이디어를 위한 진정한 평가가 불가능하다. 모든 '매카트니(McCartney)'는 '레논(Lennon)'을 필요로 한다. 즉, 위대한 사람들은 자신의 생각에 이견을 제시해 주는 믿고 존경할 만한 누군가를 필요로 한다. 폴 매카트니(Paul McCartney)는 존 레논(John Lennon)을 잃었지만 'Yesterday' 등 그의 무수한 명곡들은 레논과 함께 작업하면서 느끼고 배운 것들이 바탕이 되었을 것이다.

45) 지금 이 순간(think short term)

미래는 실제가 아니다. 따라서 미래를 예측하기보다는 지금 이 순간을 즐겁고 보람 있게 보내길 바란다. 흥미로운 일을 해라. 그러면 흥미로운 일들이 계속 생길 것이다. 할 일이 정해져 있다는 것은 우울한 일이다. 삶의 방식을 순간순간 발견해야 한다. 삶을 탐구하고, 확장하고, 삶에 빠져 보라. 미래를 예측하는 최고의 방법은 미래를 만드는 일이다. 그것은 오늘을 즐겁게 보낼 때 가능하다.

46) 안락함에 안주하지 마라(don't get too comfortable)

안락함(comfortable)을 경계하라. 성공한 후부터 시간이 갈수록 현실을 보는 능력이 떨어질 것이다. 안락함은 당신의 창의성을 자극했던 세계로부터 점차로 당신을 고립시킬 것이다. 고립(isolation)은 창의성을 저해한다. 창의적인 사람은 그들이 무엇을 성취하든 간에 언제나 탄탄한 현실감각을 가지고 있다. 창의성을 키우고 싶다면 운전기사나 집사가 딸린 안락한 삶의 유혹으로부터 멀어져야 한다.

47) 10년의 법칙(the 10 years rule)

대다수의 위대한 작품은 10년이라는 기간 안에 만들어진다. 그리고 그 작품은 창작자의 남은 생 동안 창작의 세계를 정의해 주고 유지시켜 준다. 일단 획기적인 창작물이 만들어지면 하나의 장르가 생기고, 그 관점은 쉽게 받아들여진다. 즉, 위대한 결과를 성취하게 되면 동일한 것을 다양한 예술의 형태로 반복하여 인정받는다는 것이다. 그러나 예외도 있다. 광고는 매일 신선한 아이디어를 내야 하고, 그 아이디어는 어제의 것과 전혀 다른 것이어야 한다.

48) 즐기기(fun)

자신의 일을 즐기지 않으면 당신은 결코 위대해질 수 없다. 창의성은 고통, 분노, 끈기를 필요로 하지만, 궁극적으로 꿈을 추구하고, 새로운 유산을 창조하는 신나고 재미있는 일이다. 무엇을 하든, 어떤 어려움을 만나든, 창의적인 작업을 하는 당신은 얼마나 행운아인가? 일을 즐기기를 바란다. 스스로 즐기고, 아이디어를 거침없이 표현하고, 그 과정 자체를 오롯이 즐기길 바란다. 그것이 무엇이든 당신은 훨씬 더 잘하게 될 것이다.

49) 생각을 최소화하라(digest these thoughts)

이 책을 먹어라. 이 책을 먹는 일은 상상 이상의 것을 채워 줄 것이다. 당신의 목에 걸리지만 않는다면 이 책의 모든 내용을 먹고 소화시키라.

4. 특징 및 기대효과

존 헤가티(John Hegarty)의 '지그재그 발상'은 기본적이고 딱딱한 틀(rule)에서 과감하고 자유롭게 벗어날 것을 제안하고 있다. 이를 기반으로 창의성을 발견하고, 창의성을 키우고, 창의성을 활용하고, 창의성을 지속하고, 창의성을 확장하는 방법을 알려주는 것이다. 따라서 여기서 제안하는 49가지 창의적 발상의 힌트 가운데 몇 가지라도 마음에 기억하여 활용한다면 당신이 경쟁력 있는 창의성을 배양하는 일에 도움이 될 것이다.

5. 발상 실습

실습(개인)

주제: 01. 백지에 맞서기(the blank page)

내용: 오늘은 자신(본인)의 인생을 소재로 하는 장편소설을 쓰기 시작할 것이다. 책상 서랍에서 A4 용지 하나와 펜을 꺼내라. 앞으로 자신의 일대기를 소재로 하는 10권 분량의 대하소설을 쓸 것이다. ① 어떤 제목을 붙일 것인가? ② 첫 페이지의 첫 장의 첫 줄을 어떻게 시작할 것인가? 연필을 들고 백지 상단에 두려움 없이 써 보자.

• 책의 제목:

• 내용 첫 줄:

실습(개인)

주제: 07. 머리와 가슴(head vs. heart)

내용: 당신이 커피를 마시는 T.P.O(Time, Place, Occasion)를 상상해 보라. 그 경우 가운데 머리(이성)로 마시는 경우와 가슴(감성)으로 마시는 경우 또는 경험을 기억하거나 상상하여 각각의 상황을 글(copy)이나 그림(visual)으로 표현해 보자.

- 커피를 머리(이성)로 마시는 경우:

- 커피를 가슴(감성)으로 마시는 경우:

실습(그룹, 7인)

주제: 27. 협업(collaboration) / 28. 파트너십(two's company)

내용: 이번 실습은 협업과 파트너 십을 강화하는 그룹 발상 실습이다. A4 용지 2장과 7색의 색연필을 준비한다. 파트너 7명은 자신이 원하는 컬러의 색연필을 하나씩 가지고 작업을 시작한다. 첫 번째 작업은 그림을 그리는 작업이고, 두 번째 작업은 글을 쓰는 작업이다. 회의에 참석하는 그룹이 표현을 위한 공동의 주제를 설정하여 공유하고 한 사람씩 차례로 돌아가면 그림이나 글을 완성하는 것이다. 많은 시간을 필요로 하는 작업보다는 10~20분 정도를 할애하여 간단한 그림을 완성하거나 하나의 문장을 완성하는 작업을 해 보자.

BIG
IDEA
THINKING
31

24.
로꾸거 발상

"가장 훌륭한 제품은
소비자가 필요로 하는 제품이다."

준비물

- 필기도구(개인 발상의 경우)
- 회의실의 화이트보드 또는 포스트 잇(그룹 발상의 경우)
- 면접장 분위기를 낼 수 있는 테이블과 두 개의 의자

참여인원

- 개인 또는 그룹

소요시간

- Case by Case

기대효과

- 아이디어 발상의 가장 기본적인 접근 이해
- 아이디어 발상의 가장 극단적인 효과 경험
- 고객(소비자, 면접관, 청중) 중심 마인드의 중요성과 효과 체험

1. 개요

'로꾸거 발상'은 아이디어 발상의 가장 기초가 되는 '거꾸로'를 거꾸로 읽은 발상법이다. 또한 저자가 2018년 출간한 창의적 사고 키워드 에세이 『로꾸거』의 제목이기도 하다. 오해하지 말아야 할 것은 로꾸거 발상이 단순히 모든 사물이나 사고를 무조건 반대 방향에서 접근하는 청개구리 사고를 말하는 것은 아니다. 로꾸거 발상은 기존의 일상화되고 고정화되어 있는 통념(common idea)에 의문을 던지고, 그 안에서 새로운 돌파구나 더 높은 효율성을 얻을 수 있는 방법을 고민해 보고자 하는 노력의 일환이다. 그 과정에는 R.O.I에서 이야기하는 R(relevance)과 O(originality)가 살아 있어야 한다.

스캠퍼(SCAMPER) 아이디어 발상의 '뒤집기(reverse)', 시와 문학의 '모순의 접목', 식스 햇츠(6 Hats)의 'BLACK(부정적 사고) 사고' 모드, GE의 '약점 열거법(Weaknesses Listing Method)', 스테판 베이커(Stephen Baker)의 201가지 발상법 가운데 01. '뒤집어 보라(turn upside down)'와 34. '뒤집어 보라(reverse)'와 132. '속을 뒤집어 활용해 보라' 등의 발상, 존 헤가티(John Hegarty)의 '지그재그' 발상, '역할놀이'와 같은 다양한 창의적인 발상법들의 근간에는 어김없이 '거꾸로'라는 보물이 숨겨져 있다는 것은 그만큼 '거꾸로 생각하기'의 현실적 효과를 입증하는 것이다.

2. 여러 가지 로꾸거 발상

1) 키워드 거꾸로 사용하기

언어는 그 시대의 구성원들의 관념과 생활의 패턴을 나타내 주는 가장 직접적이고 현실적인 척도다. 때로는 그 의미가 변하거나 발전하기도 하고, 이전에는 없었던 새로운 단어가 탄생하기도 한다. 2021년 세계 최고의 권위를 가지고 있는 『옥스퍼드 영어사전(Oxford English Dictionary: OED)』에 새롭게 등재된 26개의 한국어 단어가 화제가 된 적이 있다. 옥스퍼드 사전은 편찬까지 70년이라는 세월이 걸렸고, 3개월마다 글로벌 언어로서의 자격을 갖추었다고 판단되는 엄선된 신조어들을 등재한다. 지난 45년간 옥스퍼드 사전에 등재된 한국어는 총 20개인 것을 감안하면 2021년 26개의 단어가 새롭게 등재된 것은 의미 있는 일이다.

〈표 24-1〉 2021년 옥스퍼드 영어사전 등재 한국어

aegyo 애교	banchan 반찬	bulgogi 불고기	chimaek 치맥
daebak 대박	dongchimi 동치미	fighting 파이팅	galbi 갈비
hallyu 한류	hanbok 한복	japchae 잡채	K-comb K-복합어
K-darma K-드라마	kimbap 김밥	Konglish 콩글리시	Korean wave 한류
manhwa 만화	mukbang 먹방	noona 누나	oppa 오빠
PC bang PC방	samgyeopsal 삼겹살	skinship 스킨십	tangsoodo 당수도
trot 트로트	unni 언니		

이처럼 한국의 식문화를 비롯한 다양한 단어와 유행어 그리고 콩글리시들이 관심을 받은 이유는 무엇일까? 아마 최근 들어 상종가를 치고 있는 영화, 드라마, 대중음악 그리고 유튜브 등을 통해 폭발적으로 확산되고 있는 K-콘텐츠의 역할이 클 것이다. 결국 특정한 사회나 국가의 언어는 그 조직의 문화를 대변하는 것이고, 그 문화적 영향력이 언어의 영향력으로 발전한다.

그렇다면 아이디어 발상에서 단어나 문자를 거꾸로 사용하는 것이 무슨 의미가 있는가? '로꾸거 발상'에서 키워드를 거꾸로 사용하는 것은 단순히 음절(音節, syllable) 또는 어절(語節, word segment)을 바꾸어 사용하는 것을 의미하지 않는다. 해당하는 언어를 거꾸로 보거나 들었을 때 그 단어나 문자가 전혀 다른 관점에서의 의미로 다가올 수 있다는 점에 초점을 두어야 한다. 2018년에 출간한 『로꾸거』에는 우리들의 딱딱하고 정형화된 고정관념들을 바꾸는 많은 단어의 활용을 제시하고 있다.

예를 들면, '행동' 이라는 단어를 거꾸로 읽으면 '동행'이 된다. 행동은 혼자서도 할 수 있지만, 동행은 함께해야만 할 수 있는 것이다. 우리는 지금까지 아무런 생각 없이 '행동'과 '동행'을 크게 다르지 않은 언어로 생각해 왔지만 사실은 매우 다른 가치와 철학을 지닌 언어임을 새삼 깨닫게 된다. 우리가 '낙엽' 이라는 단어를 보고 '가을'이라는 단어나 의미를 생각해 낸다면 그것을 창의적이라고 칭찬하기 어렵다. 크리에이터들의 '다르게 보기'는 서로의 '고정관념'의 간극이 넓으면 넓을수록 '가치매김'의 힘이 크게 작용한다.

행동 ⟷ 동행

'낙엽'에 대한 자신만의 정의를 자유롭고 다채롭게 내려 보자.

낙엽은 ○○이다

- 낙엽은 가을이다.
- 낙엽은 이별이다.

- 낙엽은 겨울의 시작이다.
- 낙엽은 코끼리다.
- 낙엽은 바람이다.
- 낙엽은 중력이다.
- 낙엽은 바퀴벌레다.
- 낙엽은 건조한 내 피부다.
- 낙엽은…….

자, 이러한 생각 가운데 잘못되었거나 틀린 것이 있는가? 아이디어나 창의성에 '틀린 생각'이란 없다. '다른 생각'이 있을 뿐이다. 그렇다면 어떤 생각이나 정의가 보다 창의적인가? 나는 개인적으로 '낙엽은 가을이다'나 '낙엽은 이별이다'보다는 '낙엽은 겨울의 시작이다'가 좀 더 창의적인 것 같고, '낙엽은 바퀴벌레다'와 '낙엽은 코끼리다'에 매우 큰 관심과 궁금증이 간다. 왜, 낙엽을 '바퀴벌레'나 '코끼리'에 은유했을까? 당신이 창의적이라면 어느 정도 짐작 가는 것이 있을 것이다. 이렇듯 뻔한 전개보다는 생소하고 신선한 전개가 의외의 결말로 마무리되는 것이 창의성의 힘이다. '로꾸거 발상'은 거꾸로 된 단어 간의 의미나 반전의 폭이 넓고 클수록 힘이 있다.

'옆길'과 '길옆'은 뭐가 다른가? 이 역시도 얼핏 보면 크게 달라 보이지 않지만 전혀 다른 곳이 아닌가? 옆길은 길이고, 길옆은 길이 아니다. 옆길에 있는 사람은 어쨌든 길 위에 있는 사람이고, 길옆에 있는 사람은 아직 길에 접어들지 못한 사람이다.

내 힘들다 ↔ 다들 힘내

경상도 사투리로 '내 힘들다'를 거꾸로 읽어보니 '다들 힘내'가 된다. 어떻게 글이나 말의 순서만 바꾸었을 뿐인데 이렇게 전혀 상반되는 의미의 언어가 될 수 있을까? 물론, 이런 키워드는 단어가 생성될 때 이러한 반전의 의미를 염두에 두고 탄생한 것은 아니지만, 그러한 단어를 찾아보고, 그 단어들에 반전의 의미들을 입혀 보는 노력들이 우리의 창의적 사고에 힘을 더해 주는 역할을 한다.

의문 ↔ 문의

역경 ↔ 경력

접대 ↔ 대접

말의 힘 ↔ 힘의 말

'의문'나면 '문의'하라. '접대'는 머리로 하는 것이고 '대접'은 마음으로 하는 것이다. 지금의 '역경'이 언젠가는 당신의 '경력'이 될 것이다. '말의 힘'이 느껴지는 사람이 있고 '힘의 말'을 일삼는 사람이 있다.

- '내일'을 거꾸로 하면 '일내'
- '짝꿍'을 거꾸로 하면 '꿍짝'
- '연세'를 거꾸로 하면 '세련'
- '신혼'을 거꾸로 하면 '혼신'
- '전반'을 거꾸로 하면 '반전'
- '마지막'을 거꾸로 하면 '막지마'
- '미성숙'을 거꾸로 하면 '숙성미'
- '자살'을 거꾸로 하면 '살자'

지금, 당신의 주변에 보이는 많은 사물과 환경 속에서 거꾸로 사용해서 소름 돋을 정도로 반전의 매력을 가지고 있는 키워드를 찾아보자. 그 반전의 매력 속에서 새로운 관점과 빅 아이디어의 통로를 발견하게 될 것이다.

2) 자기소개서 거꾸로 작성하기

광고나 마케팅이나 커뮤니케이션의 목적을 달성하기 위한 가장 기본적인 덕목은 무엇인가? 아마도 '입장 바꿔 생각하기' 아닐까? 모든 커뮤니케이션의 기본은 고객이나 소비자 입장에서 생각하고 그들이 원하는 메시지를 제작하여 전달하는 것이다. 그래서 우리는 소위 '메이커 보이스(Maker Voice)'라는 것을 가능하면 지양해야 할 메시지로 여긴다. 다시 말하면, 제품을 생산하거나 제공하는 클라이언트 입장에서 자랑하고 싶은 수많은 이야기로 영상이나 지면을 채우는 일이 효과를 보기는 어렵다. 마케팅이나 제품의 개발도 마찬가지다. '어떤 제품이 좋은 제품인가?'라는 질문에 나는 단호하게 '소비자가 원하는 제품이 좋은 제품이다!'라고 답할 수 있다. '어떤 기능이 좋은 기능인가?' '소비자가 원하는 기능이 좋은 기능이다!' 무작정 저렴한 가격의 제품이 좋은 제품인가? 무작정 큰 차가 좋은 차인가? 만약 여러분의 자녀를 입시학원에 보낸다고 했을 때 그 학원가에서 가장 수강료가 저렴한 강사에게 수강하게 할 것인가? 그 시대의 시장이 간절하게 원하는 기능의 제품이 좋은 기능이고 좋은 제품이 아닐까? 자동차에 연비가 중요한가? 안전이 중요한가? 환경이 중요한가? 디자인이 중요한가? 그 정답은 공장에 있는 것이 아니라 시장에 있다.

PR이나 광고와 같은 커뮤니케이션 분야를 전공하거나 실무에 근무하고 있는 프로들조차도 정작 자기 자신을 알리는 '자기 커뮤니케이션'에서 종종 아마추어 같은 실수를 범하기도 한다. 우리는 첫 직장을 구하거나 경력을 쌓아서 회사를 옮기기 위해 자기소개서를 작성하고 포트폴리오를 만든다. 그리고 최종적으로 면접이라는 과정을 거친다. 이 부분에서 우리는 중요한 오류를 범한다. 그것은 전적으로 '채용자(job offerer)' 관점에서 작성되어야 하는 서류가 '구직자(job seeker)' 본인 중심으로 작성되고 있다는 것이다. 우리는 왜 '고객 관점'의 중요성을 학습하고 실감하면서도 정작 '자기 커뮤니케이션'에 닥치면 또 다시 '자기 관점'으로 회귀하는가?

자기를 소개하는 일에 사실이 중요한가? 논리가 중요한가? 아니면 창의성이 중요한가?

사실(fact)은 스펙(spec)이고, 논리(logic)는 설득(persuade)이고, 창의성(creativity)은 차별화(differentiation) 요소다. 사실(fact)은 논리(logic)에 의해 강해지고, 논리(logic)는 창의성(creativity)으로 차별화되고 독창적인 힘을 발휘한다. 중요한 것은 효과인데, 자기소개서의 궁극적인 효과는 '채용자(job offerer)'가 '구직자(job seeker)'를 매력적으로 평가하여 채용하는 것이다. 여기서 가장 중요한 것은 '관점'이다. 구직자의 관점이 아닌 구인자의 관점에서 자신의 스펙을 논리적이고 창의적으로 작성하는 일이다. 본인의 스펙을 바꾸거나 보완하는 작업보다는 채용 주체의 관점(필요)에서 스펙을 선별하고 정리하여 전개할 필요가 있다.

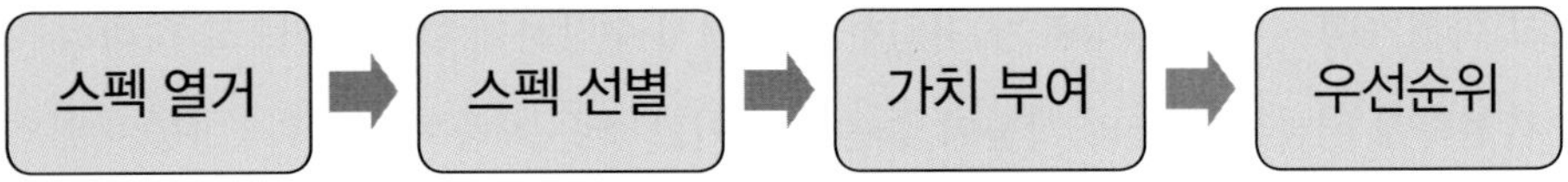

[그림 24-1] **스펙 정리 단계**

• 스펙 열거하기

첫 번째 단계는 자신의 모든 스펙을 찾아 열거하는 일이다. 채용자 관점에서 스펙을 선별하기 위해서는 가장 먼저 자신이 가지고 있는 스펙들을 모으는 작업이 필요하다. 이 작업은 아이데이션이나 브레인스토밍 작업처럼 처음부터 어떤 기준이나 척도를 가지고 필요성이나 중요도를 판단하기보다는 자료의 양에 중점을 두어 취합할 필요가 있다. 뿐만 아니라, 자신의 전공이나 업무분야와 무관한 정보라도 우선적으로 모두 모아 열거한다. 세 번째 과정에서 언급하겠지만 채용자 관점에서 어떤 스펙이 의미와 가치를 부여할만한 것이 될지는 나중에 판단할 일이다. 본인의 인생에서 기억이 존재하는 유아 시절부터 현재까지의 모든 스펙을 찾고 발굴하여 기록하라.

• 스펙 선별하기

두 번째 단계는 채용자 관점에서 필요 스펙을 선별하기다. 이 부분이 '로꾸거 발상'의 핵심인데, 첫 번째 단계에서 모아진 많은 스펙 가운데 자신의 입장이나 관점에서 의미 있고 자랑할 만한 스펙들이 아니라, 구인자가 채용회사의 입장에서 필요하고 매력적인 스펙들을 선별하는 과정이다. 이 과정은 사실 모든 커뮤니케이션의 기본임에도 불구하고 말처럼 쉽지는 않은 것 같다. 구직자들이 취업을 위해 준비해 온 서류들을 살펴봐도 그렇고, 기업이나 관공서의 전문가 채용을 위한 면접심사에 가 봐도 그렇다. 조금 과장해서 표현하자면 '어쩌면 이렇게 자기중심적일까?'라는 생각이 들 정도다. 자기 소개서에는 중언부언 필요하지 않은 에피소드나 개인사들이 즐비하고, 면접관이 관심 없는 내용과 불필요한 고집으로 길지 않은 소중한 시간을 허비하기 일쑤다.

• 가치 부여하기

세 번째 단계는 선별된 스펙에 의미와 가치를 부여하기다. 앞의 두 번째 단계에서 채용자 관점에서 스펙이나 내용들이 추려졌다면, 이제 그 뼈대에 의미와 가치의 살을 붙이는 단계다. 사실 인재를 파악하고 평가하는 작업은 완벽하게 객관적일 수 없다. 어쩌면 전적으로 객관적인 평가보다는 주관적 평가와 객관적 평가가 적절하게 균형 잡힌 평가가 효율적일 수 있다. 따라서 특정한 스펙들도 어떤 의미를 가지고 설명하는가에 따라 그 가치가 달라진다. 따라서 자신이 가지고 있는 스펙을 회사나 조직이 원하는 인재상으로 잘 포장하는 일을 소홀하지 않아야 한다.

• 우선순위 정하기

네 번째 단계는 선별된 스펙을 중요도 순으로 정리하기다. 두 번째 단계에서 채용자 관점으로 스펙을 선별하고, 세 번째 단계에서 선별된 스펙에 의미와 가치를 부여했다면 자신을 매력적으로 어필하기 위한 어느 정도의 무기는 마련되었다고 본다. 이제 어떤 무기부터 자신 있게 강조할 것인지를 결정하면 된다. 프레젠테이션은 상황마다 좀 다르지만, 자기소개서나 포트폴리오라면 일반적으로 가장 강조하고 싶은 내용을 앞에 놓는 '두괄식 정리'가 효과적이다. 중요한 스펙부터 강조하여 정리하자.

그렇다면 채용자 관점에서 자기소개서를 쓰고 면접을 준비할 수 있는 쉬운 방법은 없을까? 경험을 통해 한 가지 쉽고 효율적인 방법을 소개하고자 한다.

우선 탁자를 사이에 두고 양쪽에 의자 하나씩을 놓는다. 그리고 양쪽에 마주보고 놓은 의자 가운데 하나에 앉아서 본인이 작성한 자기 소개서를 한 번 읽어 본다. 물론, 취업이나 이직이 절실한 구직자 입장에서 읽게 될 것이다. 그다음 자신이 작성한 자기 소개서를 들고 자리에서 일어나 반대편 자리에 가서 앉는다. 그 자리는 '구직자'가 아니라 '면접관'의 자리다. 즉, 좀 전에 자신이 작성하고 읽은 자기 소개서를 본인이 아닌 유능한 인재를 찾고 있는 면접관의 입장에서 다시 한번 읽어 보는 것이다.

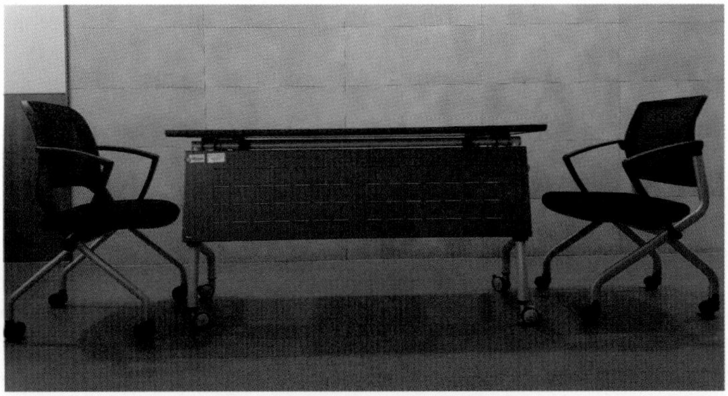

[그림 24-2] **마주보기 면접 상황 세팅**

자리만 바뀌었을 뿐인데 전혀 다른 자기 소개서로 읽히는 경험을 하게 될 것이다. 면접관의 입장에서도 매우 매력적이고 유능한 인재의 소개서처럼 보인다면 다행이지만, 그렇지 않다면 본인의 입장이 아닌 채용 주체의 시각에서 어떤 인재가 매력적인지를 다시 한번 생각할 필요가 있다.

3) 프레젠테이션 거꾸로 하기

광고회사나 PR회사는 물론이고, 다양한 기업 활동에서 프레젠테이션은 매우 중요한 업무 가운데 하나다. 그리고 프레젠테이션이 '고객 중심'으로 준비되고 이루어져야 하는 것은 당연한 이야기다. 우리가 소위 말하는 '공감 프레젠테이션'이나 '쌍방향 프레젠테이션'이라고 하는 것들은 프레젠터의 일방적인 논리가 아니라 청중의 관점과 마음에 초점이 맞춘 '교류하는 커뮤니케이션'이 되어야 한다는 것을 의미한다. 그럼에도 불구하고 우리는 종종 자기중심적인 프레젠테이션의 오류를 범한다. 그렇다면 효과적인 프레젠테이션을 준비하고 실현하는 손쉬운 방법은 없을까? 가장 쉽고 효과적인 방법으로 '거꾸로 프레젠테이션'을 제안한다. 프레젠테이션의 기획부터 사후 관리에 이르기까지 전 과정을 청중 입장에서 거꾸로 바라보고, 생각하고, 판단하는 방법이다.

(1) 기획 단계

프레젠테이션은 '전달'이나 '설득'의 작업이 아니라 '공감'하고 '공유'하는 작업이다. 따라서 광고가 '설득 커뮤니케이션'이라고 하는 논리도, 프레젠테이션을 '설득의 예술'이라는 부르는 것도 크게 설득력이 없다. 프레젠테이션을 설득의 도구로 생각하는 순간 '설득하는 자'와 '설득 당하는 자'의 밀고 당기기가 시작되기 때문이다.

성공하는 프레젠테이션은 처음 기획의 단계에서부터 '고객 중심' 콘셉트 도출과 '고객 관점'에서의 실행이 준비되어야 한다. 고객이 가려운 부분은 어디인가? 고객이 가지고 있는 다양한 문제 가운데 어떤 문제를 가장 중요하고 시급하게 생각하는가? 즉, 프레젠터가 하고 싶은 말과 청중이 듣고 싶은 말을 구분할 필요가 있다. 프로는 자신이 하고 싶은 말을 청중이 듣고 싶은 표현에 담아 균형감 있게 전달하는 능력이 있다. 따라서 제품조사나 시장조사나 경쟁사조사 못지않게 중요하게 생각하고 준비해야 할 것은 클라이언트에 대한 스터디다. 클라이언트가 성향과 관심사를 아는 것이 고객 중심 프레젠테이션의 시작이다.

- 청중의 규모
- 청중의 업종
- 청중의 수준
- 청중의 성향
- 청중의 관심
- 청중의 목적

프레젠테이션 준비에 앞서 프레젠테이션에 참석하는 청중의 규모와 성향, 그들의 수준과 근무부서 등 작고 세세한 부분까지 관심을 가지고 파악해야 한다. 사내에서 하는 일이 다르면 각자의 관심사와 목적이 다를 수 있기 때문이다. 또한, 도출된 전략을 어떤 순서로 소통할 것인가도 사전에 염두에 둘 필요가 있다. 우리가 일반적인 대화에서도 흔히 범하는 실수지만 말하는 사람과 듣는 사람이 원하는 이야기의 순서는 다르다.

[그림 24-3] **일반적인 문제해결 순서**

말하는 사람은 일반적으로 문제의 제시, 원인의 발견, 해결 방안의 순서로 이야기하는 것이 논리적이라고 생각한다. 그런데 듣는 사람이 항상 이 순서대로 듣기를 원하지는 않는다. 때로는 해결 방안부터 듣고 싶기도 하고, 때로는 원인이 무엇인지부터 알고 싶기도 할 것이다. 따라서 궁극적으로 프레젠테이션의 목적 달성을 위해서는 말하는 사람의 순서보다는 듣는 사람이 원하는 순서를 파악할 필요가 있다.

[그림 24-4] **거꾸로 문제해결 순서**

(2) 준비 단계

프레젠테이션의 기획 단계가 마무리되면 현장에서 어떤 프레젠테이션을 실시할 것인지를 염두에 두고 구체적인 준비를 하는 단계에 접어든다. 프레젠테이션은 누가 할 것인지? 장소까지는 어떤 교통편을 이용할 것인지? 발표 자료는 어떤 분위기(서체, 급수, 컬러 등)로 제작할 것인지? 회의 장소는 어떻게 세팅할 것인지? 하나하나 청중 입장에서 생각하고 준비해야 한다. 단언컨대, 이 부분은 프레젠테이션의 기획 단계 못지않게 중요하다. 프레젠테이션에 사용되는 PPT는 프레젠터를 위한 것이 아니라 청중을 위한 것이어야 한다. 프레젠터가 좋아하는 배경화면이 아니라 클라이언트가 선호하는 배경화면이어야 하고, 프레젠터가 보고 읽기에 무난한 급수나 서체가 아니라 청중이 보기에 어려움이 없어야 한다. 따라서 프레젠터는 PT 자료를 띄워놓고 청중의 의사 결정자(key man, decision maker)가 앉을 자리에서 보기에 불편함이 없는지를 관찰하고 확인하는 것은 기본이다. 프레젠터의 복장이나 몸짓과 목소리의 크기도 마찬가지다.

- 누가 프레젠테이션을 할 것인가?
- 어떤 도구를 사용할 것인가?

• 어느 장소를 활용할 것인가?
• 발표 자료는 어떻게 구성할 것인가?
• 예상되는 질문에는 어떻게 대처할 것인가?

또 하나는 프레젠테이션의 개략적인 시나리오를 마련하는 일이다. 이는 메시지의 뼈대를 마련하는 일인데, 웬만한 베테랑이 아니고서는 시종일관 청중입장에서 프레젠테이션을 이끌고 가기가 쉽지 않기 때문이다. 개인적으로는 전체 시나리오를 작성하여 암기하는 프레젠테이션보다는 프레젠테이션을 진행하는 동안 잊지 말고 꼭 전달해야 하는 중요 포인트와 주요 시점을 체크해 주는 체크리스트 정도를 미리 준비해 두는 것을 추천한다. 여기에는 예상되는 질문에 대한 답변도 포함된다.

(3) 실시 단계

프레젠테이션은 '양방향 커뮤니케이션'의 라이브 현장이다. 따라서 해당 프로젝트에 관여도가 높은 구성원이 프레젠터로 참여하지만 동시에 클라이언트에 대한 이해도가 높아야 성공확률이 높다. 오프닝 멘트에서부터 본론 그리고 마무리 멘트까지 어떤 것 하나 불필요하거나 부적절한 내용이 없어야 한다. 첫인상은 프레젠테이션이 끝날 때까지 영향을 미친다. 참신한 뉴스, 놀랄만한 소식, 구체적인 사례나 경험담, 중간 중간에 등장하는 유머 하나까지 철저하게 청중의 관심사 안에서 이루어져야 한다.

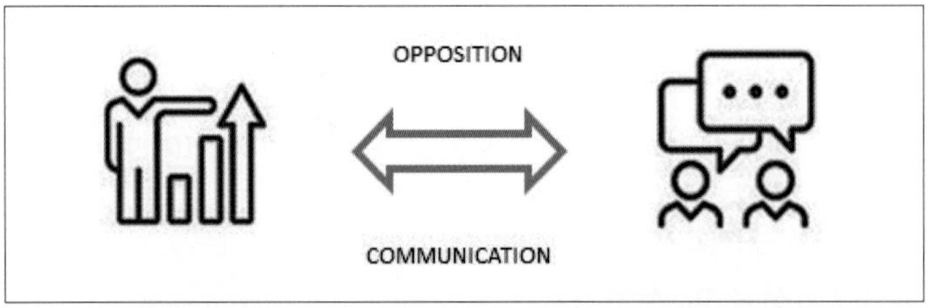

[그림 24-5] **발표자와 청중의 관계(대립 또는 소통)**

대부분의 프레젠테이션에서 프레젠터는 능동적이나 청중은 수동적이다. 즉, 말하는 사람은 '설득하려는 사람'이자 '공격자'이고, 듣는 사람들은 '설득되지 않으려는 사람(최소한 방관자)'이자 '방어자'의 기질을 가지고 회의실에 들어서기 일쑤다. 프레젠터의 긴장이 클라이언트의 불편함으로 전이되지 않도록 '실시간 감정 감지 시스템'을 작동시켜라. 중요하지만 지루한 이야기는 아닌가? 적절한 순서로 청중의 감정에 맞추어 이야기하고 있는가? 1분 1초도 청중의 표정과 행동에서 눈을 떼어서는 안 된다.

마지막으로 가장 예민한 부분은 프레젠테이션 말미에 실시되는 Q&A 시간이다. 종종 이 부분에서 잘 차려 놓은 밥상이 엎어지기도 한다. Q&A는 단순히 모르는 것을 묻고 대답하는 시간이 아니다. 청중의 질문은 물론이고 의견이나 이견이나 심지어 반론에 대처하는 시간이다. 따라서 중요한 포인트는 '질문이 의도'를 파악하는 것이다.

- 순수한 궁금증
- 추가정보 요구
- 의견의 피력
- 관점의 확인
- 주목의 욕구
- 맹목적 우호 또는 비방

질문의 종류는 이처럼 매우 다양하고, 그 의도에 따라 매우 예민하다. 다시 말하지만 정신 바짝 차리고 질문에 대한 청중이 의도를 명확하게 파악하지 전까지는 함부로 입을 열지 마라. Q&A는 단순히 모르는 것을 묻는 질문의 시간이 아닐 확률이 많다.

"가장 좋은 제품은 고객이 원하는 제품이다."라는 명제에 전적으로 동의한다. 가장 효과적인 프레젠테이션은 청중이 원하는 프레젠테이션이다. 고객사가 가지고 있는 문제를 잘 들여다보고, 청중의 마음을 사로잡는 프레젠테이션을 하라.

프레젠테이션은 '집짓기 작업'이다. 자신의 머릿속에 있는 블록을 하나씩 꺼내 청중의 마음속애 집을 지어 나가는 작업이다. 그리고 마침내 프레젠테이션을 마칠 즈음에 자신이 의도했던 똑같은 모습의 집이 청중의 인식 속에 지어진다면 성공한 프레젠테이션이다. 청중이 마련하고 싶은 집이 어떤 집인지를 아는 것이 성공하는 프레젠테이션의 핵심이다.

3. 특징 및 기대 효과

'로꾸거 발상'은 결국은 '고객중심 발상'이다. '파는 사람'의 생각이 아닌 '사는 사람'의 생각으로, '지원자'의 욕구가 아닌 '채용자'의 필요로, '말하는 사람'의 순서가 아닌 '듣는 사람'의 순서로 발상하고 준비하고 소통해야 한다. 사실 '거꾸로 생각하기'는 저마다 사용하는 용어에 차이가 있을 뿐 많은 학자나 크리에이터가 아이디어 발상의 기초적인 방법으로 제시해 왔다. 그럼에도 불구하고 이 단순하고 손쉬운 발상의 도구(tool)가 쉽게 적용되지 못하는 이유는 뭘까? 결국 서로의 입장차가 상반된다는 것이고, 그 반대의 입장을 극복하는 작업의 필요성이 인지는 되었지만 실현이 되지 않고 있었던 것이다.

그래서 이 장의 '로꾸거 발상'에서는 직접적으로 영어나 단어의 순서(음절)를 뒤바꾸고, 자기 커뮤니케이션의 자리를 바꿔보고, 청중의 관점에서 프레젠테이션을 준비하는 극단적인 방법을 시도하는 것이다. 책에서 제시하는 대부분의 발상법은 이론적인 가치보다는 현장에서 적용하는 실용적 가치가 중요하다. 특히, '로꾸거 발상'의 경우는 이론적으로나 방법론적으로는 매우 단순하고 쉬운 발상법이기 때문에 현장에서 쉽게 적용이 가능하고, 적용 후 효과의 가성비가 매우 뛰어남으로 적극 추천한다. 이러한 '로꾸거 발상'이 실현되면 기획자가 기대하는 캠페인 효과가 기대가 아닌 현실로 나타남은 자명한 일이다.

4. 발상 실습

실습 1 거꾸로 키워드 찾아 정리하기

단어의 음절을 거꾸로 사용해서 전혀 다르면서 새로운 의미를 주는 키워드를 찾아보고 그 의미를 정리해 보자.

① 2음절 키워드 찾기

–

–

–

–

–

② 3음절 키워드 찾기

–

–

–

③ 4음절 키워드 찾기

–

–

–

실습 2 자기소개서 거꾸로 리뷰하기(1팀/2인)

① 각자가 간략한 자기소개서를 작성한다.

② 작성된 자기소개서를 상대 앞에서 소개한다.

③ 상대는 채용자 입장에서 팀원의 자기소개서를 보고 매력도를 측정한다.

④ 상대는 매력적인 요소와 비매력적인 요소를 다른 컬러의 색연필로 체크한다.

⑤ 서로 상대를 바꾸어 ②~④ 까지 진행한다.

⑥ 서로 상대 자기소개서에 대한 느낌을 이야기하고 공유한다.

실습 3 거꾸로 프레젠테이션하기(1팀/多인)

팀원이 모여 프레젠테이션 최종 리허설을 실시한다. 예정된 프레젠터가 실전과 같은 프레젠테이션을 실시하고 팀원들은 청중(클라이언트) 관점에서 프레젠테이션에 참여하고 다양한 의견(긍정적 또는 부정적)을 제시한다.

① 프레젠터 입장

② 오프닝 인사

③ 프레젠테이션 실시

④ Q&A

⑤ 거꾸로 프레젠테이션에 대한 의견 공유

BIG IDEA THINKING 31

25.
타운 워칭

"훌륭한 크리에이터는 모두가 본 것들 속에서 아무도 보지 못한 것을 발견한다."

준비물

- 거리에서 만날 수 있는 자연, 사람, 인공물 전체
- Town Watching Sheet
- 카메라 또는 캠코더
- 필기구

참여인원

- 개인 또는 그룹

소요시간

- Case by Case

기대효과

- 관찰 발상법과의 매칭 가능
- 도시의 다양한 시청각적 요소에서 폭넓은 아이디어의 발전적 적용

1. 개요

우리가 아이디어를 얻는 장소나 상황은 매우 다양하다. 어떤 사람은 화장실에서 많은 아이디어가 나온다고 하고, 어떤 사람은 욕실에서 샤워를 하는 동안 아이디어가 떠오르는 경우가 많다고 한다. 어떤 사람은 서점이나 도서관에서 아이디어를 얻기도 하고, 어떤 사람은 거리를 산책하면서 아이디어를 얻기도 한다.

'타운 워칭(town watching)'은 도시의 거리로부터 받아들이는 다양한 자극을 통해 아이디어를 포착하고 발전시키는 방법이다. 좀 더 구체적으로 말하자면, 크리에이터는 단순히 거리를 걷거나 산책하면서 자연스럽게 어떤 아이디어가 떠오르는 것이 아니라 거리를 걸으면서 적극적인 관찰을 통해 보고 느끼는 것들을 메모하고 기록하는 방법을 활용하는 것이다. 이 방법은 얼핏 보면 매우 단순한 방법 같지만 실질적으로는 매우 유용하고 때로는 깊이 있는 결과를 가져다주는 발상법이다. 물론 문제해결의 분야에 따라 관찰이 대상이 달라질 수는 있으나, 꼭 그 해당 분야가 아니더라도 '타운 워칭'을 통해 직간접적으로 다양하고 폭넓은 아이디어의 단초를 얻을 수 있다.

- 건축물
- 조형물
- 간판(컬러, 디자인, 상호)
- 쇼윈도
- 교통수단
- 행인(패션, 표정, 행동, 태도)
- 자연(봄, 여름, 가을, 겨울)
- 자연(아침, 낮, 밤)
- 네온사인

- 빛과 그림자
- 소리
- 느낌이나 이미지

중요한 것은 '관찰'과 '메모'이다. 우리가 무심코 지나쳤던 거리에는 무수히 많은 아이디어의 힌트가 있다. 그리고 그 아이디어의 힌트들은 관점에 따라서 무수히 많은 새로운 가능성을 만들어 낸다. 건축이라고 해서 단순히 건축물에서만 힌트를 얻는 것이 아니라 산이나 나무의 모습에서 또는 아침햇살이나 저녁노을에서 건축물의 아이디어가 탄생하기도 한다. 낙엽 한 장을 보면서도 시인이나 화가나 요리사가 생각하는 발상이 각도가 다를 것이다. 새로운 계절을 앞둔 백화점의 쇼윈도를 보면서 신곡의 가사나 멜로디의 팁을 얻을 수도 있겠다. 즉, '구체적인 목표'와 '명확한 문제인식'을 가진 관찰이 필요하다. 그리고 그 부지런한 관찰의 결과물들은 빠짐없이 글이나 그림이나 사진이나, 음향으로 기록하여 남기는 일이다. 머릿속에 기억해 두었다가 집이나 사무실에 들어가서 옮겨 적으려는 미련한 스트레스를 자초하지 말고 문득 떠오르고 관찰되는 즉시 스마트폰을 꺼내 들어라. 무조건 옮겨서 메모해 두고 정리는 나중에 시간을 내서 차근차근 하면 되는 일이다.

- 구체적인 목표
- 명확한 문제인식

그냥 목적 없이 도시를 걷는 것이 아니라, 분명한 목적과 명확한 인식을 가지고 도시로 나서는 것이다. 즉, 필요한 정보가 무엇인지, 해결하고자 하는 문제가 무엇인지를 명확히 한 상태에서 거리로 나서는 일이다.

2. 발상 단계 및 진행 방법

타운 워칭 발상법에서 잊지 말아야 할 것은 목적이 명확한 관찰과 구체적이고 체계적인 메모 그리고 수집된 아이디어를 과제에 맞게 발전시키고 적용하는 작업의 중요성이다. 이는 우리가 소위 '아이디어 숙성 단계'라고 이야기하는 '아무 생각 없이 산책을 하거나 여행을 하는 행위'와는 다른 차원이다.

1) 1단계: Go Outside

'타운 워칭' 발상을 위해 가장 먼저 해야 할 일은 목적을 인식한 상태에서 메모 도구를 챙겨 거리로 나서는 것이다. 앞서 언급한대로 '구체적인 목표'와 '명확한 문제인식'은 거리로 나서기 전 챙겨야 할 필수 준비물이다.

2) 2단계: Watching

도시의 거리를 걸으면서 본격적으로 관찰과 메모를 시작하는 단계이다. 물론 이 단계에서는 관찰의 목표와 문제인식을 명확히 한 상태에서 문제해결에 필요하고 관심이 가는 사물이나 현상을 중심으로 관찰하고 정보를 수집하는 것이 좋다. 단순히 눈에 보이는 현상만을 관찰하고 파악하기보다는 그 관찰 대상에서 느낀 점, 특정한 현상이 의미하는 점 등 현장에서 보이고 느껴지는 모든 부분을 기록하고 메모한다. 그 기록의 형태가 완성된 문장이나 잘 찍은 사진이 아니더라도 키워드나 스케치 형태로 기록하여 차후 스스로 알아볼 수 있을 정도면 충분하다. 그리고 그 관찰의 결과물들은 많을수록 좋다.

3) 3단계: In Town Idea

'타운 워칭' 발상의 3단계는 현장에서 즉석으로 아이디어를 발상하고 메모하는 작업 단계다. 특히, 건축이나 조경, 도시설계와 같은 부분이 이에 직접적으로 해당되겠지만 설사 조금 다른 분야라 하더라도 목표 의식을 가지고 거리를 걷다 보면 의외로 거리의 사람들이나 일상적인 현상들 속에서 재미있는 아이디어의 힌트가 떠오르는 경우가 많다. 이렇게 떠오르는 구체적인 아이디어들을 현장에서 발전시켜 메모하는 것이다. 만약 자동차 브랜드 광고의 크리에이티브를 준비하는 카피라이터라면 거리를 지나다니는 자동차를 보면서 굿 아이디어가 떠오를 것이고, 다음 시즌의 화장품이나 패션 브랜드의 광고를 준비하는 디자이너라면 도심 한복판을 걷는 많은 패셔니스타 중에서 빅 아이디어의 단초를 챙길 수 있을 것이다.

4) 4단계: Develop Ideation

'타운 워칭' 발상의 마지막 단계는 수집한 정보들을 조합하고 발전시키면서 아이디어의 결과를 정리하는 단계다. 2단계와 3단계에서 러프하게 메모된 아이디어의 단초들을 다시 한번 살펴보면서 과제에 맞게 발전시켜 나간다. 이 단계에서 '워드 다이아몬드(word diamond)법'을 적용하여 발상에 도움을 받으면 효과적이다. 또한 '타운 워칭'에 함께 동반한 파트너가 있다면 3단계와 4단계를 가가자의 시각에서 정리해 보는 것도 다른 관점의 아이디어를 얻을 수 있는 방법이다.

앞의 단계 가운데 '타운 워칭' 발상은 몇몇 분야에서 매우 중요한 의미를 갖는다. 특히, 건축디자인 작업을 진행하다 보면 '대지조사'라는 단계를 진행하는데, 이 단계에서 'In Town Idea' 발상 작업은 매우 직접적인 효과를 발휘한다. 현장에서 느껴지는 생각이나 아이디어를 놓치지 않고 생생하게 기록하고 아이디어를 발전시키려고 하는 욕심을 갖다 보면 보다 생생한 아이디어를 얻게 될 것이다.

Town Watching Sheet		
Watching Theme :	Watching Place :	Date : Time : Creator :
관찰대상(주제)		
느낌(인식)		
현장(In Town) 아이디어		
조합된 아이디어		
기타 의견		

4. 특징 및 기대효과

'타운 워칭' 발상은 '인 타운(In Town)', 즉 도시 속에서 아이디어를 관찰하고 발견해 내는 작업이다. 따라서 단순히 카메라나 캠코더를 가지고 나가서 이런 저런 모습들을 담아 오는 것에 만족하기보다는 관찰 과정에서 보다 적극적으로 현장의 모습을 느끼고, 현장 속에서 아이디어가 창출되는 것을 목적으로 삼을 필요가 있다. 따라서 관찰자 또는 발상자는 관찰 과정에서 오감(五感)뿐만 아니라 생각의 창을 활짝 열어 현상과 현상 사이에서 창의적인 접목을 이루어 내기 위한 노력에 집중해야 한다.

필자는 개인적으로 자연보다는 도시 속에서 아이디어의 힌트를 얻는 경우가 많다. 지나다니는 사람들, 사람들의 표정과 행동, 그들의 가방과 구두와 옷들, 거리의 건물들과 간판들, 지나다니는 자동차들……. 이 모든 것 속에 풍부한 아이디어가 숨 쉬고 있다.

타운 워칭 시트(town watching sheet)와 펜 하나만 가지고 밖으로 나가더라도 웬만한 그물 하나 들고 강가에서 잡는 물고기보다 많은 아이디어를 건져 올 수 있을 것이다.

5. 발상 실습

본인이 현재 수행하고 있는 업무나 프로젝트에 관한 주제를 가지고 '타운 워칭(Town Watching) 발상'을 시작해 보자.

Town Watching Sheet		
Watching Theme:	Watching Place:	Date: Time: Creator:
관찰대상(주제)		
느낌(인식)		
현장(In Town) 아이디어		
조합된 아이디어		
기타 의견		

BIG
IDEA
THINKING
31

26.
페어 미팅

"세상의 모든 메카트니(Paul. McCartney)에게는
레논(John. Lennon)이 필요하다."

준비물

- 스케치 카드
- 회의록 시트
- 펜(참여 인원 수)

참여인원

- 4명 이상(짝수)

소요시간

- 약 60분(최종안 완성까지 1주 내외)

기대효과

- 팀워크 강화에 기여
- 창의적인 아이디어를 내는 시너지 환경 조성

1. 개요

페어 미팅(pair meeting)은 두 명이 상황을 분석하면서 아이디어를 키워 나가는 창의적 환경 성격의 발상법이다. 이는 단순히 두 명이 미팅을 한다고 해서 창의적인 아이디어가 발상되는 것이 아니라, 각자가 페어 시스템이 지니는 '수의 장점'을 잘 활용하고 살리려는 의지와 노력이 수반될 때 효과를 볼 수 있다. 페어 미팅에는 최소한 두 명의 회의 참가자가 필요하다. 물론, '복수의 페어 그룹'을 활용하는 것도 좋은 방법이다. 2인 1팀인 페어(pair)를 복수로 구성하여 페어끼리 정보와 아이디어를 공유하여 시너지를 내는 방법이다. 실험에 의하면, 이와 같은 그룹 작업은 성과물의 평가가 평균 10%(최대 30%) 이상 향상되는 효과를 보였다.

2. 진행방법

1) 1단계: 페어 결정 및 정보 수집

페어 미팅의 첫 단계는 아이데이션을 진행할 페어(pair)를 구성하는 일이다. 먼저 6~10명 정도의 짝수 그룹의 참가자들 가운데 페어를 만들 짝을 정한다. 기본적으로 코드가 잘 맞는 상대와 짝을 이루는 것이 좋다. 서로 처음 만난 사람들이거나 호흡이 잘 맞는지에 대한 객관적인 판단이 필요하다면 챕터 마지막에 제시되는 루빈의 '호의 척도(linking scale)'를 활용하는 것도 좋은 방법이다. 짝이 결정되면 페어 작업에 들어가기에 앞서 개인적으로 과제와 관련한 정보들을 수집한다. 페어 상대와 정보 수집의 역할 또는 분야를 분담하면 보다 효율적이다.

2) 2단계: 정보 공유 및 안 작성

(1) 정보의 공유(15분)

각 페어별로 수집한 정보들을 참여 그룹이 모인 자리에서 공유하는 단계다. 이 단계에서는 과정의 해결을 위한 논의나 아이디어 도출을 위한 내용보다는 페어에서 수집한 정보를 서로 발표하여 상호 최대의 내용을 공유하고 이해하는 데 목적을 둔다. 이렇게 그룹 전원이 참가하여 정보를 공유하는 미팅을 '그룹 미팅(GM)'이라고 한다. 페어 미팅에서는 그룹 미팅을 정기적으로 실시하여 각 페어별 작업의 진전 상황을 서로 공유하는 기회를 갖는 것이 중요하다.

(2) 외부 지향적 페어 미팅(10분)

그룹별로 공유된 정보를 바탕으로 페어 미팅을 실시한다. 미팅 시 좌석은 '코너형'을 추천한다. 안 작성을 위해서 기본적으로 자신과 페어 상대가 준비한 정보 및 의견에 대한 공유는 언제든지 가능하다. 따라서 이번 외부 지향적 페어 미팅에서는 다른 페어의 프레젠테이션 내용에 대한 분석 및 평가, 발전성을 위주로 아이데이션을 진행하는 것이 중요하다. 그룹이 공유한 정보를 분석하고, 의미 있는 아이디어를 타산지석으로 삼는 것이다. 따라서 부정적인 평가보다는 긍정적인 부분에만 집중하여 접목할 필요가 있다.

[그림 26-1] **페어 미팅 좌석 유형**

(3) 아이디어 작성을 위한 그룹 미팅(30분)

페어 미팅이 끝나면 다시 한번 그룹 전체가 모여 아이디어를 작성하기 위한 브레인스토밍을 실시한다. 이 단계에서는 주제에 관한 아이디어들을 질보다는 양 중심으로 다양하고 자유롭게 나누는 것이 중요하다. 비판적 시각보다는 서로의 의견을 격려하고 발전시켜 눈덩이처럼 키우는 과정이라고 하여 '브레인스토밍'을 '스노우 볼링(snow-bowling)'이라고 부르기도 한다.

(4) 아이디어 스케치(자유)

(1)~(3)에서 실시한 아이디어들을 바탕으로 각자 개인의 안들을 다듬어 스케치 카드에 스케치와 아이디어의 키워드를 정리하는 개인 아이디어 발산의 단계다.

3) 3단계: 2단계의 반복

2단계의 아이디어 스케치 단계에서 아이디어를 충분히 작성했다면 '정보 공유를 위한 그룹 미팅과 페어 미팅' 그리고 '아이디어 작성을 위한 그룹 미팅과 페어 미팅' 과정을 2~3회 정도 반복하여 실시한다. 두 번째 이후는 2단계의 '정보' 부분을 '아이디어 스케치'로 치환하여 실시한다. 2단계를 반복하면서 아이디어 스케치의 내용은 '추상적 내용'에서 '구체적 내용'으로 변화시켜 나가는 것이 경쟁력 있는 페어 미팅을 진행하는 방법이다.

4) 4단계: 최종 제안의 정리(자유)

3단계에서 충분한 작업을 마쳤으면 최종 제안서에 아이디어를 정리한다. 프로젝트의 중요도에 따라 시간은 자유롭게 설정하도록 한다. 보통 1주일 정도의 정리 기간을 갖는 것이 일반적이다.

루빈의 〈호감도 척도(Linking Scale) 측정법〉

다음 항목의 (　　　　　) 부분에 상대의 이름을 써 넣는다.
각 항목에 대한 점수를 1점(전혀 다름)에서 9점(매우 동의함) 사이에서
적은 뒤 총 점수를 합산한다.

① (　　　　　)와 함께 있을 때 우리는 거의 언제나 같은 기분이다.

② (　　　　　)와는 매우 익숙해져 있고 친하다고 생각한다.

③ (　　　　　)를 책임이 무거운 일에 추천할 수 있다.

④ (　　　　　)는 매우 성숙한 사람이라고 생각한다.

⑤ (　　　　　)의 판단은 신뢰할 수 있다.

⑥ (　　　　　)를 조금만 알게 되어도 대부분의 사람들이 호의를 가질 것이다.

⑦ (　　　　　)와 나는 많이 닮았다고 생각한다.

⑧ (　　　　　)에게 학급이나 그룹의 선거에 투표할 것이다.

⑨ (　　　　　)는 금방 타인의 존경을 얻을 것이라고 생각한다.

⑩ (　　　　　)는 매우 지적인 사람이라고 생각한다.

⑪ (　　　　　)는 내가 매우 좋아하는 사람 중 1명이다.

⑫ (　　　　　)는 내가 그렇게 되고 싶다고 생각하는 인물이다.

⑬ (　　　　　)는 금방 사람들에게 칭찬을 받는다고 생각한다.

점수의 합산: (　　　　　) 점 / 117점 만점

3. 특징 및 기대효과

기본적으로 페어 미팅은 조직의 팀워크를 강화시키는 역할을 한다. 조직마다 부르는 명칭은 다르지만 일반적으로 본부, 팀(team) 또는 그룹(group), 셀(cell) 등의 형태로 세부 조직을 구성하는데, 이 장에서 언급하고 있는 페어(pair)는 셀(cell)과 유사한 조직이라고 할 수 있다. 즉, 페어와 그룹의 팀워크 강화를 통해 조직 내의 창조적인 아이디어 발상과 확산에 기여하는 역할을 한다.

- 기획자와 제작자
- 카피라이터와 디자이너
- 클라이언트와 에이전시
- 남학생과 여학생
- 자사 제품 사용자와 경쟁사 제품 사용자

따라서 '페어 미팅'은 같은 업무를 하는 같은 업종의 구성을 대상으로 실시하는 것보다는 기획자와 제작자, 카피라이터와 디자이너, 클라이언트와 에이전시처럼 대체 불가능한 인력이 하나의 주제를 가지고 의견을 공유한다면 더 큰 효과를 기대할 수 있다.

4. 실습

업무와 일상 분야에서 자신과 페어 미팅을 진행할 만한 파트너라고 생각되는 인물들을 다양한 관점에서 적고, 각 페어와 브레인스토밍이 가능한 이슈를 찾아 적어 보자.

⊙ 업무에서의 페어(pair)

- 페어(pair) A
  - 인물:
  - 이슈:
- 페어(pair) B
  - 인물:
  - 이슈:
- 페어(pair) C
  - 인물:
  - 이슈:

⊙ 일상에서의 페어(pair)

- 페어(pair) A

  –인물:

  –이슈:

- 페어(pair) B

  –인물:

  –이슈:

- 페어(pair) C

  –인물:

  –이슈:

BIG IDEA THINKING 31

27.
편지쓰기

"쓴다(Writing)는 것은 생각의 발현(Output)인 동시에 행동의 전초(Outpost)다."

준비물

- 편지지(작성을 위한 페이퍼)
- 펜(pen)

참여인원

- 개인

소요시간

- 작성 10분
- 발표 10분

기대효과

- 브랜드나 제품을 의인화함으로써 감정이입 가능
- 제품이나 서비스에 대한 보다 깊은 이해와 공감 가능

1. 개요

아이디어 발상법에서 '편지쓰기(letter writing)' 기법은 어떻게 보면 시(문학) 발상법에서 거론한 '의인화'와도 일맥상통하는 면이 있다. 즉, 다루고자 하는 브랜드나 제품을 하나의 사람으로 생각하고 그에게 '연애편지(love letter)' 또는 '이별편지(breakup letter)'를 쓰는 것이다. 흥미롭지 않은가?

브랜드나 제품을 상대로 소비자나 예비 소비자에게 편지를 쓰게 함으로써 일상 속에서 특정 제품을 통해 추구하는 가치, 특히 '만족 요소'와 '불만족 요소'를 깊이 있게 들여다볼 수 있는 매우 직관적인 방법이다.

'연애편지'와 '이별편지'는 소비자가 브랜드나 제품에 대해 어떻게 생각하고 있는지 알아보는 직관적인 방법이다.

2. 진행방법

일반적으로 '편지쓰기' 방법은 디자인 워크숍, 그룹 인터뷰와 같이 집단으로 하는 조사나 아이데이션에 적합한 연구방법이다.

참가자들에게 10분 정도의 시간을 주고 편지를 쓰게 한 다음 자신이 쓴 편지의 내용을 그룹 앞에서 읽고 공유한다. 시간이 10분이 넘으면 필요하지 않은 생각들을 깊이 하게 되므로 10분 안에 제품이나 서비스에 대해 평소에 가지고 있었던 생각들을 직관적으로 써 내려가는 것이 좋다. 그리고 감정을 보다 잘 표현해 내기 위해 브랜드나 제품명을 직접 거론하기보다는 이를 상징하는 '애칭'을 정해 놓고 편지를 쓰도록 유도하는 등 실제 사람에게 편지를 쓰는 것과 같은 효과를 내기 위한 방법을 개발하여 활용하는 것도 효과를 높이기 위한 좋은 방법이다.

회의에 참석한 팀원들은 단순히 발표자가 읽는 편지의 내용에만 관심을 갖는 것이 아니라 그 목소리의 톤이나 표정 등 비언어적 표현이나 정보에도 관심을 가지고 주의를 기울일 필요가 있다. 이를 위해 참가자가 '연애편지'나 '이별편지'를 읽는 장면을 당사자의 동의를 구한 후 녹화하여 보관하기도 한다.

1) 연애편지쓰기

소비자가 브랜드나 제품에 관하여 가지고 있는 긍정적인 부분들을 내용으로 편지를 쓰게 하는 것이다. 즉, 제품을 사용하면서 어떤 부분들이 감동적이었는지, 제품이나 서비스의 어떤 면이 기뻤고 사랑스러웠는지, 또 어떤 면 때문에 그 제품에 대해 충성심을 갖게 되었는지 등에 관하여 마치 사랑하는 연인에게 '연애편지'를 쓰듯 나열하는 것이다. 이러한 과정을 통해 연구자는 소비자가 느끼는 제품에 대한 첫인상, 사용하면서 느끼는 감정 그리고 지속적으로 본 제품만 사용하는 충성도의 이유를 파악할 수 있게 된다.

2) 이별편지쓰기

'이별편지'는 '연애편지'와는 반대로 제품사용에서 느끼는 불만사항을 왜, 언제, 어떻게 등으로 나누어 구체적으로 서술하는 것이다. 마치 연인이었던 사람에게 실망하여 헤어지자는 이런 저런 이유를 토로하는 것처럼 그 브랜드나 제품의 사용을 그만두게 된 이유, 그 제품 대신에 현재 사용하고 있는 제품에 관한 이야기, 예전 제품이 갖지 못했던 지금 사용하는 제품의 특장점 등을 나열한다. 이를 통해 소비자들이 왜 해당 제품의 사용을 그만두게 되었는지에 대한 통찰을 얻게 된다.

3. 특징 및 기대효과

'편지쓰기'는 브랜드나 제품이 가지고 있는 다양한 문제를 해결하기 위해 전통적인 마케팅 솔루션이나 커뮤니케이션 방법론으로 활용되기도 하지만, 일상 속에서의 감정을 자연스럽게 표출할 수 있는 도구들을 활용함으로써 기업, 브랜드, 제품, 서비스 등에 대한 보다 쉬운 이해와 깊이 있는 공감대를 형성해 나갈 수 있다는 장점이 있다.

- 브랜드를 상대로 편지쓰기
- 서비스를 상대로 편지쓰기
- 제품을 상대로 편지쓰기
- 회사를 상대로 편지쓰기

앞서 이야기한 대로 편지를 쓰는 대상을 '애칭' 등으로 의인화함으로써 보다 깊은 감정이입을 유도할 수 있다.

- 연애편지쓰기
- 이별편지쓰기

뿐만 아니라, 편지의 용도를 '연애편지'와 '이별편지'로 나눔으로써 제품이나 서비스에 대한 만족 등 긍정적인 요소에 대한 점검과 불만 또는 비구매 이유 등 부정적 요소에 대한 솔직한 생각들을 자연스럽게 뽑아내는 효과를 기대할 수 있다.

4. 발상 실습

연애편지쓰기(실습)

Love Letter	
Brand	
Pet Name	
Date	
Letter	to: from:

이별편지쓰기(실습)

Breakup Letter	
Brand	
Pet Name	
Date	
Letter	to: from:

BIG
IDEA
THINKING
31

28.
포지셔닝

"포지셔닝(positioning)에서 정해진 것이라고는
맵(Map)을 가르는 크로스(Cross)밖에 없다."

준비물

- 맵을 그릴 수 있는 판서 공간 또는 종이

참여인원

- 개인 또는 그룹(임의 인원)

소요시간

- 30~60분

기대효과

- 경쟁 시장의 파악
- 전략적이고 창의적인 발상 가능
- 고객 마인드에 중점을 둔 브랜드(제품) 위치 파악

1. 개요

포지셔닝(positioning)은 1972년 미국의 한 광고회사 간부인 알 리스(Al Ries)와 잭 트라우트(Jack Trout)가 개발한 광고전략이다. 포지셔닝을 제품분석이나 소비자분석 또는 광고기획과 전략에 머무르지 않고 아이디어 발상을 위한 하나의 방법으로 소개하는 가장 큰 이유는 광고나 마케팅의 전략에도 창의성이 필요하기 때문이다. 그리고 이러한 전략은 이미 브랜드 슬로건이나 광고 메시지를 만들어 내고 평가하는 크리에이티브 전략에 폭넓게 활용되고 있다.

포지셔닝 전략이란 경쟁제품과 다른 차별요소를 목표 고객의 머릿속에 인식시키기 위한 마케팅 활동을 말한다. 자사 제품이 경쟁 제품과는 다른 차별적인 특징을 갖도록 하여 표적시장에서 소비자 욕구를 보다 더 충족시킬 수 있음을 소비자 인식 속에서 위치시키는 것이다. 이러한 포지셔닝의 필요성은 오늘날과 같이 다매체, 과정보, 제품 간 기능적 차별화의 어려움 등으로 인해 자사 제품의 차별적 이미지를 소비자 인식 속에 뚜렷하게 위치시키는 일이 어려워지고 있는 시장 환경에서는 더욱 절실하다고 할 수 있다. 사실, 다양한 콘텐츠에서 실시되는 많은 전략과 전술 가운데 포지셔닝만큼 창의성이 요구되고, 다양한 결과가 도출되는 이론도 드물 것이다. 따라서 포지셔닝은 일차적으로는 4분면이 향하는 지향점을 무엇을 기준으로 설정하는가가 전략의 성패를 가름한다고 볼 수 있으며, 이차적으로는 각 기준에 해당하는 면 가운데 자사의 제품이 위치하고자 하는 전략점(strategy point)을 선택하는 것이 매우 중요한 포인트이다.

2. 진행방법

포지셔닝은 기업이 목표로 하는 소비자의 마음속에 가장 가깝게 접근하기 위한 일련의 노력으로 다음과 같은 순서와 절차에 의해 개발이 진행되는 것이 일반적이다.

1) 소비자 분석

"소비자가 원하는 제품이나 서비스는 무엇인가?"

마케팅의 시작은 인식이고 시장은 소비자 안에 있다. 따라서 포지셔닝 전략의 개발 역시 소비자를 분석하는 일에서부터 시작된다. 즉, 해당 브랜드나 제품에 대한 소비자들의 욕구를 파악하는 일, 기존 제품들에 대한 소비자들의 불만족 사항과 그 원인을 파악하는 일이 포지셔닝 전략을 수립하는 첫 단계이다.

2) 경쟁자 분석

"경쟁 브랜드나 경쟁 제품은 무엇인가?"

자사 제품의 소비자 분석이 마무리되면 경쟁자나 경쟁 제품에 대한 구제적인 파악이 필요하다. 이때 중요한 것은 자사 제품의 경쟁 브랜드나 제품을 무엇으로 할 것인가를 결정하는 일이다. 이는 목표 시장을 어디로 설정할 것인가에 따라 달라질 수 있다.

3) 경쟁 포지션 분석

"경쟁 브랜드에 대한 소비자 인식은 어떠한가?"

경쟁자 분석이 마무리된 후 해야 할 일은 소비자의 인식 속에서 경쟁 브랜드나 제품이 어떻게 평가받고 있는지를 정확하게 파악하는 일이다. 즉, 제품에 대한 속성 및 경쟁 제품에 대한 소비자들의 지각과 인식을 파악하고 이를 분석하는 일인데 주로 MDS(Multi-Dimensional Scaling)가 분석에 사용된다.

4) 자사 포지션 개발 및 정립

"경쟁 대비 소비자 욕구를 더 만족시킬 수 있는 위치는 어디인가?"

이렇게 소비자 분석과 경쟁자 분석이 마무리되면 본격적으로 자사 제품의 포지션을 개발하고 정립하는 단계에 이른다. 이는 앞서 분석한 경쟁 제품에 비해 자사 제품이 소비자의 욕구를 더 잘 충족시켜 줄 수 있는 가장 효과적인 위치를 파악하고 선정하는 것이 핵심이다.

5) 자사 포지셔닝 확인 및 리포지셔닝

"새로운 포지셔닝의 필요성을 점검하고 파악한다."

시장과 소비자에 대한 전문적인 조사를 통해 자사 제품의 포지셔닝이 목표를 달성하고 있는지, 또는 시장 환경이나 소비자환경의 변화에 따라 소비자 욕구가 변화하지는 않았는지를 파악하여 필요한 경우 목표 포지션을 재설정하여 리포지셔닝을 실시한다.

포지셔닝 전략은 단기적인 포지셔닝 전략과 장기적인 포지셔닝 전략으로 구분된다. 단기적으로 주어진 경쟁상황 속에서 처음 의도한 대로 포지셔닝이 되었어도 시간의 흐름과 경쟁 환경의 변화에 따라 당초 포지셔닝이 적절치 않을 수도 있다. 이 경우 제품의 포지션을 다시 조정하여 설정해야 하는데 이것을 '리포지셔닝(re-positioning) 전략'이라 한다.

3. 전략 유형

브랜드나 제품의 포지션을 설정하기 위한 전략은 다양한 각도에서 검토와 고민이 필요하다. 물론 대전제는 경쟁대비 우위적 인식을 차지하기 위함이고, 이를 위해서 자사

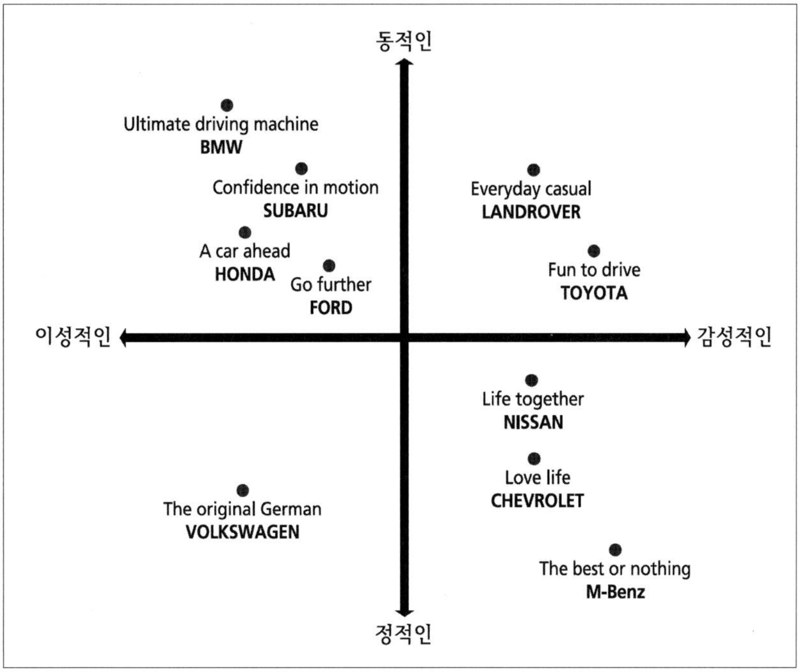

[그림 28-1] 포지셔닝 맵(positioning map) 사례

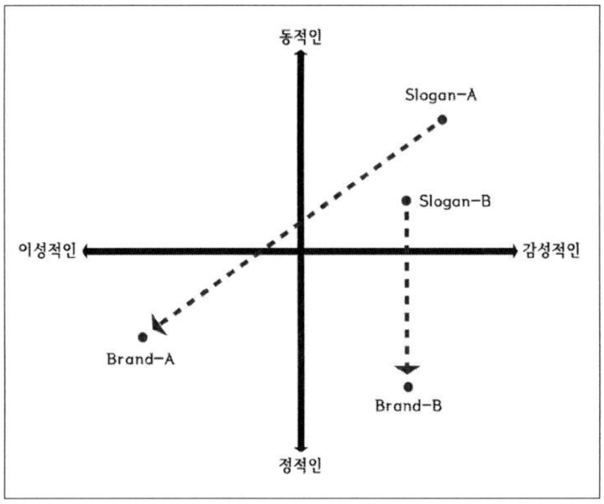

[그림 28-2] 브랜드 리포지셔닝

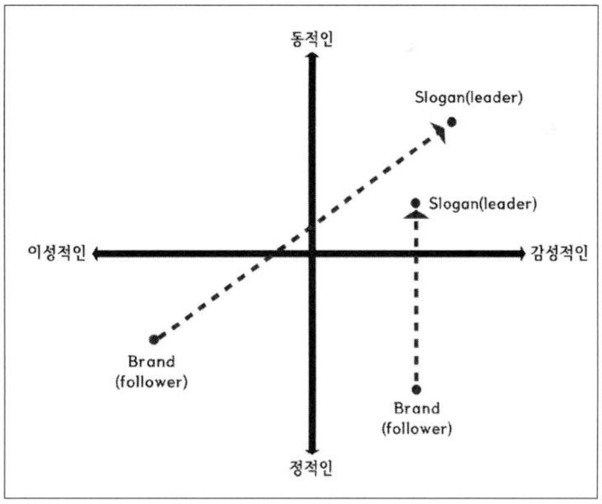

[그림 28-3] 슬로건 리포지셔닝

제품의 속성, 사용자의 구분과 사용상황, 경쟁 제품의 활용 등의 방법이 있을 수 있다.

1) 제품 속성에 의한 포지셔닝

제품 속성은 포지셔닝에서 가장 일반적으로 활용되는 전략의 유형으로 제품이 가지고 있는 기능적 편익이나 속성, 또는 가격 등을 경쟁 제품과 차별화하여 소비자에게 인식시키기 위한 방법이다.

- 안전한 차
- 線이 매혹적인 구두패션
- 세계적인 중저가 장난감
- 충치예방치약
- 편안한 정장구두

2) 제품 사용자에 의한 포지셔닝

제품의 포지셔닝을 성별, 연령, 국적, 지역구분 또는 또래집단 등 그 제품을 사용하는 사용자에 의해 구분하는 것이다. 이러한 유형의 포지셔닝 전략은 집단 내의 소속감을 고취시키거나 집단 간의 상대적 우월감을 자극하는 효과가 있다.

- 10대를 위한 화장품
- 그녀는 프로다. 프로는 아름답다.
- 남자들은 참아 줘요.
- 임산부용 전문 신발
- 활동파 비즈니스맨을 위한 소프트슈즈

3) 제품의 용도나 사용 상황에 의한 포지셔닝

그 제품이 사용되는 용도나 상황 등에 의한 포지셔닝 전략을 말한다. 지금까지 소비자들이 인식하지 못했던 새로운 용도의 제품으로 포지셔닝하거나, 특정한 시즌을 위한 제품, 또는 특정한 시간대나 상황에 자사 제품의 이미지가 떠오르게 하기 위함이다. 이는 자사 제품이 지니고 있는 기회요인을 적극적으로 활용하는 경우가 대부분이지만, 때로는 본래의 용도 이외의 새로운 용도로 포지셔닝함으로써 감소되고 있는 매출을 올려 보려는 위기극복의 일환으로 활용되기도 한다.

- 12시에 만나요 부라보콘
- 밥 말아 먹을 때 맛있는 라면
- 자기 전에 씹는 껌
- 추석선물은 금강제화 상품권
- 화장을 잘 지우는 포인트

4) 경쟁 제품에 의한 포지셔닝

소비자가 이미 머릿속에서 인식하고 있는 경쟁 제품과 자사 제품을 비교함으로써 포지셔닝하는 방법이다. 시장 내에서 경쟁 제품이 확고한 이미지를 구축하고 있는 것이고, 특히 자사 제품이 시장에 초기 진입하는 제품이라면 경쟁 제품의 포지셔닝을 아전인수로 활용하여 쉽게 포지셔닝할 수 있다.

- 라면이 아니라 뉴면입니다.
- 세계에서 가장 유명한 4명의 디자이너는 R.L,P.E,C.K,T.H이다.
- 우리는 2등에 불과합니다.

5) 새로운 제품범주나 의제설정에 의한 포지셔닝

다른 제품들과의 차별적 경쟁력을 갖기 위해서는 크게 두 가지 방법을 고려할 수가 있다. 첫 번째는 새로운 범주의 제품을 개발하여 생산하는 것이고, 두 번째는 이미 생산된 제품에 새로운 범주의 이미지를 장착하는 것이다. 뿐만 아니라, 소비자들을 유혹할 만한 새로운 의제(agenda)를 설정하여 상대 브랜드의 막강한 브랜드 파워를 흔드는 방법을 선택할 수도 있다. 방법이 무엇이건 간에 목적은 기존의 제품들과는 전혀 다른 별개의 제품 범주로 자사 제품을 포지셔닝시키는 데 있다.

- 100% 천연 암반수
- 마시는 비타민 C
- 열공이 아니라 올공하자!
- 자기 전에 씹는 껌
- 진심이 짓는다.

4. 특징 및 기대효과

포지셔닝 전략은 지금까지 우리가 활용하고 있는 어떤 전략보다 창의성을 필요로 한다. 이것이 오랜 세월에도 불구하고 포지셔닝 전략이 광고나 마케팅은 물론 커뮤니케이션 부분에서 건강하게 성장해 오고 있는 비결이라고 생각한다. 전략을 과학성과 체계성만을 가지고 평가하거나 활용하는 것은 이미 경쟁력 없는 구시대적인 발상이다. 포지셔닝 전략이 그리드(grid) 모델이나 SWOT 분석과 다른 가장 중요한 부분은 상하좌우의 방향성이 정해져 있지 않다는 것이다. 이것은 포지셔닝을 어렵게 만들기도 하면서 동시에 강력한 경쟁력을 갖게 만드는 부분이다.

그리드 모델은 상하에 고관여와 저관여, 좌우에 이성과 감성이라는 축을 정해 두고 브랜드나 제품을 위치시키는 것을 기본으로 한다. SWOT 분석 역시 4개 분면을 강점(Strength), 약점(Weakness), 기회(Opportunity), 위협(Threat)으로 나누어 전략을 적용시킨다. 이에 반해서 포지셔닝은 4개의 축에 적용시키는 키워드나 주제가 정해져 있지 않다. 브랜드나 제품에 맞는 전략적인 키워드, 시장이나 경쟁 환경에 맞는 시기적절한 주제어를 찾아 맵(map)에 적용시켜야 한다. 따라서 수동적인 전략가나 창의성이 부족한 크리에이터는 강력하고 효과적인 포지셔닝 맵(positioning map)을 만들어 내기가 쉽지 않다. 이것이 바로 실무의 프로들이 그리드 맵이나 SWOT 분석은 비교적 쉽게 접근하면서도 포지셔닝 맵의 작성에는 난이도를 느끼는 이유다. 바꾸어 말하면, 잘 만들어진 포지셔닝 맵은 매우 경쟁력이 있다는 말이다.

유능한 기획자나 디렉터는 자신의 제품과 경쟁사의 제품에 대한 깊고 넓은 지식이 있어야 할 뿐 아니라, 국내외 시장 환경에 대한 이해도가 출중해야 한다. 그래야만 창의적이고 전략적인 맵의 키워드를 도출하고 적용할 수 있다. 결국, 경쟁력 있는 포지셔닝 맵은 어떤 위치에 자사 브랜드나 제품을 위치시키는가의 문제 이전에 맵을 구성하는 4개 화살표 끝에 어떤 키워드를 적어 넣을 것인가가 중요하다. 이것이 우리가 앞으로의 50년 동안도 포지셔닝(positioning) 맵이 광고 마케팅은 물론 다양한 콘텐츠의 커뮤니케이션에 역할을 해 주기를 기대하는 이유다.

5. 발상 실습

자신의 경쟁력을 주제로 하는 포지셔닝 맵 그리기

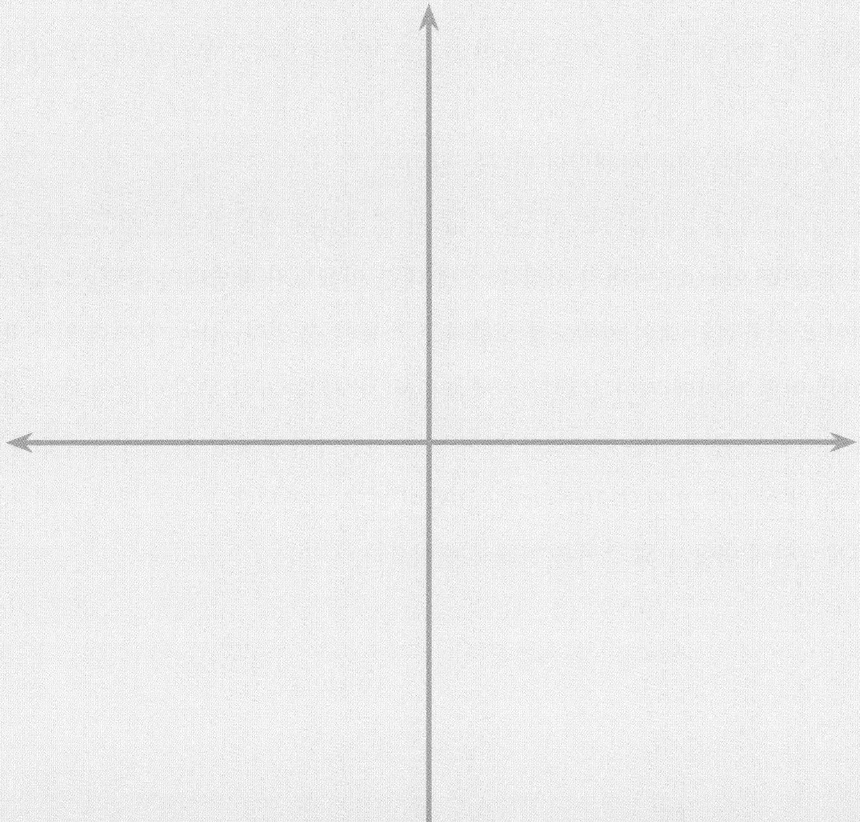

자신이 근무하는 회사(팀)의 경쟁력을 주제로 하는 포지셔닝 맵 그리기

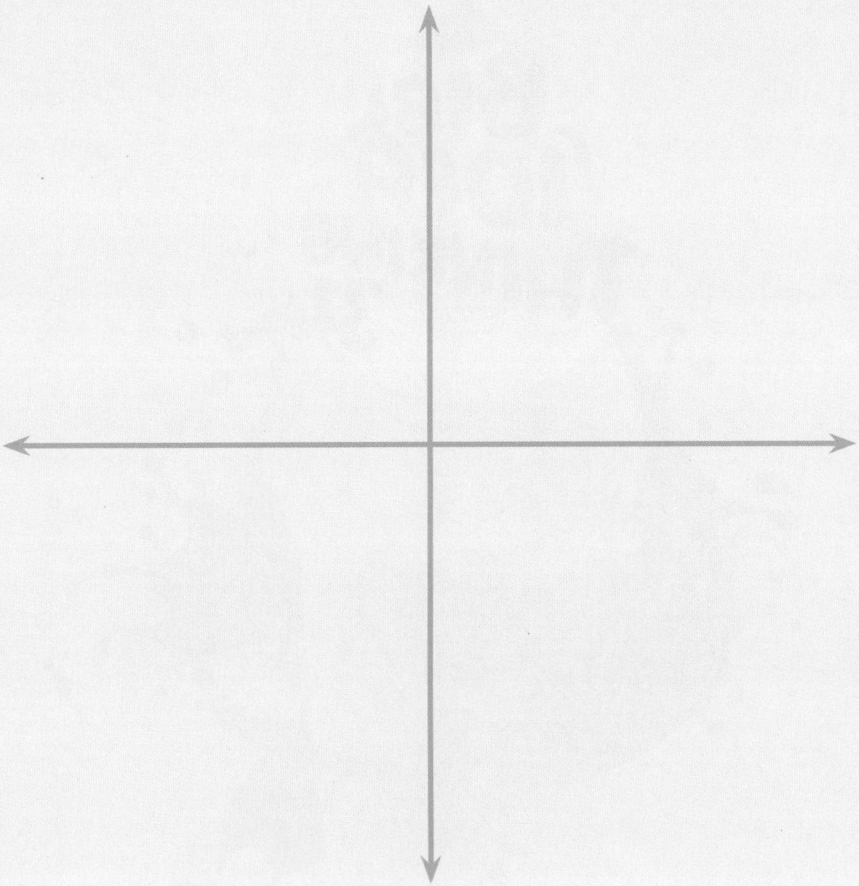

BIG IDEA THINKING 31

29.
피시본 다이어그램

"머리부터 뼈끝까지
버릴 것 하나 없는 물고기"

준비물

- 다이어그램 시트(5~6명에 한 장씩)
- 필기 펜(인원 수)
- 컬러 펜(1자루)

참여인원

- 개인 또는 그룹(3~5명)

소요시간

- 40분(내외)

기대효과

- 주제를 카테고리별로 구분 설정하여 체계적인 아이디어 발상 가능
- 광범위한 주제의 경우 착안점을 세분화한 발상 가능

1. 개요

피시본 다이어그램(fishbone diagram)은 어떤 문제의 원인과 결과를 물고기 뼈의 모양으로 시각화하여 정리하는 방법으로 도쿄대학교의 이시카와 가오루(Kaoru Ishikawa) 교수가 고안한 아이디어 발상법이다. '특성 요인도(chavacteristic diagram)' 또는 '이시기와 다이어그램(Ishikawa diagram)'이라고 부르기도 한다.

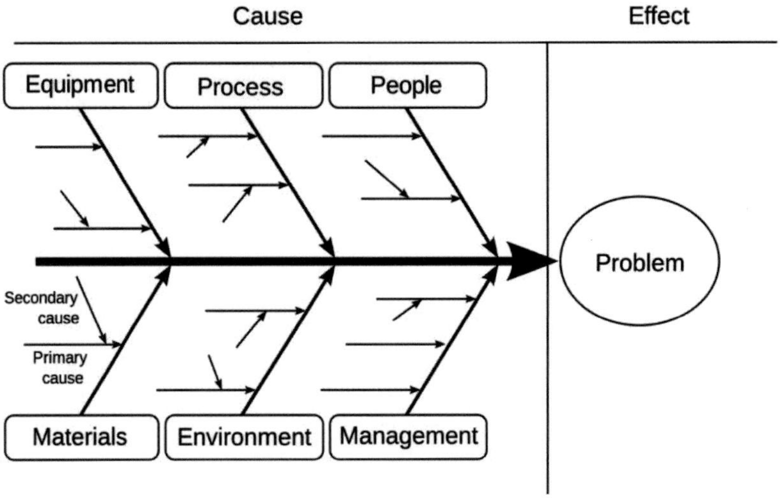

[그림 29-1] 피시본 다이어그램 개념도

피시본 다이어그램은 주로 제조업의 품질관리(Quality Control: QC)를 위한 문제해결 방법으로 사용되어 왔다. 문제의 특성이나 메인 테마를 요인도의 중심 뼈대로 설정하고, 아이디어 발상을 통한 착안점은 중간 뼈대와 세부적인 작은 뼈대로 가지치기하듯이 확장해 나가는 것이다. 이 방법은 아이데이션(ideation) 초기에 명확하고 완성도 있는 아이디어를 만들어 내기는 어렵지만, 명확한 목표달성을 위한 체계적이고 세부적인 해결방법을 찾는 데 많은 도움을 준다.

2. 진행방법

피시본 다이어그램(fishbone diagram)을 작성하려면 먼저 물고기의 머리와 중심 뼈대에 해당하는 '해결하고자 하는 문제'를 정의하고 문제의 '핵심 주제'를 설정하는 단계가 우선되어야 한다. 특성 정의가 완료되면 주제와 관련한 3~6개 정도의 중간 뼈대를 잡고, 각 중간 뼈대의 주제에 해당하는 작은 가시로 세부 아이디어를 확장해 나가는 단계로 아이디어 발상을 진행한다.

- 1단계: 주제 정의
- 2단계: 요인 도출
- 3단계: 세부요인 정리
- 4단계: 주요요인 분석
- 5단계: 해결 방안 도출

〈표 29-1〉 **피시본 다이어그램 단계별 진행내용**

단계	항목	진행 내용
1단계	주제 정의	• 해결하고자 하는 문제나 주제를 정의
2단계	요인 도출	• 문제의 원인에 대한 브레인스토밍을 진행
3단계	세부요인 정리	• 도출된 아이디어를 분류 • 유사한 것들을 모아 요인으로 정리 • 각 요인과 관련성이 있는 아이디어들을 세부요인으로 하나씩 특성요인도에 기록
4단계	주요요인 분석	• 특성요인도에 누락된 것은 없는지 검토 • 요인과 세부요인의 인과관계는 맞는지 검토 • 결과와 관련한 현안들을 살펴보고 충분한지 여부 점검
5단계	해결 방안 도출	• 요인을 제거하거나 개선

피시본 다이어그램은 작성자가 작성하는 단계별로 본인만의 창의성을 발휘할 수 있다. 물론 앞의 그림에 제시된 대로 장비(equipment), 과정(process), 인력(people), 자재(materials), 환경(environment), 관리(management) 등처럼 수평적 구조의 요인도출도 가능하지만, 상단의 요인을 타인에게서 발생되는 원인으로 구성하고 하단의 요인을 본인에게서 발생되는 원인으로 구성하거나, 각 단계의 꼬리에서부터 머리에 이르는 과정을 목표달성을 위한 시간이나 장소의 순서대로 작성하여 정리하는 등의 방법을 활용하는 것이다. 즉, 다이어그램의 형식(틀)은 정해져 있지만 그 안에 들어가는 내용을 정리하는 방법에서는 개인이나 그룹의 창의적인 아이디어를 충분히 발휘하는 것이 더욱 효과적인 목표달성을 위한 지름길이다.

피시본 다이어그램을 활용한 발상 회의를 진행하기 위해서는 브레인스토밍과 마찬가지로 진행자(facilitator)의 역할이 중요하다. 아이디어 발상 회의에서의 진행자는 아이디어 발상에 직접 참여하기보다는 발상 회의가 원활하게 진행되도록 돕는 역할을 한다. 참여 인원들로 하여금 활발하고 적극적으로 발상에 참여하도록 회의 분위기를 유도하고, 제시된 의견이나 아이디어에 대한 확장 및 발전, 때로는 회의의 진행이 잘못된 방향으로 흐를 경우 이를 유연하게 올바른 방향으로 유도하는 능력을 지녀야 한다. 따라서 아이디어 발상 회의에서의 진행자는 해당 프로젝트에 대한 깊이 있는 관심과 지식이 있어야 하고, 해당 제품이나 업에 대한 어느 정도 이상의 경력자가 담당하는 것이 좋다. 단, 너무 권위적이거나 대표이사 등 상급 직위의 구성원은 회의 분위기를 딱딱하게 하거나 팀원들의 자발적이고 활발한 발언을 저해할 수 있으므로 지양하는 것이 바람직하다.

3. 활용법

피시본 다이어그램은 크게 '과제 분석형'과 '목적 설정형'으로 쓰임새가 나누어진다.

따라서 처음부터 문제의 해결이나 아이디어의 발상이 특정 과제를 분석하기 위함인지, 아니면 어떠한 목적을 설정하기 위함인지를 결정하는 것이 효과적이다. 피시본 다이어그램뿐 아니라, 트리즈(TRIZ) 문제해결방법과 같은 것들이 제조업이나 생산 공정의 효율화를 위해 탄생한 문제해결 발상법이지만 활용하는 주제나 방법에 따라 문화, 예술, 광고 등 다양한 카테고리에서 창의적인 아이디어를 만들어 내는 데 역할을 할 수 있다. 피시본 다이어그램은 특정한 주제의 아이디어를 폭넓게 확장해 나간다는 것에서는 '브레인스토밍'과 비슷하지만, 그룹 발상뿐 아니라 개인 발상에도 활용이 가능하다. 특별히, 전개되는 아이디어를 시각화한다는 점에서 가장 큰 차이가 있다. 또한, 다른 발상법과 마찬가지로 하나의 아이디어 발상법이 절대적으로 옳거나 수정 불가한 것이 아니므로, 발상을 위한 회의 과정에서나 결과를 도출하는 부분에서도 중분류나 소분류에 해당하는 뼈대에 대한 일부 수정 보완은 언제든지 가능하다는 생각을 가지고 진행하는 것이 좋다. 한 번 그려진 뼈대라고 해서 수정 불가의 고집을 부린다면 자칫 잘못된 솔루션으로 가는 지름길을 만들기 때문이다. 모든 회의가 그렇듯이, 너무 길게 늘어지는 회의보다는 회의 한 세트당 40분 내외로 진행하는 것이 효과적이다.

4. 특징 및 기대효과

피시본 다이어그램의 가장 큰 장점은 해결해야 할 문제의 특성이나 주어진 주제를 대 · 중 · 소로 카테고리의 무게를 구분하여 각 중요도 별로 체계적으로 아이디어를 발상하며 정리해 나갈 수 있다는 것이다. 또한 개인 또는 그룹으로 종이나 보드에 개념도를 그려 가면서 발상 작업이 가능하기 때문에 동료들의 각 개인의 아이디어를 한곳에 모으는 힘을 발산할 수 있고, 회의 진행에 시간적 격차가 있더라도 활용이 가능하다.

- 1단계: 전략 개발을 위한 피시본 다이어그램

• 2단계: 크리에이티브 개발을 위한 피시본 다이어그램

반면, 다양한 세부적인 아이디어로부터 핵심 아이디어를 콘셉트를 추출하는 역발상이 불가능하기 때문에 문제해결이나 발상을 시작하는 초기 단계에 명확한 주제나 해결해야 하는 문제가 설정되어야 한다는 점이 어려운 부분이다. 즉, 피시본 다이어그램 활용의 목적이 명확하지 않으면 각 요인의 설정과 세부 아이디어가 무용지물이 되는 위험을 가지고 있는 발상법이다. 따라서 피시본 다이어그램을 광고 캠페인 아이데이션에 국한하여 활용의 아이디어를 준다면 1단계로 '전략 개발을 위한 피시본 다이어그램'을 실시하여 광고 캠페인의 핵심 콘셉트를 개발하고, 2단계로 '창의적 크리에이티브 개발을 위한 피시본 다이어그램'을 실시한다면 어느 정도 위험성을 줄이면서 효과적인 아이데이션을 가능하게 할 것이다.

5. 발상 실습

개인 발상

- **주제**: 버킷리스트(bucket list)
- **내용**: 본인의 버킷리스트를 달성하기 위한 피시본 다이어그램을 작성한다.

그룹 발상

- **주제**: 기업 내 소통 활성화 문화
- **내용**: 기업 내 부서 또는 직원 간 커뮤니케이션 활성화를 위한 '소통문화 활성화 방안'을 다양한 관점에서 생각해 보고 이를 피시본 다이어그램으로 작성한다.

BIG
IDEA
THINKING
31

30. CPS

"우리의 문제는 현장에 답이 있다!"

준비물

- 자료 검색 등에 필요한 디지털(PC, 노트북, 스마트폰 등) 환경
- 아이디어를 공유할 수 있는 공간(판서도구 또는 벽에 붙이는 큰 종이)
- 개인 필기구

참여인원

- 개인 또는 그룹(5명 또는 7명, 홀수)

소요시간

- 1시간 이상(Case by Case)

기대효과

- 개인 또는 그룹의 문제해결에 적합
- 발견된 문제에 대한 체계적인 접근 가능
- 폭넓은 대안에 기초한 창의적 솔루션 도출

1. 개요

CPS(Creative Problem Solving)는 1953년 알렉스 오스본(Alex osborn)이 최초로 7단계 모형을 제시한 이래 지속적으로 발전되고 있으며, 현재는 트레핑거(Donald Treffinger), 아이작센(Scott Isaksen)이 여러 번 수정을 거쳐 제시한 4개의 구성요소와 8개의 구체적인 단계로 버전 6.1까지 발전되었다.

CPS는 창의적인 발상과 문제 해결과정에서 폭넓은 역할을 해 왔다. 특히, 그룹 발상의 경우 그 과정에서 브레인스토밍(Brainstorming) 발상을 적극적으로 활용함으로써 얻을 수 있는 다양한 효과를 공유한다. 1950년대에 시작된 CPS 모델이 시대를 바뀌 가면서 다양한 분야에서 역할을 하고 있는 것은 그 발상과 문제해결 방법이 광고홍보와 같은 창의적인 작업을 하는 전문가들에게는 물론이고, 우리가 일상에서 다양한 커뮤니케이션 활동을 하면서 발생하는 문제의 해결방법을 찾는 작업에서도 매우 유용한 솔루션을 제공해 주고 있다는 것을 반증하는 부분이다.

2. 알렉스 오스본의 CPS

알렉스 오스본(Alex Osborn)은 우리가 잘 아는 브레인스토밍(Brainstorming, 1942)을 개발한 광고인이다. 그는 1953년 『상상력의 응용: 창의적 문제해결의 원리와 과정(Applied Imagination: Principles and Procedures of Creative Problem Solving)』이라는 책에서 창의적 문제해결의 방법을 7단계로 정리하여 제안했다.

- 1단계: 오리엔테이션(Orientation)
- 2단계: 준비(Preparation)

- 3단계: 분석(Analysis)
- 4단계: 아이데이션(Ideation)
- 5단계: 배양(Incubation)
- 6단계: 종합(Synthesis)
- 7단계: 평가(Evaluation)

오리엔테이션 단계는 해결해야 할 문제를 인식하거나 발견하고, 그 문제를 명확하게 정의하는 단계이다. 준비 단계는 정의된 문제를 해결하기 위한 자료들을 광범위하게 수집하는 단계이며, 분석 단계는 수집된 자료들을 합리적이고 필요한 기준에 따라 분류하고 분석하는 단계이다. 아이데이션 단계는 문제해결을 위한 개념을 설정하고 다양한 아이디어의 대안을 도출해 내는 단계이다. 이 단계에서 오스본은 가능한 많은 아이디어의 대안을 도출해 내기 위하여 '브레인스토밍(brainstorming)'을 활용할 것을 권장한다. 배양 단계는 지금까지의 과정에서 잠시 벗어나 아이디어가 스스로 머릿속에서 숙성되도록 기다리는 단계다. 우리가 소위 '유레카(Eureka)'라고 하는 것이 발현되는 단계이다. 종합 단계에서는 앞선 5단계를 통해 개별적 과정으로 진행된 결과들을 전체적인 시각으로 명료하게 볼 수 있도록 정리하는 단계이며, 평가 단계는 개발된 여러 가지 아이디어 가운데 문제해결을 위해 가장 적합하다고 판단되는 솔루션 아이디어를 평가하고 판단하여 선택하는 단계이다.

이후, 시드 파네스(Sidney J. Parnes)는 오스본의 모델을 수정 · 보완하여 '오스본–파네스 창의적 문제해결(Creative Problem Solving: CPS)' 모델을 정리하였다. 초기에는 5단계 모델로 구성되었으나, 활용에 따라 '목표 발견' 단계를 시작으로 포함하여 6단계로 진행되기도 한다. CPS는 각 단계별로 주어진 소문제를 해결하는 과정에서 전체적인 문제를 해결하는 방법을 찾는다.

- 1단계: 목표 발견(Object Finding)

• 2단계: 사실 발견(Fact Finding)
• 3단계: 문제 발견(Problem Finding)
• 4단계: 아이디어 발견(Idea Finding)
• 5단계: 솔루션 발견(Solution Finding)
• 6단계: 솔루션 수용 및 실현(Acceptance Finding)

CPS(창의적 문제해결 방법)는 문제점과 당면과제를 정의하고 그에 필요한 아이디어 도출에서 창의적 해결 방법까지 실행하기 위한 구조화된 프레임워크를 제공한다.

• 1단계 : 목표 발견(Objective Finding)

해결해야 할 문제를 객관적으로 인식하고, 각 단계별로 달성해야 하는 목표를 설정하는 단계이다. 이 단계에서는 해결하고자 하는 문제점이 무엇인지 파악하고, 기대하거나 도전하고자 하는 목표와 결과를 정의하고 평가 방법을 파악하는 단계이다.

• 2단계 : 사실 발견(Fact Finding)

현재의 상황과 문제점에 관한 자료와 정보들을 모으는 단계이다. 이 과정에서는 문제해결의 목표를 명확하게 이해하고 분석하기 위해 가능하면 다양하고 광범위한 관련 자료를 수집하는 것이 중요하다.

• 3단계 : 문제 발견(Problem Finding)

해결해야 할 문제를 명확하게 이해하고, 중요한 문제들을 선정하고, 그 문제들의 우선순위를 정하는 단계이다. 다양한 문제를 다각적으로 살펴봄으로써 진짜 문제가 무엇인지를 발견하고 규정하는 일은 문제해결의 전 과정에서 가장 중요한 부분이라고 할 수 있다. 이는 문제의 명확한 정의가 솔루션의 질(quality)을 결정하기 때문이다.

• 4단계 : 아이디어 발견(Idea Finding)

아이디어 찾기의 단계는 확산적 사고를 활용하여 문제를 해결할 수 있는 가능성이 있는 방법들을 폭넓게 찾아내는 과정이다. 이 단계에서는 최대한 실현 가능한 해결방법을 가능한 범위에서 많이 도출하는 것이 중요하다. 즉, 브레인스토밍처럼 열린 사고 방식을 가지고 자유롭고 적극적인 아이디어 개진이 필요한 시점이다.

• 5단계 : 솔루션 발견(Solution Finding)

도출한 아이디어들을 검토하고 분석하여 적절하고 실현 가능한 아이디어를 발견하고 다듬는 단계이다. 이 단계에서는 마인드맵(Mind Map)처럼 확산적 사고 형태로 해결 방안을 열거하거나, 미리 평가기준을 준비하여 제안된 아이디어들을 평가하고, 분석하여 적절성과 효율성을 발견하는 단계이다.

• 6단계 : 솔루션 수용 및 실현(Acceptance finding)

아이디어를 최종적으로 수용하고, 선정된 아이디어를 구체화하는 단계이다. 도출된 해결 방안에 대한 구체적인 실현 방법을 계획하는 과정으로 보다 구체적인 실행 방법, 스케줄, 액션 플랜 등을 마련하기 위한 브레인스토밍을 진행한다. 필요에 따라서는 이전 단계로의 피드백도 가능하다.

3. 트레핑거와 아이작센의 CPS

미국의 뉴욕주립대학교 버펄로 분교에서는 매해마다 '창의적 문제해결을 위한 워크숍'을 개최한다. 세계 각국에서 창의성과 관련한 업무를 하고 있거나 관심을 가지고 있는 사람들이 모여 특강을 듣고, 세미나를 열고, 각종 행사에 참여하고 즐기는 일종의 '창의성 축제'와 같은 행사이다. 이 대학교에서는 세계에서는 드물게 '창의성 학과'

를 개설하고 있는데 이 학과가 만들어지는 데 일조했던 트레핑거(Donald Treffinger), 아이작센(Scott Isaksen) 교수 등이 창의적 문제해결을 위해 제시한 방법이 CPS(Creative Problem Solving, 2004)다. 개발자는 CPS(Creative Problem Solving)를 크게 3요소 6단계로 구성한다. 이는 문제해결을 위한 일반적인 과정을 담고 있다고 보면 될 것이다.

CPS를 구성하는 3요소로는 첫째, 무엇이 문제인지를 이해하는 요소, 둘째, 문제의 해결 방법을 찾기 위한 요소, 셋째, 찾은 해결책을 실천하는 요소로 나누어 구성된다.

① 무엇이 문제인지를 이해하는 요소
② 문제의 해결책을 찾는 요소
③ 해결책을 실천하는 요소

그리고 CPS를 구성하는 단계는 기본적으로 6단계로 정리되어 있으나 4단계 정도만으로 요약하여 적용되어도 충분하다.

1단계: 사실 발견(Fact Finding)
2단계: 문제 발견(Problem Finding)
3단계: 아이디어 발견(Idea Finding)
4단계: 솔루션 발견(Solution Finding)

예를 들어, 영어로 진행되는 창의성 수업(야간)이 개설되었다고 가정하자. 예상대로 학생들의 수업 참여도가 극히 저조할 뿐만 아니라 영어를 완벽하게 구사하는 외국인 학생이 두 명이 수강을 신청하여 가뜩이나 소극적인 수업 분위기가 더욱 가라앉은 상태이다. 이 문제를 어떻게 해결해 나갈 것인가?

〈표 30-1〉 영어로 진행되는 창의성 수업에 대한 CPS 적용 사례

CPS 단계	Fact Finding	Problem Finding	Idea Finding	Solution Finding
	use 1H5W review relevant factors	various interpretation	brainstorming	evaluation matrix
내용	• Grammar debate	• of course, English	• Time for other Languages • More Groups • Table Arrangement	• Korean & Chinese • Led by native speakers • Changing the room
	• Ashamed • Foolish • Introverted • Shy	• Being judged!	• Warming-up • Event for Change: dare night	• 15min. on hot topics • Once a month for social gathering
	• Hungry • Tired • Exhausted	• Class time	• Changing day • Changing time	
	• Low Understanding	• Pool preparation	• Strict regulation • More assignment • Redefining goal	• Maximal use of on-line campus • Short Quiz • Writing an essay

출처: 최인수(2011).

• 1단계: 사실 발견(Fact Finding)

– 문제가 되는 원인을 다양한 관점에서 찾아본다.

– 학생 스스로에게 수업 참여가 부족한 이유를 찾도록 한다.

– 영어 문법, 토론 능력 미숙, 창피, 자신감 부족, 피곤, 수업 내용 이해 부족 등의 원인이 도출된다.

• 2단계: 문제 발견(Problem Finding)

– 1단계에서 도출된 원인들을 범주화하여 무엇이 문제인지를 정의한다.

– 범주 1: 문법, 토론 능력 부족 등 영어실력 문제

– 범주 2: 창피함, 자신감 부족 등 다른 사람이 나를 어떻게 평가하는지에 대한 두

려움

– 범주 3: 피곤함, 집중력 등 야간 수업과 관련한 문제

– 범주 4: 내용에 대한 이해 부족 등 수업 준비 미비

• 3단계: 아이디어 발견(Idea Finding)

– 2단계에서 범주화된 문제들을 어떻게 해결할 수 있는지에 대한 방법을 모색한다.

– 범주별로 브레인스토밍을 실시한다.

• 4단계: 솔루션 발견(Solution Finding)

– 문제해결을 위한 다양한 아이디어를 발견하고 그 가운데 실현 가능하고 가장 효율적인 솔루션을 실행에 옮기는 단계이다.

– 3단계에서 제시된 해결책을 평가해 가장 창의적인 것을 실행한다.

– 개별 문제들의 대안을 평가해 결론을 얻고 이를 실행한다.

4. 특징 및 기대효과

CPS는 창의적 사고와 솔루션을 필요로 하는 다양한 분야의 문제해결 방법론으로 효과를 발휘할 수 있다. 특히, 문제해결의 과정에서 브레인스토밍(Brainstorming)과 같은 발상법을 적극적으로 활용하고 있기 때문에 확산적 사고에서 수렴적 사고로 진화하는 과정에서 매우 다양한 관점의 접근을 가능하게 한다. 따라서 광고홍보 분야의 전략이나 크리에이티브뿐만 아니라 다양한 문화 콘텐츠와 커뮤니케이션 분야에서의 문제해결과 아이디어 발상에 유용하게 활용될 수 있다.

• 광고홍보 전략 발상

- 광고홍보 크리에이티브 발상
- 창의적인 콘텐츠 개발 및 문제해결 발상
- 개인 커뮤니케이션 문제의 해결
- 조직 커뮤니케이션 문제의 해결
- 효율적 조직관리를 위한 아이디어 발상
- 효율적 공간관리를 위한 아이디어 발상
- 업무효율성 강화를 위한 아이디어 발상

5. 발상 실습

개인 발상

주제: 화법이 다른 친구와의 커뮤니케이션 문제 해결

내용: CPS 6단계를 적용하여, 즉흥적이고 직접적인 화법의 A와 신중하고 간접적인 화법의 B가 오해 없이 원활한 팀 회의를 진행하기 위한 커뮤니케이션 솔루션 아이디어 찾기

- 1단계: Object Finding
- 2단계: Fact Finding
- 3단계: Problem Finding
- 4단계: Idea Finding
- 5단계: Solution Finding
- 6단계: Acceptance Finding

그룹 발상

주제: 성공적인 광고 프레젠테이션 준비하기

내용: CPS 6단계를 적용하여, 비교적 짧은 기간(1주일) 안에 신규 광고주 영입을 위한 경쟁 프레젠테이션을 효율적으로 준비할 수 있는 아이디어 찾기

- 1단계: Object Finding

- 2단계: Fact Finding

- 3단계: Problem Finding

- 4단계: Idea Finding

- 5단계: Solution Finding

- 6단계: Acceptance Finding

BIG
IDEA
THINKING
31

31. PMI

"아이디어 발상이 흥미로운 것은 긍정적인 면뿐 아니라
부정적인 면도 도움이 된다는 것이다."

준비물

- PMI 시트
- 펜
- 포스트잇(3 Color)

참여인원

- 개인 또는 그룹(임의 인원)

소요시간

- PMI Sheet(개수) × 5분 + α

기대효과

- 아이디어에 대한 다각적인 평가
- 제품 또는 서비스의 긍정적(plus)인 면 강화
- 제품 또는 서비스의 부정적(minus)인 면 보완

1. 개요

PMI법은 'Plus(플러스)' 'Minus(마이너스)' 'Interesting(흥미)'의 앞 글자를 따서 만든 아이디어 평가법으로, 1973년에 에드워드 드 보노(Adward de Bono)에 의해 개발되었다. 특정한 대상의 긍정적인 면뿐 아니라 부정적인 면까지 관찰하고 기록하여 문제해결에 필요한 흥미로운 아이디어를 도출하는 발상법이다. 또한 '아이디어의 독창성을 높여주는 3차원 평가법'으로 해당 프로젝트나 기획안을 평가할 때 '장점과 단점' '좋은 점과 나쁜 점' '기회와 위험' 등 양면적 평가뿐 아니라, '흥미롭다.' '기대된다.' '호기심이 생긴다.'처럼 개인적인 의견이나 감각적인 느낌을 평가에 첨부하여 활용한다. 즉, 일반적으로 활용하는 'P(Plus) 요인'이나 'M(Minus) 요인'에 'I(Interesting) 요인'을 더하여 3차원적인 평가를 실시함으로써 단지 아이디어의 장단점만을 평가하는 것이 아니라 그 아이디어가 가지고 있는 감각적 · 독창적 부분은 물론 다양한 가능성을 배재하지 않고 평가에 반영할 수 있도록 설계되었다. 따라서 PMI는 주관적인 아이디어, 모호한 아이디어, 수치화하거나 정량적으로 평가하기 어려운 아이디어, 예상하기 어려운 아이디어나 전략 등을 한 차원 업그레이드 하는 역할을 한다.

P	M	I
• Plus 정보의 긍정적인 점을 나열한다	• Minus 정보의 부정적인 점을 나열한다	• Interest 정보의 흥미로운 점을 나열한다

PMI를 극대화하여 활용하기 위해서는 'I(Interesting) 요인'을 잘 활용하는 것이 핵심이다. 즉, 창의적인 솔루션을 도출하기 위해서는 소수의 아이디어, 의외의 아이디어, 모호한 아이디어 등을 무시하지 않고 관심을 갖고 발전시킬 필요가 있다. 세상의 대부

분의 빅 아이디어는 사실 언제부터 어떻게 시작되었는지 명확하지 않은 경우가 많다.

- P: 아아디어에 대한 긍정적인(좋은) 점과 그 이유는?
- M: 아이디어에 대한 부정적인(나쁜) 점과 그 이유는?
- I: 아이디어에서 발견된 흥미로운 점은?

2. 진행방법

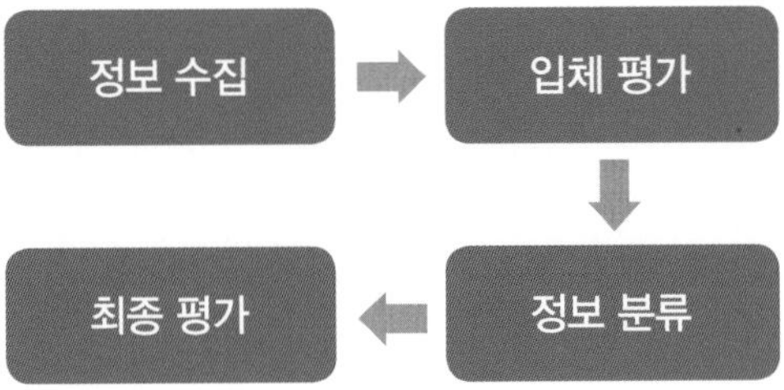

1) 1단계: 평가 대상 프로젝트의 정보수집

PMI의 평가 대상은 크게 전략이나 창작의 초기 단계에 수집한 정보와 작업 중에 만들어 낸 아이디어 스케치 등의 성과물로 나눌 수 있다. 먼저 창작 초기 단계의 정보는 다소 폭이 넓다 하더라도 프로젝트에 도움이 될 가능성이 있는 정보들을 다양하게 취합하는 것이 좋다. 이 정보들은 기사, 문헌, 조사, 사진이나 그림, 다양한 사례(국내, 해외, 성공, 실패) 등 형식과 내용을 국한하지 않는다. 이렇게 취합된 다양한 기초자료를 바탕으로 프로젝트를 진행하면서 자연스럽게 자료의 넓이와 깊이가 좁혀지고 깊어지는 과정을 거치게 된다. 따라서 프로젝트 수행 과정에서 보다 양질의 자료들을 수집하고 활용해 나가면 된다.

2) 2단계: 3차원 입체평가

수집한 정보를 PMI의 세 가지 관점으로 분류하고 평가하는 단계이다. 이 단계에서는 각 정보에 대한 코멘트를 P(정보의 긍정적인 측면), M(정보의 부정적인 측면), I(정보의 흥미로운 점) 등으로 나누어 간결하게 작성한다. 정보를 분류하다 보면 'P'와 'M'은 객관적인 기준에 의한 평가나 코멘트가 가능하지만 'I'는 객관적인 평가 기준을 찾기가 어려울 수 있다. 그러나 그러한 현상은 매우 정상적인 것일 뿐 아니라, 거꾸로 PMI를 진행함에 있어서 'I'에 대한 주관적이고 창의적인 생각들을 적극적으로 표현할 것을 권장한다.

그룹 단위로 PMI를 실시하는 경우, 2단계를 마친 후 각 그룹이 작성한 PMI 시트를 회의에 참석하는 구성원 전원이 읽고 이해하는 단계를 추가한다. 각 Sheet에 적혀 있는 코멘트들을 꼼꼼하게 살펴보고, 서로 충분한 질의응답과 대화를 통해 다른 그룹의 의견을 전체적으로 인지하는 것이 효율적인 미팅을 전개하는 방법이다. 뿐만 아니라, 다른 팀의 Sheet에 대해서도 추가로 PMI를 적용하여 평가를 진행해 보는 것도 좋은 방법이다. 이를 통해 '평가의 다각화'를 기대할 수 있다.

3) 3단계: 그룹별 정보 분류

코멘트가 적힌 PMI 시트를 KJ법(KJ method)에 따라 그룹별로 분류(영역별, 유사성, 인과관계, 시계열 등)하여 두면 수집정보에 대한 더욱 쉽고 깊이 있는 인식이 가능해진다.

• KJ법의 전개

① 아이디어의 주제를 결정한다.

② 아이디어를 카드에 적는다.

③ 비슷한 내용의 아이디어들을 소그룹으로 분류한다.

④ 분류된 소그룹의 카드군(群)에 타이틀을 붙인다.

⑤ 계속해서 그룹화하여 정리한다.

⑥ 카드를 집단별로 알기 쉽고 발상하기 쉽도록 도표화하여 정리한다.

4) 4단계 : 최종평가 및 발전방향 검토

PMI를 활용한 평가는 2단계 이후부터 가능하다. 개인적으로 실시해도 좋지만, 객관성 확보를 위해 별도의 그룹을 만들어 타인이나 별도의 그룹을 통해 실시하는 것도 좋은 방법이다. PMI 평가 전에 '평가의 시점과 기준'을 미리 설정하고 '최종 평가용지'를 준비하여 활용한다면 더욱 명확하고 효율적인 평가가 가능하다. 2단계 안에 대한 평가가 끝나면 3단계에서는 그룹화 작업을 거쳐 아이디어의 발전 방향을 검토한다. 즉, 'P(플러스)'와 'I(흥미)'가 배가 되도록 아이디어를 극대화시키는 작업을 진행한다.

PMI 발상법을 진행할 때 주의해야 할 점은 아이디어를 산출할 때 긍정적인 면과 부정적인 면과 흥미로운 면을 철저하게 분리하여 사고하고 정리해야 한다는 것이다.

3. 활용법

PMI는 크레이이티브한 아이디어를 창출하기 위한 작업뿐만 아니라 광고나 마케팅의 전략을 뽑아내는 작업에서도 충분한 역할을 한다. 그 이유는 PMI가 주관적이고 감각적인 발상의 기초를 객관적이고 이성적인 사실의 발견에 두고 있기 때문이다. 더욱 중요한 것은 긍정적(Plus) 사실과 부정적(Minus) 사실, 즉 브랜드나 제품의 장점은 물론 단점을 파악하는 작업 속에서도 충분히 경쟁력 있는 전략과 크에이티브가 도출될 수 있다는 논리에 근거하고 있다. 알 리스 트라우트(Al Ries and Jack Trout)가 『마케팅 불변의 법칙』에서 다루고 있는 '반대의 법칙(The Low of Opposite)' '속성의 법칙(The Low of Attributes)', '정직의 법칙(The Low of Candor)' 등은 브랜드나 제품이 가지고 있는 차선의 특성이나 때로는 단점까지도 의미 있는 메시지를 만들어 내는 데 역할을 할 수 있다는 가능성을 말해 주고 있다. 중요한 것은 그 사실이나 사고가 긍정적이든 부정적이든 상관없이 시장에서 흥미로운(Interest) 요소로 작용할만한 사실이나 아이디어를 발견하고 창출해 내는 역할을 하는 데 PMI가 활용된다는 것이다.

PMI는 개인 또는 그룹이 하나의 캠페인을 준비함에 있어서 길지 않은 시간과 간단한 과정을 통해 주관적인 아이디어에 객관적인 설득논리를 정립하고, 이를 체계화할 필요가 있을 때도 효율적으로 활용될 수 있다.

4. 특징 및 기대효과

PMI는 부정적인 사실에서도 긍정적인 관점을 도출하고, 긍정적인 사실에도 부정적인 위험이 도사리고 있음을 발견하게 한다. 즉, 관점의 전환의 기회를 제공해 주는 것이다. 뿐만 아니라, 브랜드나 제품이 가지고 있는 장단점을 통해 '흥미로운 점'을 발견하게 해 준다는 점이 특징이다.

- 객관적인 정보와 주관적인 정보의 균형
- 양적 평가와 질적 평가의 병행
- 개인적인 감정과 창의성 역할 강조
- 주관적이고 모호한 아이디어에 논리와 객관성 부여

PMI는 검토한 아이디어나 기획안에 대한 다각적인 평가를 하는 데 유용하게 활용할 수 있을 뿐 아니라, 검토한 평가표를 활용하여 솔루션의 논리를 강화할 수 있다. PMI를 통해 도출된 논리들은 아이데이션에 활용하여 정보를 공유하는 역할을 하고, 팀원들의 다양한 의견을 집약하여 정리하는 효과를 기대할 수 있다.

5. 평가 실습

본인 성격을 PMI 법으로 파악하고 흥미로운 점을 도출해 보자.

P	M	I

본인 직장을 PMI 법으로 파악하고 흥미로운 점을 도출해 보자.

P	M	I

참고문헌

공선표(2008). 생각 창조의 기술. 서울: 리더스북.

다카하시 마코토(2007). BRAIN WRITING. 송수영 옮김 (2010). 브레인라이팅. 서울: 이아소.

다카하시 마코토(2004). 비즈니스 발상법. 정영교 옮김 (2006). 창조적 발상의 기술. 매일경제신문사버트.

대니얼 카너먼(2011). *THINKING FAST AND SLOW*. 이진원 옮김 (2012). 생각에 관한 생각. 경기: 김영사.

로버트 루트번스타인, 미셸 루트번스타인(1999). *SPARK OF GENIUS*. 박종성 옮김 (2007). 생각의 탄생. 서울: 에코의 서재.

로저 마틴(2009). *THE DESIGN OF BUSINESS*. 이건식 옮김 (2010). 디자인 씽킹. 서울: 엘도라도.

로저 본 외흐(1983). *A Whack on the Side of the Head*. 정주연 옮김 (2002). Creative Thinking. 서울: 에코 리브르.

뤼크 드 브라방데르, 앨런 아이니, 이진원 옮김 (2014). 아이디어 메이커. 서울: 청림출판.

류진한(2013). 슬로건 창작의 기술. 서울: 한경사.

류진한 외(2013). 창의력 보물창고. 한국광고협회.

류진한(1990). 내가 그린 그림은 잘 그린 기린그림이고 네가 그린 그림은 못 그린 기린그림이다. 서울: 영언문화사.

마이클 마칼코(1991). *THINKERTOYS*. 박종안 옮김 (2003). 창의적 자유인. 서울: 푸른솔.

매튜 키이란(2005). *REVEALING ART*. 이해완 옮김 (2010). 예술과 그 가치. 서울: 북코리아.

박상천(2013). 낯술 한잔을 권하다. 서울: 책만드는집.

벨라 마틴, 브루스 해닝턴(2012). *UNIVERSAL METHODS OF DESIGN*. 유다혜, 이유미 옮김

(2013). 디자인 방법론 불변의 법칙 100가지. 고려문화사.
송치복(2003). 생각의 축지법. 서울: 디자인하우스.
신강균(2010). 4S 아이디어 발상법. 서울: 컴온북스.
얀 칩체이스, 사이먼 슈타인하트 (2003). *HIDDEN IN PLAIN SIGHT*. 야나 마키에이라 옮김 (2013). 관찰의 힘. 서울: 위너스북.
오창일(2004). 카피 발 비주얼 착. 서울: 북코리아.
이상협 (2011). 답은 밖에 있다. 서울: 쌤앤파커스.
이재훈 외(2013). 건축창의 체험. 국토교통부.
이주헌(2009). 지식의 미술관. 경기: 아트북스.
이주헌(2008). 리더를 위한 미술 창의력 발전소. 서울: 위즈덤하우스.
이화자(2002). 광고, 그리고 창의성. 서울: 커뮤니케이션북스.
장상용(2007). 프로들의 상상력 노트. 서울: 해냄.
전연재(2013). 집을 여행하다. 서울: 리더스북.
조성기(2012). 아이디어 쿠킹. 경기: 21세기북스
존 맥스웰(2003). *THINKING FOR A CHANGE*. 조영희 옮김 (2003). 생각의 법칙 10+1. 서울: 청림출판.
존 헤가티 (2014). *HEGARTY ON CREATIVITY: THERE ARE NO RULE*. 장혜영 옮김 (2016). 지그할 때, 재그하라!. 서울: 맥스미디어.
차유철, 김병희, 이희복(2010). 생각창고 광고로 배우는 창의 학습. 서울: 대교출판.
최인수(2011). 창의성의 발견. 서울: 쌤앤파커스.
케리 스미스(2008). *HOW TO BE AN EXPLORER OF THE WORLD*. 신현림 옮김 (2010). 예술가들에게 슬쩍한 크리에이티브 킷 59. 서울: 갤리온.
피터 피스크(2011). *Creative Genius*. 김혜영 옮김 (2019). 크리에이티브 지니어스. 서울: 빅북
황인원(2010). 시에서 아이디어를 얻다. 서울: 흐름출판.
히라오 카즈히로(2009). *Thinking Method on Architecture*. 이상호, 최희원 옮김 (2011). 건축디자인 발상법. 서울: 기문당.

Csikszentmihalyi, M. (1996). *Creativity: Flow and the Psychology of Discovery and Invention*. NY: Harper Collins.
Hayes, J. R. (1981). *The Complete Problem Solver*. Philadelphia: Franklin Institute Press.

Kelly, Georgy. *The Psychology of Personal Constructs* (Volumes 1 and 22). New York: Norton, 1955.

Maslow, A. (1962). *Toward the Psychology of being*(2nd ed.). Princeton: D. Van Nostrand.

Rogers, C. (1961). *On Becoming a Person.* Boston: Houghton Mifflin.

Simon Veksner (2010). *How to make it as an advertising creative.* London: Laurence King Publishing.

S. Moriarty (1991). Creative Advertising.

Weisberg, R. W (1993). *Creativity: Beyond the Myth of Genius.* New York: Freeman.

저자 소개

류진한

현재 계명대학교 언론광고학부 광고홍보학전공 교수로 재직 중이다. 광고학박사, 한국광고PR실학회 제8대 회장, 서울브랜드위원회 부위원장, 문화체육관광부 자문교수, 우정사업본부 자문교수, 중소벤처기업부 자문교수, 대구브랜드위원회 위원 및 수성구 작은 문화공간 조성사업 자문위원장으로 활동하였다. 대한민국유공광고인 표창, 문화체육관광부장관 표창, 대한민국광고대상, 대한민국광고윤리대상 등을 수상하였다. 저 · 역서로 『디지털 시대의 광고 크리에이티브 신론』(공저, 학지사, 2022), 『광고 지성과 철학의 지평선』(공저, 학지사, 2020), 『창의적 콘셉트와 파워풀 라이팅』(계명대학교, 2021), 『로꾸거』(저, 가람과 뫼, 2018), 『광고 크리에이터 성공백서』(공역, 한경사, 2016), 『슬로건, 짧은 카피 긴 호흡』(저, 커뮤니케이션북스, 2015), 『광고홍보학캡스톤디자인』(공저, 계명대학교, 2014) 등이 있다. 광고 언어와 관련한 『슬로건 창작의 기술』(저, 한경사, 2012)은 대한민국학술원 사회과학분야 우수학술도서에 선정되었다. 한화그룹 ㈜한컴 등의 종합광고회사에서 21년 간 카피라이터와 크리에이티브 디렉터로 근무했다. 한국광고PR실학회, 한국광고학회, 한국광고홍보학회, 한국OOH광고학회에서 정회원으로 활동하고 있으며, 한국음악저작권협회 회원으로 대중음악 작사가로 활동하고 있다.

e-mail: 101ogilvy@kmu.ac.kr

창의적 전략과 전략적 창의성을 위한

BIG 아이디어 발상 31

BIG IDEA THINKING 31

2023년 9월 10일 1판 1쇄 발행
2023년 9월 15일 1판 1쇄 발행

지은이 • 류진한
펴낸이 • 김진환
펴낸곳 • 학지사비즈
04031 서울특별시 마포구 양화로 15길 20 마인드월드빌딩
대표전화 • 02-330-5114 팩스 • 02-324-2345
등록번호 • 제313-2006-000265호

홈페이지 • http://www.hakjisa.co.kr
인스타그램 • https://www.instagram.com/hakjisabook

ISBN 979-11-982113-2-3 03320

정가 25,000원